高职高专金融保险专业系列教材
金融保险企业岗位培训教材

商业银行
信贷业务实训

朱 静 主编

周 伟 杨向荣 副主编

清华大学出版社
北京

内 容 简 介

本书根据商业银行信贷业务操作规程,具体介绍银行信贷基本知识、个人住房贷款、个人汽车贷款、个人综合消费贷款、其他个人贷款、流动资金贷款、固定资产贷款、票据融资、贸易融资、银行保函等基本知识,并通过实践教学指导学员实训、强化应用技能培养。

本书具有知识系统、内容翔实、案例丰富、通俗易懂等特点,并注重岗位技能与实践应用能力的培养。本书既可以作为高职高专金融保险等专业教学的首选教材,也可以作为商业银行、金融公司等企业从业人员的在职培训教材,对广大社会待业和创业者亦是一本有益的自我学习与训练指导手册。

图书在版编目(CIP)数据

商业银行信贷业务实训/朱静主编. --北京:清华大学出版社,2016 (2020.8重印)

高职高专金融保险专业系列教材　金融保险企业岗位培训教材

ISBN 978-7-302-42735-3

Ⅰ. ①商…　Ⅱ. ①朱…　Ⅲ. ①商业银行-信贷管理-高等职业教育-教材　Ⅳ. ①F830.5

中国版本图书馆 CIP 数据核字(2016)第 020055 号

责任编辑:刘士平
封面设计:常雪影
责任校对:刘　静
责任印制:刘海龙

出版发行:清华大学出版社
　　　　网　　　址:http://www.tup.com.cn,http://www.wqbook.com
　　　　地　　　址:北京清华大学学研大厦 A 座　　　　邮　　编:100084
　　　　社 总 机:010-62770175　　　　　　　　　　　　邮　　购:010-62786544
　　　　投稿与读者服务:010-62776969,c-service@tup.tsinghua.edu.cn
　　　　质量反馈:010-62772015,zhiliang@tup.tsinghua.edu.cn
　　　　课件下载:http://www.tup.com.cn,010-62795764
印 装 者:三河市龙大印装有限公司
经　　销:全国新华书店
开　　本:185mm×260mm　　　印　张:14.25　　　字　数:322 千字
版　　次:2016 年 2 月第 1 版　　　　　　　　　　印　次:2020 年 8 月第 3 次印刷
定　　价:39.00 元

产品编号:063917-02

编　委　会

　　随着改革开放进程的加快和社会主义市场经济的快速发展,特别是在加入 WTO 后,我国经济建设已经连续多年保持着持续高速增长的态势,社会经济生活进入了一个最为活跃的历史发展时期。金融体系是市场经济运行的主体;金融既是国家经济的命脉,也是现代经济的核心;金融服务于企业,惠及千家万户;金融保险在国家经济发展、改善民生、构建和谐社会等各方面发挥着越来越重要的作用。

　　近年来,在经历了美国金融风暴、欧债危机加剧、金融危机蔓延全球的同时,随着中国、印度、越南等国经济的高速稳定发展,财富正在迅速向亚洲转移。海外资本已将目光转向亚洲、转向中国,大量国外资本和金融机构纷纷涌入我国。随着我国商业银行的整体上市,证券、保险业急速拓展业务,面对国内外金融市场激烈竞争的压力,我国金融保险企业加快了管理机制体制与运营模式的创新和改革,也促使我国金融业和保险业加速融入经济全球化的大潮之中。

　　为支持"中、小、微"型企业和文化创意企业发展,为适应我国经济国际化发展趋势,为配合国家经济体制和金融保险业改革进程,国家出台了一系列关于"金融与保险"的新政策、新法规和新制度。金融业发展的新形势,对金融服务企业人员提出了更高的从业要求,行业企业呼唤有知识、会操作、能顶岗的实务型金融业务专业人才,本系列教材的出版有力地配合了高职高专教学创新和教材更新,体现了高职高专办学育人注重职业性、实践性、应用性的特色,也满足了社会需求,起到了为国家经济建设服务的作用。

　　本系列教材作为高职高专金融保险专业的特色教材,分为银行和保险业务两部分,共计 16 本。各本教材以科学发展观为统领,严格按照教育部关于"加强职业教育、突出实践技能与能力培养"的教育教学改革要求,根据高职高专的教学特点和培养目标,结合当前金融体制改革的新思路、新举措和发展趋势,结合国家正在启动的毕业生就业工程,针对市场对金融岗位用人的实际需求,组织多年从事金融保险课程教学的高职高专教师与具有丰富实战经验的金融专家共同编写。

　　由于本系列教材紧密结合中国金融业的改革与发展,注重前瞻性,系统地对金融经营理念、组织结构、技术手段、服务功能、业务流程和市场监管及有效防范与化解风险等内容从理论到实践进行了阐述和分析,并以实例引导,图文并茂,通俗易懂,便于学生理解,因此本套教材既可作为高职高专金融、保险、工商管理、财税、经济管理等相关专业教学的首选教材,也可以作为金融保险企业从业人员在岗继续教育和参加各类专业资格证书考试的培训教材,对于广大社会读者也是非常有益的参考读物。

在教材编写中,我们参阅借鉴了大量国内外有关金融与保险方面的书刊资料和国家近年来新出台的关于金融与保险的政策法规及管理制度,并得到有关金融行业企业领导与专家教授的指导,在此一并致谢。希望全国各地区高职高专院校积极选用本套教材,并多提改进意见,以使教材不断完善与提高。

丛书编委会

2012 年 3 月

金融既是国家经济的命脉，也是现代经济可持续发展的重要支撑。金融服务惠及众多企业和千家万户，涉及各个经济领域。金融服务在促进生产、支持外贸、开拓国际市场、拉动就业、赈灾救灾、支持中小微企业发展、支持大学生创业、推动国家经济发展、改善民生、构建和谐社会等各方面发挥着越来越重要的作用，因而，越来越受到我国各级金融行业主管部门和金融企业的高度重视。

银行以"存款立行、贷款兴行"为原则；银行的利润主要取决于存贷利差，根据统计数据显示：我国商业银行直接获取的利润中，有85％来源于存贷利差，存贷业务已成为国内各大银行的主营业务，信贷业务的好坏不仅决定了银行的经营业绩，还严重影响着银行的后续发展。

国际金融业的发展实践证明，金融商业银行要发展，就要强化信贷业务与管理。面对金融市场国际化的迅速发展与激烈竞争，急需大量复合型的银行信贷业务专门人才，同时也对从业人员的专业素质提出了越来越高的要求。保障我国经济活动和国际化金融营销的顺利运转，加强现代金融商业银行信贷业务运作与管理从业者的应用技能培训，提高我国国际金融商业银行信贷业务的管理水平，更好地为我国金融经济和金融教学实践服务，这些既是金融银行企业可持续快速发展的重要战略选择，也是本书出版的真正目的和意义。

商业银行信贷业务实训是高职高专院校金融保险专业非常重要的核心课程，也是学生毕业后就业、从业所必须掌握的关键知识技能。学好商业银行信贷业务有助于学生开阔视野、熟悉业务环节、积累工作经验，并为就业、从业做好专业素质与能力准备。

全书共10章，以学习者的应用能力培养为主线，坚持以科学发展观为统领，严格按照教育部"加强职业技能培养"的教学改革要求，根据国际金融市场竞争的新特点和金融商业银行服务的新发展，依照商业银行信贷业务操作规程，具体介绍银行信贷、个人住房贷款、个人汽车贷款、个人综合消费贷款、其他个人贷款、流动资金贷款、固定资产贷款、票据融资、贸易融资、银行保函等基本知识，并通过实践教学指导学员实训、强化应用技能培养。

本书融入了商业银行信贷业务实训最新的实践教学理念，坚持改革创新、力求严谨、注重与时俱进，具有知识系统、内容翔实、案例丰富、通俗易懂等特点，并注重岗位技能与实践应用能力的培养。本书既可以作为高职高专金融保险等专业教学的首选教材,也可以作为商业银行、金融公司等企业从业人员的在职培训教材,对广大社会待业和创业者亦是一本有益的自我学习与训练指导手册。

本书由李大军进行总体方案策划并具体组织,朱静担任主编并统稿,周伟、杨向荣为副主编,由具有丰富教学实践经验的黑岚教授审定。具体编写分工如下:牟惟仲(序言),卜小玲(第一章),朱静(第二、三、六章),梁红霞(第四章),赵秀艳(第五章),周伟(第七、八章),杨向荣(第九章),孟祥越(第十章);曹敏(附录),华燕萍、李晓新(文字修改、版式调整、制作课件)。

在本书的编写过程中,参阅了大量国内外有关金融商业银行信贷业务实训的最新书刊和相关网站资料及国家近年来相继颁布实施的金融政策法规和管理制度,并得到了金融行业协会和商业银行业务经理的具体指导,在此一并致谢。为了方便教学,特提供配套电子课件,读者可以从清华大学出版社网站(www.tup.com.cn)免费下载。

因编者水平有限,书中难免存在疏漏和不足之处,恳请专家、同行和广大读者予以批评指正。

编　者

2015 年 10 月

目录

第一章

银行信贷基本知识

学习目标

1. 了解信贷业务、个人贷款及公司信贷的基本概念。
2. 掌握信贷业务、个人贷款及公司信贷的分类。
3. 理解信贷业务、个人贷款及公司信贷的产品要素。

技能要求

1. 能准确熟练地对个人贷款及公司贷款的产品进行分类。
2. 能够根据客户不同的需求特点,向客户熟练推荐各个信贷产品。

引例

鼓励融资走贷款道路　弱化影子银行发展

2014年6月30日,银监会发布《关于调整商业银行存贷比计算口径的通知》,公布了存贷比监管指标改革的具体内容:在计算存贷比分子时,从中扣除六项;在计算存贷比分母时,增加了两项。通过"六减两增",缓解了银行放贷时的存贷比压力。

分析认为,此次调整存贷比指标,理论上商业银行释放流动性最多可超过8 000亿元,但实际释放资金将低于理论数值。但此举同时减轻了存贷比考核的压力,鼓励融资走贷款的道路,弱化影子银行的发展,引导非标债权向表内转移。

(资料来源:金投银行,2014年7月3日,http://bank.cngold.org/c/2014-07-03/c2627755.html)

第一节　信贷业务概述

一、信贷的基本概念

信贷是银行利用自身资金和信誉为客户提供资金融通或融信,并以客户支付利息、费用和偿还本金或最终承担债务为条件的一种授信业务经营活动。

银行办理信贷业务是向客户融资或融信的过程,需要仔细甄别客户,融资甄别客户的还款能力,融信甄别客户的商业履约能力。在这个环节,银行承担客户违约风险,并因此获得一定的风险溢价回报。

二、银行经营的信贷业务的种类

（一）按会计核算归属划分

按会计核算归属可分为表内信贷业务和表外信贷业务。表内信贷业务主要包括贷款、商业汇票贴现等。表内信贷业务使用银行的信贷资金，占用银行的贷款规模，属于银行的融资活动，受银行的存贷比约束。表外信贷业务主要包括银行承兑汇票、保函、信用证等。表外信贷业务不使用银行的信贷资金，不占用银行的贷款规模，属于银行的融信活动，不受银行的存贷比约束。

银行如希望快速拉动存款，一般都需要大力发展表外信贷业务。新设立的银行发展业务的一般顺序应当是首先发展表外信贷业务，将存款做上去，然后发展表内信贷业务，做出利润。

（二）按期限划分

按信贷期限可分为短期信贷业务、中期信贷业务和长期信贷业务。短期期限在 1 年以内（含 1 年），中期期限在 1～5 年之间（含 5 年），长期期限在 5 年以上。

（三）按担保方式划分

按担保方式可分为信用信贷业务、担保信贷业务（包括保证、抵押和质押等方式）。信用信贷业务，针对的是一些高端客户，例如一些处于垄断地位的电力公司、电信公司、高速公路集团等；担保信贷业务，针对的是一些大中型客户，具备较好的适用性。

（四）按币种划分

按信贷币种可分为本币信贷业务和外币信贷业务。对于外币信贷业务，银行需要承担汇率变化风险。在人民币升值的大背景下，提供外币贷款，国内银行承担了巨大的汇率风险。

（五）按性质和用途划分

按贷款性质和用途可分为固定资产贷款（包括基本建设贷款、技术改造贷款、房地产开发贷款等）、流动资金贷款（包括工商业和建筑业等流动资金贷款）、循环额度贷款、消费贷款、保证、承兑等信贷品种。

三、信贷的基本要素

（一）对象

向银行申请信贷业务的客户，必须满足国家有关规定及行内信贷政策等规章制度的要求。我们将信贷业务客户归纳为如下两类：

一类是公司类客户，包括企（事）业法人、兼具经营和管理职能且拥有贷款卡（证）的政府机构、金融同业、其他经济组织等。

一类是自然人,主要是有购房或购车需求的自然人客户。

（二）金额

银行向客户提供单笔信贷业务或额度授信及额度使用的具体数额。贷款金额必须充分考虑客户的承受能力和运作资金的能力。根据用款项目的需要,贷款应当足额供给,而且应当适度。

小贴士

贷款为什么要适度呢?

超额贷款,客户可能挪用贷款;不足额供给贷款,客户不能完成项目,同样风险很大。很多银行的信贷部门喜欢对客户的贷款额度打折,逼得支行在申报额度授信的时候,有意多申报贷款,留给信贷部门打折。

（三）期限

主要指贷款期限或银行承担债务的期限。在遵守国家有关规定和银行信贷政策等规章制度的原则下,由银行与客户协商确定。融资的期限应当与客户的用途及周转速度保持一致。期限过长,客户可能挪用信贷资金;期限过短,客户周转速度不足以支撑,可能出现贷款逾期。

（四）利率或费率

目前银行发放贷款的利率和办理表外信贷业务的费率统一按银行有关规定执行。

小贴士

通常表内信贷业务有费率和利率,例如办理贷款,银行要收取一定的手续费,并收取贷款利率;表外信贷业务由于不动用银行的信贷资金,因此没有利率,仅有费率。

（五）用途

不同的信贷业务有不同的用途。银行在办理信贷业务时尤其要注意其用途是否合法、真实以及是否真正用于指定用途。

（六）担保

担保是保证借款人还款或履行责任的第二来源。客户提供的担保方式包括第三方保证、抵押、质押等。

第二节　个人贷款

一、个人贷款的概念

个人贷款是指贷款人向符合条件的自然人发放的用于个人消费、生产经营等用途的本外币贷款。

个人贷款业务属于商业银行贷款业务的一部分。在商业银行,个人贷款业务是以主体特征为标准进行贷款分类的一种结果,即借贷合同关系的一方主体是银行,另一方主体是个人,这也是与公司贷款业务相区别的重要特征。

二、个人贷款的特征

在个人贷款业务的发展过程中,各商业银行不断开拓创新,逐渐形成了颇具特色的个人贷款业务。

(一)贷款品种多、用途广

各商业银行为了更好地满足客户的多元化需求,不断推出个人贷款业务新品种。目前,既有个人消费类贷款,也有个人经营类贷款;既有自营性个人贷款,也有委托性个人贷款;既有单一性个人贷款,也有组合性个人贷款。

这些产品可以多层次、全方位地满足客户的不同需求,满足个人在购房、购车、旅游、装修、购买消费用品和解决临时性资金周转、从事生产经营等各方面的需求。

(二)贷款便利

近年来,各商业银行都在为个人贷款业务简化手续、增加营业网点、改进服务手段、提高服务质量,从而使得个人贷款业务的办理更为便利。

目前,客户可以通过银行营业网点的个人贷款服务中心、网上银行、电话银行等多种方式了解、咨询银行的个人贷款业务;客户可以在银行所辖营业网点、个人贷款服务中心、金融超市、网上银行等办理个人贷款业务,为个人贷款客户提供了极大的便利。

(三)还款方式灵活

目前,各商业银行的个人贷款可以采取灵活多样的还款方式,如等额本息还款法、等额本金还款法、等比累进还款法、等额累进还款法及组合还款法等多种方法,而且客户还可以根据自己的需求和还款能力的变化情况,与贷款银行协商后改变还款方式。因此,个人贷款业务的还款方式较为灵活。

三、个人贷款产品的种类

(一)按产品用途分类

根据产品用途的不同,个人贷款产品可以分为个人住房贷款、个人消费贷款和个人经营类贷款等。

1. 个人住房贷款

个人住房贷款是指贷款人向借款人发放的用于购买住房的贷款。个人住房贷款包括自营性个人住房贷款、公积金个人住房贷款和个人住房组合贷款。

专栏 1-1

公积金住房贷款最新政策盘点

2014 年 10 月 9 日,住房和城乡建设部、财政部、中国人民银行联合下发了《关于发展住房公积金个人住房贷款业务的通知》(以下简称《通知》),取消住房公积金个人住房贷款保险、公证、新房评估和强制性机构担保等收费项目,减轻贷款职工负担。另外,连续缴费 6 个月的职工就可以申请公积金贷款。

住房公积金个人住房贷款是提高缴存职工住房消费能力的重要途径,也是缴存职工的基本权益。当前,各地住房公积金个人住房贷款业务发展不平衡,部分城市对贷款条件要求过严,住房贷款发放率较低,影响了缴存职工的合法权益,也削弱了住房公积金制度的作用。

为此,《通知》规定:职工连续足额缴存住房公积金 6 个月(含)以上,可申请住房公积金个人住房贷款。对曾经在异地缴存住房公积金、在现缴存地缴存不满 6 个月的,缴存时间可根据原缴存地住房公积金管理中心出具的缴存证明合并计算。同时,按照支持基本住房消费原则,《通知》强调,住房公积金贷款对象为购买首套自住住房或第二套改善型普通自住住房的缴存职工,不得向购买第三套及以上住房的缴存职工家庭发放住房公积金个人住房贷款。

住房公积金贷款额度是影响制度互助作用发挥的重要因素。按照支持基本住房消费、资金充分运用等原则,《通知》要求,住房公积金个人住房贷款发放率低于 85% 的设区城市,要根据当地商品住房价格和人均住房面积等情况,适当提高首套自住住房贷款额度,加大对购房缴存职工的支持力度。

当前,职工跨地区流动日益增强,在就业地缴存、回原籍购房需求增多。为适应职工流动性需要,《通知》要求,各地要实现住房公积金缴存异地互认和转移接续,并推进异地贷款业务,即职工可持就业地住房公积金管理中心出具的缴存证明,向户籍所在地住房公积金管理中心申请住房公积金个人住房贷款。

按照《住房公积金管理条例》规定,设区城市住房公积金管理机构应实行统一的规章制度、进行统一核算。为提高资金使用效率,《通知》要求,未按照《条例》规定调整到位的分支机构,要尽快纳入设区城市住房公积金管理中心统一制度、统一决策、统一管理、统一核算。设区城市住房公积金管理中心统筹使用分支机构的住房公积金。

针对部分城市贷款发放率较高、资金流动性紧张、职工贷款排队轮候等现象,《通知》要求,住房公积金个人住房贷款发放率在 85% 以上的城市,要主动采取措施,积极协调商业银行发放住房公积金和商业银行的组合贷款。有条件的城市,要积极探索发展住房公积金个人住房贷款资产证券化业务。

为切实维护缴存职工利益,降低贷款中间费用,减轻贷款职工负担,《通知》规定:住房公积金个人住房贷款担保以所购住房抵押为主。取消住房公积金个人住房贷款保险、公证、新房评估和强制性机构担保等收费项目。

《通知》强调,各地住房公积金管理中心与房屋产权登记机构应尽快联网,实现信息共享,简化贷款办理程序,缩短贷款办理周期。同时,还应健全贷款服务制度,完善服务手段,全面开通 12329 服务热线和短信平台,向缴存职工提供数据查询、业务咨询、还款提示、投诉举报等服务。

《通知》要求,各省、自治区住房和城乡建设厅要加强对各市住房公积金个人住房贷款业务的考核,定期进行现场专项检查。各省、自治区住房和城乡建设厅、财政厅、人民银行分支机构,直辖市、新疆生产建设兵团住房公积金管理委员会要加强分类指导,加大对贷款发放率低的城市督促检查力度,提高资金使用效率,保障住房公积金有效使用和资金安全。

(资料来源:中华人民共和国住房和城乡建设部,2014 年 10 月 17 日,http://www.mohurd.gov.cn/zcfg/jsbwj_0/zfbzygjjjdgls/201410/t20141017_219344.html)

2. 个人消费贷款

个人消费贷款是指银行向个人发放的用于消费的贷款。个人消费贷款是借助商业银行的信贷支持,以消费者的信用及未来的购买力为贷款基础,按照银行的经营管理规定,对个人发放的用于家庭或个人购买消费品或支付其他与个人消费相关费用的贷款。

个人消费贷款包括个人汽车贷款、个人教育贷款、个人耐用消费品贷款、个人消费额度贷款、个人旅游消费贷款和个人医疗贷款等。

3. 个人经营类贷款

个人经营类贷款是指银行向从事合法生产经营的个人发放的,用于定向购买或租赁商用房、机械设备,以及用于满足个人控制的企业(包括个体工商户)生产经营流动资金需求和其他合理资金需求的贷款。

根据贷款用途的不同,个人经营类贷款可以分为个人经营专项贷款(以下简称专项贷款)和个人经营流动资金贷款(以下简称流动资金贷款)。

相关链接 1-1

个人经营类贷款利率普涨 贷 10 万元 1 年利息近 9 000 元

目前武汉的小商户要想从银行贷款做生意,贷 10 万元 1 年可能要花 9 000 元的利息。近日,记者走访武汉近 10 家银行网点发现,针对个体经营者,贷款利率多在基准利率基础上上浮 40%～50%,且必须有房产做抵押,贷款期限不超过 1 年。因利润高,相比房贷,众多银行更"偏心"个人经营类贷款。

陈先生经营一家咖啡馆已经有 5 年了,去年他用自己的房子办了抵押贷款,贷了20 万元用来经营。贷款到期后,他又用房子来办理个人经营贷款,发现利率从去年的基准利率上浮 30%提高到目前的 35%。

(资料来源:武汉晚报,2014 年 8 月 4 日,http://whwb.cjn.cn/html/2014-08/04/content_5353076.htm)

(二) 按担保方式分类

根据担保方式的不同,个人贷款产品可以分为个人信用贷款、个人质押贷款、个人抵押贷款和个人保证贷款。

1. 个人信用贷款

个人信用贷款是银行向个人发放的无须提供任何担保的贷款。

2. 个人质押贷款

个人质押贷款是指个人以合法有效、符合银行规定条件的质物出质,向银行申请取得的一定金额的贷款。

🐦 **小贴士**

根据《中华人民共和国物权法》(以下简称《物权法》)第二百二十三条规定,可作为个人质押贷款的质物主要有以下几种:①汇票、支票、本票;②债券、存款单;③仓单、提单;④可以转让的基金份额、股权;⑤可以转让的注册商标专用权、专利权、著作权等知识产权中的财产权;⑥应收账款;⑦法律、行政法规规定可以出质的其他财产权利。

3. 个人抵押贷款

个人抵押贷款在各商业银行较为普遍,它是指贷款银行以借款人或第三人提供的、经贷款银行认可的、符合规定条件的财产作为抵押物而向个人发放的贷款。当借款人不履行还款义务时,贷款银行有权依法以该财产折价或者以拍卖、变卖财产的价款优先受偿。

🌾 **小贴士**

根据《中华人民共和国担保法》(以下简称《担保法》)第三十四条规定,下列财产可以抵押:

(1) 抵押人所有的房屋和其他地上定着物;

(2) 抵押人所有的机器、交通运输工具和其他财产;

(3) 抵押人依法有权处分的国有的土地使用权、房屋和其他地上定着物;

(4) 抵押人依法有权处分的国有的机器、交通运输工具和其他财产;

(5) 抵押人依法承包并经发包方同意抵押的荒山、荒沟、荒丘、荒滩等荒地的土地使用权;

(6) 依法可以抵押的其他财产。

4. 个人保证贷款

个人保证贷款是指银行以银行认可的,具有代位清偿债务能力的法人、其他经济组织或自然人作为保证人而向个人发放的贷款。

四、个人贷款产品的要素

(一) 贷款对象

个人贷款的对象仅限于自然人,而不包括法人。合格的个人贷款申请人必须是具有完全民事行为能力的自然人。

（二）贷款利率

贷款利率是借款人为取得货币资金的使用权而支付给银行的价格，或者说是货币所有者因暂时让渡货币资金使用权而从借款人那里获得的一定报酬。利息作为借入货币的代价或贷出货币的报酬，实际上就是借贷资金的"价格"。利息水平的高低是通过利率表示的。

利率是指一定时期内利息额与借贷货币额或储蓄存款额之间的比率。可用公式表示为：利率＝利息额/本金。利率一般可分为年利率、月利率和日利率。国务院批准和授权中国人民银行制定的各种利率为法定利率。贷款银行根据法定贷款利率和中国人民银行规定的浮动幅度范围以及利率政策等，经与借款人共同商定，并在借款合同中载明的某一笔具体贷款的利率称为合同利率。

个人贷款的利率按中国人民银行规定等执行，可根据贷款产品的特性，在一定的区间内浮动。一般来说，贷款期限在 1 年以内（含）的实行合同利率，遇法定利率调整不分段计息，执行原合同利率；贷款期限在 1 年以上的，合同期内遇法定利率调整时，可由借贷双方按商业原则确定，可在合同期间按月、按季、按年调整，也可采用固定利率的确定方式。

相关链接 1-2

降息对我们的生活影响几何

2014 年 11 月 22 日起，金融机构人民币贷款和存款基准利率同时下调。与此同时，央行通知，结合推进利率市场化改革，金融机构存款利率浮动区间的上限由存款基准利率的 1.1 倍调整为 1.2 倍。

利率调整短短几天，来自媒体的报道表明，市场反应十分迅速：股市放量飙升，股民笑逐颜开；购房者"减负"，助力逐步回暖的楼市，日光盘再现，"抢房大战"再度上演……

此次利率调整对我们的生活将会产生哪些影响？我们应如何应对？

1. 人民币存款不妨"货比三家"

央行利率调整通知下发后，各金融机构反应迅速，对各项人民币存款利率进行了调整。此次降息，央行下调了存款基准利率，客户存款利息收益看似会下降，实际上多家金融机构对存款基准利率进行了上浮，有的甚至上浮到顶即 20%，以最大限度地保证存款人的利息收益。

存款利率调整标准不同，利率上浮幅度有差异，也就意味着各家金融机构的存款利率收益也会千差万别。对于偏好存款的市民来说，要想获得理想的存款收益，不妨在存款时"货比三家"。

2. 贷款利率下调为购房者"减负"

对望高企房价兴叹的购房者而言，此次央行下调贷款利率无疑是一大利好。

据报道，央行宣布降息第二天，深圳三个开盘的新盘均上演"抢房大战"。有购房者在接受媒体采访时称，银行降息降低了置业成本，因此强化了他们看房买房的意愿。

此次人民币贷款基准利率下调,其中明确 5 年以上贷款利率将由 6.55% 降至 6.15%。同时,还将公积金 5 年以上贷款利率由 4.5% 降至 4.25%。也就是说,央行下调贷款利率,相当于在原有贷款利率基础上给全部购房者打出 9.39 折优惠。

3. 小微企业融资成本有望降低

央行的货币政策持续趋于宽松,基准利率的下调,直接降低了小微企业融资成本 7% 左右。从银行角度分析,一方面,政府给企业传递了降低社会融资成本、保增长的积极信号,稳固企业对于中长期经济增长的信心,因此企业的贷款融资需求将会有一定程度的释放;另一方面,对于银行而言,由于贷款利率的下降及存款利率的上浮,利息差的收窄将使银行利润不可避免受到侵蚀,可能造成部分银行出现惜贷情绪,由此减少对大型企业贷款的投放,并加大对小微企业贷款的投放。

因此在贷款融资需求上升的同时,银行贷款对象筛选力度将进一步提升,对提高小微企业的申贷获得率效果明显。不过从长远角度来看,非对称降息有利于加快利率市场化的进程,有助于推动实体经济的融资成本趋势性下降,对小微企业的发展将会产生积极的影响。

(资料来源:深圳商报,2014 年 11 月 27 日,http://szsb.sznews.com/html/2014-11/27/content_3075164.htm)

(三) 贷款期限

贷款期限是指从具体的贷款产品发放到约定的最后还款或清偿的期限。不同的个人贷款产品的贷款期限也各不相同。如个人住房贷款的期限最长可达 30 年,而个人经营类贷款中,个别的流动资金贷款的期限仅为 6 个月。贷款银行应根据借款人的实际还款能力科学、合理地确定贷款期限。

经贷款人同意,个人贷款可以展期。1 年以内(含)的个人贷款,展期期限累计不得超过原贷款期限;1 年以上的个人贷款,展期期限累计与原贷款期限相加,不得超过该贷款品种规定的最长贷款期限。

(四) 还款方式

各商业银行的个人贷款产品有不同的还款方式可供借款人选择。如到期一次还本付息法、等额本息还款法、等额本金还款法、等比累进还款法、等额累进还款法及组合还款法等多种方法。客户可以根据自己的收入情况,与银行协商,转换不同的还款方法。

1. 到期一次还本付息法

到期一次还本付息法又称期末清偿法,指借款人需在贷款到期日还清贷款本息,利随本清。此种方式一般适用于期限在 1 年以内(含)的贷款。

2. 等额本息还款法

等额本息还款法是指在贷款期内每月以相等的额度平均偿还贷款本息。每月还款额计算公式为:

$$每月还款额 = \frac{月利率 \times (1 + 月利率)^{还款期数}}{(1 + 月利率)^{还款期数} - 1} \times 贷款本金$$

遇到利率调整及提前还款时,应根据未偿还贷款余额和剩余还款期数计算每期还款额。

等额本息还款法是每月以相等的额度偿还贷款本息,其中归还的本金和利息的配给比例是逐月变化的,利息逐月递减,本金逐月递增。

3. 等额本金还款法

等额本金还款法是指在贷款期内每月等额偿还贷款本金,贷款利息随本金逐月递减。每月还款额计算公式如下:

$$每月还款额 = \frac{贷款本金}{还款期数} + (贷款本金 - 已归还贷款本金累计额) \times 月利率$$

等额本金还款法的特点是定期、定额还本,也就是在贷款后,每期借款人除了缴纳贷款利息外,还需要定额摊还本金。由于等额本金还款法每月还本额固定,所以其贷款余额以定额逐渐减少,每月付款及每月贷款余额也定额减少。

4. 等比累进还款法

借款人每个时间段上以一定比例累进的金额(分期还款额)偿还贷款,其中每个时间段归还的金额包括该时间段应还利息和本金,按还款间隔逐期归还,在贷款截止日期前全部还清本息。此种方法又分为等比递增还款法和等比递减还款法,通常比例控制在 0 至 $\pm 100\%$ 之间,且经计算后的任意一期还款计划中的本金或利息不得小于零。

等比累进还款方法通常与借款人对于自身收入状况的预期相关,如果预期未来收入呈递增趋势,则可选择等比递增法,减少提前还款的麻烦;如果预期未来收入呈递减趋势,则可选择等比递减法,减少利息支出。

5. 等额累进还款法

等额累进还款法与等比累进还款法类似,不同之处就是将在每个时间段上约定还款的"固定比例"改为"固定额度"。客户在办理贷款业务时,与银行商定还款递增或递减的间隔期和额度。

在初始时期,银行会根据客户的贷款总额、期限和资信水平测算出一个首期还款金额,客户按固定额度还款,此后,根据间隔期和相应的递增或递减额度进行还款的操作。此种方法又分为等额递增还款法和等额递减还款法。

等额累进还款法和等比累进还款法相同的特点是当借款人还款能力发生变化时,可通过调整累进额或间隔期来适应客户还款能力的变化。如对收入增加的客户,可采取增大累进额、缩短间隔期等办法,使借款人分期还款额增多,从而减少借款人的利息负担;对收入水平下降的客户,可采取减少累进额、扩大累进间隔期等办法使借款人分期还款额减少,以减轻借款人的还款压力。

6. 组合还款法

组合还款法是一种将贷款本金分段偿还、根据资金的实际占用时间计算利息的还款方式。即根据借款人未来的收支情况,首先将整个贷款本金按比例分成若干偿还阶段,然后确定每个阶段的还款年限。

还款期间,每个阶段约定偿还的本金在规定的年限按等额本息的方式计算每月偿还额,未归还的本金部分按月计息,两部分相加即形成每月的还款金额。目前,市场上推广比较好的"随心还"和"气球贷"等就是这种方式的演绎。

这种方法可以比较灵活地按照借款人的还款能力规划还款进度,真正满足个性化需求。自身财务规划能力强的客户适用此种方法。

(五)担保方式

个人贷款可采用多种担保方式,主要有抵押担保、质押担保和保证担保三种担保方式。在实践中,当借款人采用一种担保方式不能足额对贷款进行担保时,从控制风险的角度,贷款银行往往要求借款人组合使用不同的担保方式对贷款进行担保。

抵押担保是指借款人或第三人不转移对法定财产的占有,将该财产作为贷款的担保。借款人不履行还款义务时,贷款银行有权依法以该财产折价或者以拍卖、变卖财产的价款优先受偿。

质押担保是指借款人或第三人转移对法定财产的占有,将该财产作为贷款的担保。质押担保分为动产质押和权利质押。动产质押是指借款人或第三人将其动产移交贷款银行占有,将该动产作为贷款的担保,借款人不履行还款义务时,贷款银行有权依法以动产折价或以拍卖、变卖该动产的价款优先受偿。

权利质押是指以汇票、支票、本票、债券、存款单、仓单、提单、依法可转让的股份、股票、商标专用权、专利权、著作权中的财产权利等《担保法》规定的可以质押的,或贷款银行许可的质押物作为担保,借款人不履行还款义务时,贷款银行有权依法以权利凭证折价或以拍卖、变卖该权利凭证的价款优先受偿。

保证担保是指保证人和贷款银行约定,当借款人不履行还款义务时,由保证人按照约定履行或承担还款责任的行为。保证人是指具有代位清偿债务能力的法人、其他经济组织或自然人。

小贴士

根据《担保法》的规定,下列单位或组织不能担任保证人:国家机关;学校、幼儿园、医院等以公益为目的的事业单位、社会团体;企业法人的分支机构、职能部门,但如果有法人授权的,其分支机构可以在授权的范围内提供保证。

(六)贷款额度

贷款额度是指银行向借款人提供的以货币计量的贷款数额。除了人民银行、银监会或国家其他有关部门有明确规定外,个人贷款的额度可以根据申请人所购财产价值提供的抵押担保、质押担保和保证担保的额度以及资信等情况确定。

小贴士

按照国发〔2010〕10号文,对购买首套自住房且套型建筑面积在 90 平方米以上的家庭(包括借款人、配偶及未成年子女),贷款首付款比例不得低于30%;对贷款购买第二套住房的家庭,贷款首付款比例不得低于50%,贷款利率不得低于基准利率的1.1倍;对贷款购买第三套及以上住房的,贷款首付款比例和贷款利率应大幅度提高,具体由商业银行根据风险管理原则自主确定。中国人民银行、银监会要指导和监督商业银行严格住房消费贷款管理。

贷款人应按区域、品种、客户群等维度建立个人贷款风险限额管理制度。风险限额是指银行业金融机构根据外部经营环境、整体发展战略和风险管理水平,为反映整个机构组合层面风险,针对具体区域、行业、贷款品种及客户等设定的风险总量控制上限,是其在特定领域所愿意承担风险的最大限额。

第三节　公司信贷

一、公司信贷的概念

公司信贷是指以银行为提供主体,以法人和其他经济组织等非自然人为接受主体的资金借贷或信用支持活动。

二、公司信贷的基本要素

公司信贷的基本要素主要包括交易对象、信贷产品、信贷金额、信贷期限、贷款利率和费率、清偿计划、担保方式和约束条件等。

(一)交易对象

公司信贷业务的交易对象包括银行和银行的交易对手,银行的交易对手主要是经工商行政管理机关(或主管机关)核准登记、拥有工商行政管理部门颁发的营业执照的企(事)业法人和其他经济组织等。

(二)信贷产品

信贷产品是指特定产品要素组合下的信贷服务方式,主要包括贷款、担保、承兑、保函、信用证和承诺等。

(三)信贷金额

信贷金额是指银行承诺向借款人提供的以货币计量的信贷产品数额。

(四)信贷期限

信贷期限有广义和狭义两种。广义的信贷期限是指银行承诺向借款人提供以货币计量的信贷产品的整个期间,即从签订合同到合同结束的整个期间。狭义的信贷期限是指从具体的信贷产品发放到约定的最后还款或清偿的期限。在广义的定义下,贷款期限通常分为提款期、宽限期和还款期。

1．提款期

提款期是从借款合同生效之日开始，至合同规定贷款金额全部提款完毕之日为止，或最后一次提款之日为止，期间借款人可按照合同约定分次提款。

2．宽限期

宽限期是从贷款提款完毕之日开始，或最后一次提款之日开始，至第一个还本付息之日为止，介于提款期和还款期之间。有时也包括提款期，即从借款合同生效起至合同规定的第一笔还款日为止的期间。在宽限期内银行只收取利息，借款人不用还本，或本息都不用偿还，但是银行仍应按规定计算利息，至还款期才向借款企业收取。

3．还款期

还款期是指从借款合同规定的第一次还款日起至全部本息清偿日止的期间。

（五）贷款利率和费率

1．贷款利率

贷款利率即借款人使用贷款时支付的价格。

（1）贷款利率的种类

① 本币贷款利率和外币贷款利率。通常根据贷款币种的不同将利率分为本币贷款利率和外币贷款利率。

② 浮动利率和固定利率。按照借费关系持续期内利率水平是否变动来划分，利率可分为固定利率与浮动利率。

固定利率是指在贷款合同签订时即设定好固定的利率，在贷款合同期内，借款人都按照固定的利率支付利息，不需要"随行就市"。

浮动利率是指借贷期限内利率随物价、市场利率或其他因素变化相应调整的利率。浮动利率的特点是可以灵敏地反映金融市场上资金的供求状况，借贷双方所承担的利率变动风险较小。

③ 法定利率、行业公定利率和市场利率。法定利率是指由政府金融管理部门或中央银行确定的利率，它是国家实现宏观调控的一种政策工具。行业公定利率是指由非政府部门的民间金融组织，如银行协会等确定的利率，该利率对会员银行具有约束力。市场利率是指随市场供求关系的变化而自由变动的利率。

（2）我国贷款利率管理的相关情况

① 管理制度

基准利率是被用作定价基础的标准利率，被用作基准利率的利率包括市场利率、法定利率和行业公定利率，通常具体贷款中执行的浮动利率采用基准利率加点或确定浮动比例的方式，我国中央银行公布的贷款基准利率是法定利率。

🕊️ **小贴士**

《人民币利率管理规定》有关利率的相关规定：短期贷款利率（期限在 1 年以下，含 1 年），按贷款合同签订日的相应档次的法定贷款利率计息。贷款合同期内，遇利率调整不分段计息。

中长期贷款(期限在1年以上)利率一年一定。贷款(包括贷款合同生效日起应分笔拨付资金)根据贷款合同确定的期限,按贷款合同生效日相应档次的法定贷款利率计息,满一年后,再按当时相应档次的法定贷款利率确定下一年度利率。

贷款展期,期限累计计算,累计期限达到新的利率档次时,自展期之日起,按展期日挂牌的同档次利率计息;达不到新的期限档次时,按展期日的原档次利率计息。

逾期贷款或挤占挪用贷款,从逾期或挤占挪用之日起,按罚息利率计收罚息,直到清偿本息为止,遇罚息利率调整则分段计息。

借款人在借款合同到期日之前归还借款时,银行有权按原贷款合同向借款人收取利息。

② 利率结构

差别利率是对不同种类、不同期限、不同用途的存、贷款所规定的不同水平的利率,差别利率的总和构成利率结构。

利率档次是利率差别的层次。目前我国中央银行主要按期限和用途的差别设置不同的贷款利率水平。

🕊 小贴士

1. 人民币贷款利率档次

我国人民币贷款利率按贷款期限划分,可分为短期贷款利率、中长期贷款利率及票据贴现利率。

短期贷款利率可分为6个月以下(含6个月)和6个月至1年(含1年)两个档次。

中长期贷款利率可分为1~3年(含3年)、3~5年(含5年)以及5年以上三个档次。

2. 外汇贷款利率档次

我国中央银行目前已不再公布外汇贷款利率,外汇贷款利率在我国已经实现市场化。国内商业银行通常以国际主要金融市场的利率(如伦敦同业拆借利率)为基础确定外汇贷款利率。

③ 利率表达方式

利率一般有年利率、月利率、日利率三种形式。年利率也称年息率,以年为计息期,一般按本金的百分比表示;月利率也称月息率,以月为计息期,一般按本金的千分比表示;日利率也称日息率,以日为计息期,一般按本金的万分比表示。

我国计算利息的传统标准是分、厘、毫,每十毫为一厘,每十厘为一分。年息几分表示百分之几,月息几厘表示千分之几,日息几毫表示万分之几。

④ 计息方式

按计算利息的周期通常分为按日计息、按月计息、按季计息、按年计息。按是否计算复利分为单利计息和复利计息。单利计息是指在计息周期内对已计算未支付的利息不计收利息;复利计息是指在计息周期内对已计算未支付的利息计收利息。

2．费率

费率是指利率以外的银行提供信贷服务的价格,一般以信贷产品金额为基数按一定比率计算。费率的类型较多,主要包括担保费、承诺费、承兑费、银团安排费、开证费等。

（六）清偿计划

清偿计划一般分为一次性还款和分次还款,分次还款又有定额还款和不定额还款两种方式。定额还款包括等额还款和约定还款,其中等额还款中通常包括等额本金还款和等额本息还款等方式。

贷款合同应该明确清偿计划,借款人必须按照贷款合同约定的清偿计划还款。贷款合同中通常规定如借款人不按清偿计划还款,则视为借款人违约,银行可按合同约定收取相应的违约金或采取其他措施。清偿计划的任何变更须经双方达成书面协议。

（七）担保方式

担保是指借款人无力或未按照约定按时还本付息或支付有关费用时贷款的第二还款来源,是审查贷款项目最主要的因素之一。按照我国《担保法》的有关规定,担保方式包括保证、抵押、质押、定金和留置五种方式。在信贷业务中经常运用的主要是前三种方式中的一种或几种。

三、公司信贷的种类

公司信贷的种类是按一定分类方法和标准划分的信贷类别,划分信贷种类是进行贷款管理的需要,目的在于反映信贷品种的特点和信贷资产的结构。

（一）按贷款期限划分

1．短期贷款

短期贷款是指贷款期限在1年以内(含1年)的贷款。

2．中期贷款

中期贷款是指贷款期限在1年以上(不含)5年以下(含)的贷款。

3．长期贷款

长期贷款是指贷款期限在5年(不含)以上的贷款。

（二）按贷款用途划分

1．固定资产贷款

固定资产贷款是指贷款人向企(事)业法人或国家规定可以作为借款人的其他组织发放的,用于借款人固定资产投资的本外币贷款。

2．流动资金贷款

流动资金贷款是指贷款人向企(事)业法人或国家规定可以作为借款人的其他组织发

放的,用于借款人日常生产经营周转的本外币贷款。

3．并购贷款

并购贷款是指商业银行向并购方或其子公司发放的,用于支付并购交易价款的贷款。

并购是指境内并购方企业通过受让现有股权、认购新增股权,或收购资产、承接债务等方式以实现合并或实际控制已设立并持续经营的目标企业的交易行为。并购可由并购方通过其专门设立的无其他业务经营活动的全资或控股子公司(以下简称子公司)进行。

4．房地产贷款

房地产贷款是指与房产或地产的开发、经营、消费活动有关的贷款。主要包括土地储备贷款、房地产开发贷款、个人住房贷款、商业用房贷款等。

土地储备贷款是指向借款人发放的用于土地收购及土地前期开发、整理的贷款。土地储备贷款的借款人仅限于负责土地一级开发的机构。房地产开发贷款是指向借款人发放的用于开发、建造向市场销售、出租等用途的房地产项目的贷款。个人住房贷款是指向借款人发放的用于购买、建造和大修理各类型住房的贷款。商业用房贷款是指向借款人发放的用于购置、建造和大修理以商业为用途的各类型房产的贷款。

5．项目融资

项目融资是指符合以下特征的贷款:

(1) 贷款用途通常是用于建造一个或一组大型生产装置、基础设施、房地产项目或其他项目,包括对在建或已建项目的再融资;

(2) 借款人通常是为建设、经营该项目或为该项目融资而专门组建的企事业法人,包括主要从事该项目建设、经营或融资的既有企事业法人;

(3) 还款资金来源主要依赖该项目产生的销售收入、补贴收入或其他收入,一般不具备其他还款来源。

综 合 实 训

一、单项选择题

1．以下不属于按期限划分的银行信贷业务的种类是(　　　)。

　　A．短期信贷业务　　　　　　　　　B．表内信贷业务

　　C．中期信贷业务　　　　　　　　　D．长期信贷业务

2．银行向个人发放的无须提供任何担保的贷款指的是(　　　)。

　　A．个人信用贷款　　　　　　　　　B．个人质押贷款

　　C．个人抵押贷款　　　　　　　　　D．个人保证贷款

3．个人以合法有效、符合银行规定条件的质物出质,向银行申请取得的一定金额的贷款指的是(　　　)。

　　A．个人信用贷款　　　　　　　　　B．个人质押贷款

　　C．个人抵押贷款　　　　　　　　　D．个人保证贷款

4．到期一次还本付息法又称(　　　),指借款人需在贷款到期日还清贷款本息,利随

本清。

  A. 期末清偿法   B. 等额本息还款法

  C. 等额本金还款法   D. 等比累进还款法

  5.（　　）是指在贷款期内每月以相等的额度平均偿还贷款本息。

  A. 期末清偿法   B. 等额本息还款法

  C. 等额本金还款法   D. 等比累进还款法

  6.（　　）是指由政府金融管理部门或中央银行确定的利率，它是国家实现宏观调控的一种政策工具。

  A. 浮动利率   B. 行业公定利率

  C. 市场利率   D. 法定利率

二、多项选择题

  1. 银行经营的信贷业务的种类按会计核算归属可划分为（　　）。

  A. 表内信贷业务   B. 政治范畴

  C. 表外信贷业务   D. 经济范畴

  2. 个人消费贷款包括（　　）。

  A. 个人汽车贷款   B. 个人教育贷款

  C. 个人耐用消费品贷款   D. 个人消费额度贷款

  E. 个人旅游消费贷款

  3. 等额累进还款法分为（　　）。

  A. 等额递增还款法   B. 等比递减还款法

  C. 等额递减还款法   D. 等比递增还款法

  4. 个人贷款可采用多种担保方式，主要有（　　）。

  A. 抵押担保 B. 质押担保 C. 保证担保 D. 以上都不对

  5. 信贷产品是指特定产品要素组合下的信贷服务方式，主要包括（　　）。

  A. 贷款   B. 担保   C. 承兑   D. 保函

  6. 按照借贷关系持续期内利率水平是否变动来划分，利率可分为（　　）。

  A. 固定利率 B. 法定利率 C. 市场利率 D. 浮动利率

三、判断题

  1. 信贷业务种类按用途划分可分为信用信贷业务、担保信贷业务（包括保证、抵押和质押方式）。（　　）

  2. 银行从事表外信贷业务既有利率收入，又有费率收入。（　　）

  3. 个人消费贷款是指银行向个人发放的用于消费的贷款。（　　）

  4. 个人贷款的对象既包括自然人，又包括法人。（　　）

  5. 贷款利率是借款人为取得货币资金的使用权而支付给银行的价格，或者说是货币所有者因暂时让渡货币资金使用权而从借款人那里获得的一定报酬。（　　）

  6. 由于等额本息还款法每月还本额固定，所以其贷款余额以定额逐渐减少，每月付款及每月贷款余额也定额减少。（　　）

7. 浮动利率是指借贷期限内利率随物价、市场利率或其他因素变化相应调整的利率。浮动利率的特点是可以灵敏地反映金融市场上资金的供求状况,借贷双方所承担的利率变动风险较小。(　　)

四、实训课堂

实训内容:让学生分组,去两个以上的银行调研。

调研内容:

1. 了解不同银行贷款利率的情况。

2. 了解个人贷款利率,包括个人一手房住房贷款利率、个人二手房住房贷款利率以及个人公积金住房贷款利率。

3. 了解公司贷款利率、流动资金贷款利率以及固定资产贷款利率。

个人住房贷款

1. 了解个人住房贷款的基本概念、个人住房贷款的特征。
2. 掌握个人住房贷款业务分类。
3. 理解个人住房贷款的产品要素。

技能要求

1. 能准确熟练地掌握个人住房贷款的产品要素。
2. 能熟练地为客户介绍住房贷款还款方式的优劣,并为客户选择合适的业务品种,同时为其办理个人住房贷款业务。

引例

个人住房贷款知多少

随着提前消费意识的增强,现在许多市民购房时都会选择向银行申请个人住房贷款,避免花光所有积蓄,降低日后的生活品质。申请个人住房贷款必须具有合法有效的身份证明,如本市居民的身份证、户口簿;外省市居民除身份证、户口簿外,还需提供所在地户籍管理部门开具的户籍证明或暂住证;境外人士需提供护照,同时还需提供婚姻证明或未婚证明;未满18周岁的市民不能申请贷款。

根据国务院楼市新政规定:对不能提供1年以上当地纳税证明或社会保险缴纳证明的非本地居民暂停发放购买住房贷款。

目前居民购买首套房首付款不低于所购房屋总价的30%,个人住房商业性贷款1~5年利率分别为6.00%、6.15%、6.15%、6.40%和6.40%,6~30年贷款利率为6.55%(现行基准利率);由于国家出台限贷政策,家庭购买第二套房首付款不低于所购房屋总价的60%,贷款利率较基准利率上浮10%~15%,家庭购买第三套房不提供贷款。

个人住房公积金贷款最高额度为60万元,如果额度不够可申请商业性贷款与公积金贷款组合的模式。另外,男性年龄与贷款期限相加之和不能超过65岁;女性不超过60岁。

针对个人住房商业性贷款有等额本息和等额本金两种还款方式,"大部分贷款人选择等额本息,因为每月还款金额固定,方便记忆;等额本金虽然可少还部分利息,但每月还款金额不固定,容易出错,而且等额本金还款数逐月递减,贷款人起初还款压力较大。"黄主任说,每月还款金额应该控制在家庭月收入的50%以下,这既是硬性规定,同时这样也才不会影响到生活质量。

部分居民有过因个人征信不良记录而申请不到贷款的经历,只要不出现连续三次或以上恶意欠款的不良记录,银行都会考虑发放贷款,希望市民按时足额还款,保持良好的征信记录。

(资料来源:襄阳晚报,2013 年 6 月 19 日,http://www.xf.gov.cn/news/xyxw/xyyw/2013061t20130619_409310.shtml)

第一节　个人住房贷款概述

一、个人住房贷款的基本概念

个人住房贷款是指向借款人发放的用于购买、建造和大修理各类型住房的贷款。个人住房贷款期限最长为 30 年。个人住房贷款利率按照中国人民银行规定的同期限同档次贷款利率及浮动区间执行,上限放开,实行下限管理,下限利率水平为相应期限档次贷款基准利率的 0.85 倍。

二、个人住房贷款业务的种类

(一)按照资金来源划分

按照资金来源,个人住房贷款包括个人商业住房贷款、公积金个人住房贷款和个人住房组合贷款。

1. 个人商业住房贷款

个人商业住房贷款是指银行运用信贷资金向在城镇购买、建造或大修理各类型住房的个人发放的贷款。个人商业用房贷款期限最长为 10 年。个人商业用房贷款利率按照中国人民银行规定的同期同档次贷款利率执行,可浮动。

2. 公积金个人住房贷款

公积金个人住房贷款也称委托性住房公积金贷款,是指由各地住房公积金管理中心运用个人及其所在单位所缴纳的住房公积金,委托商业银行向购买、建造、翻建或大修自住住房的住房公积金缴存人以及在职期间缴存住房公积金的离退休职工发放的专项住房贷款。该贷款不以营利为目的,实行"低进低出"的利率政策,带有较强的政策性,贷款额度受到限制。因此,它是一种政策性个人住房贷款。

📝 **专栏 2-1**

个人住房公积金贷款备齐所需资料　莫入贷款误区

购房者在使用公积金贷款买房过程中,对办理流程及贷款条件比较陌生,且常存在一些误区,本期记者带您一起去了解,助您轻松购房。

办理公积金贷款时,可直接到开发商指定的银行申请,无指定银行的到市住房公积金管理中心所属分中心、管理部、综合业务部及受中心委托的银行代理员咨询并填写《××个人住房公积金贷款申请审批表》,同时提交以下资料:

（1）借款人及配偶身份证（居民身份证或其他有效证件）及复印件；

（2）借款人婚姻证明或声明及复印件；

（3）购房缴款凭证及复印件；

（4）借款人及配偶收入证明或声明；

（5）合法的购房合同原件（集资建房签订的房地产买卖契约）；

（6）借款人及配偶印章。

贷款额度根据以下条件进行确定：

（1）公积金连续足额缴存半年以上，所购楼盘在公积金中心备案；

（2）缴存基数与月收入一致；

（3）月还款额不超出家庭总收入的50%；

（4）贷款期限不得超过退休年龄（男60岁，女55岁）；

（5）所购房屋类型；

（6）良好的个人信用。

莫入公积金贷款误区：

对于有贷款购房需求的购房者来说有哪些问题需要注意呢？

首先，公积金账户余额做购房首付。很多人都认为既然公积金是职工购房福利政策，那么理所当然可以用来支付购房首付，其实不然，因为公积金是先使用后才可以提取的，即购房人只有在购房后提供购房相关的证明材料才可以办理提取手续。

其次，子女使用父母的公积金贷款。子女不可以使用父母的公积金来贷款买房，因为父母与子女间的公积金是不能够互相使用的。在住房公积金购房申贷问题上，则视为两户人，子女和父母之间是单独分开的，即两个家庭。

还有装修房子可以提取住房公积金仅用于职工购买（含二手房）、建造、翻建、大修（维修费用超过房屋造价30%以上）自住住房时可以提取。装修不在住房公积金提取范围内，因此装修提取住房公积金是不行的。

另外，提取总额可以超过房款总额。公积金的提取总额不能超过房款总额，比如，贷款购买的房屋总价为30万元，而他的公积金存储余额有40万元，他只能提取30万元的公积金，剩余的10万元公积金不能提取。

（资料来源：搜狐焦点，2014年11月27日，http://www.focus.cn/news/luohe-2014-11-27/5806924.html）

3. 个人住房组合贷款

个人住房组合贷款是指按时足额缴存住房公积金的职工在购买、建造或大修住房时，可以同时申请公积金个人住房贷款和自营性个人住房贷款，从而形成特定的个人住房贷款组合，简称个人住房组合贷款。

🕊️ **小贴士**

为什么叫个人住房组合贷款

个人住房组合贷款由自营性个人住房贷款和公积金个人住房贷款组成，贷款期限最长为30年；贷款利率分别执行自营性个人住房贷款利率和公积金个人住房贷款利率。

（二）按照住房交易形态划分

按照住房交易形态,个人住房贷款可分为新建房个人住房贷款、个人再交易住房贷款和个人住房转让贷款。

1. 新建房个人住房贷款

新建房个人住房贷款俗称个人一手房住房贷款,是指银行向符合条件的个人发放的、用于在一级市场上购买住房的贷款。

2. 个人再交易住房贷款

个人再交易住房贷款俗称个人二手房住房贷款,是指银行向符合条件的个人发放的、用于购买在住房二级市场上合法交易的各类型个人住房的贷款。

小贴士

个人再交易住房贷款期限最长为 30 年,且不超过所购住房的剩余使用年限。如个人购买住房申请贷款的,利率参照个人住房贷款的有关规定。如个人购买再交易商业用房申请贷款的,利率参照个人商业用房贷款的有关规定。

3. 个人住房转让贷款

个人住房转让贷款是指当尚未结清个人住房贷款的客户出售用该贷款购买的住房时,银行用信贷资金向购买该住房的个人发放的个人住房贷款。

小贴士

个人住房转让贷款期限最长为 30 年,如转让的住房为商业用房贷款期限最长为 10 年,且不超过所购住房的剩余使用年限;以住房置业担保公司提供担保之外的纯保证方式发放的贷款,贷款期限最长不超过 5 年。对个人购买住房的,贷款利率·同个人住房贷款;对个人购买商业用房的,贷款利率同个人商业用房贷款。

三、个人住房贷款的特征

个人住房贷款与其他个人贷款相比,具有以下特点。

（一）贷款金额大、期限长

购房支出通常是家庭支出的主要部分,住房贷款也普遍占家庭负债的较大份额,因此,个人住房贷款相对其他个人贷款而言金额较大,期限也较长,通常为 10～20 年,最长可达 30 年,绝大多数采取分期还本付息的方式。

（二）以抵押为前提建立的借贷关系

通常情况下,个人住房贷款是以住房作抵押这一前提条件发生的资金借贷行为,个人住房贷款的实质是一种融资关系而不是商品买卖关系。对个人住房贷款的借方而言,其目的是通过借款融资而取得购买住房的资金,实现对住房的拥有,而不是为了出售作为抵押物的住房；对个人住房贷款的贷方而言，其取得该住房抵押权的目的并不是要实际占有住房，而是为了在贷出资金未能按期收回时，作为一种追偿贷款本息的保障。

因此，从融通资金的方式来说，个人住房贷款是以抵押物的抵押为前提而建立起来的一种借贷关系，是按一定的抵押方式，以借款人或第三人的财产为抵押而发放的贷款。在抵押的情形下借款人或第三人不转移对抵押财产的占有。

（三）风险因素类似，风险具有系统性特点

由于个人住房贷款大多数为房产抵押担保贷款，因此风险相对较低。但由于大多数个人住房贷款具有类似的贷款模式，系统性风险也相对集中。除了客户还款能力和还款意愿等方面的因素外，房地产交易市场的稳定性和规范性对个人住房贷款风险的影响也较大。

四、个人住房贷款的要素

（一）贷款对象

个人住房贷款的对象应是具有完全民事行为能力的中华人民共和国公民或符合国家有关规定的境外自然人。

（二）贷款利率

个人住房贷款的利率按商业性贷款利率执行，上限放开，实行下限管理。按照国发〔2010〕10号文，对贷款购买第二套住房的家庭，贷款利率不得低于基准利率的1.1倍；对贷款购买第二套及以上住房的，贷款利率应大幅度提高，具体由商业银行根据风险管理原则自主确定。中国人民银行、银监会要指导和监督商业银行严格住房消费贷款管理。

小贴士

个人住房贷款的计息、结息方式，由借贷双方协商确定。一般来说，个人住房贷款的期限在1年以内（含）的贷款，实行合同利率，遇法定利率调整，不分段计息；贷款期限在1年以上的，合同期内遇法定利率调整时，可由借贷双方按商业原则确定，可在合同期间按月、按季、按年调整，也可采用固定利率的确定方式。但实践中，银行多于次年1月1日起按相应的利率档次执行新的利率规定。

相关链接 2-1

个人住房公积金存贷款利率下调 0.25%

日前，央行宣布下调人民币存、贷款基准利率。昨日，记者从市住房公积金管理中心了解到，从11月22日起，我市个人住房公积金存贷款利率也下调，其中，5年以下（含）贷款利率由4%下调至3.75%，5年以上贷款利率由4.5%下调至4.25%。

"个人住房公积金存贷款利率自11月22日起下调。"据市住房公积金管理中心的工作人员介绍，上年结转的个人住房公积金存款利率由现行的2.6%下调至2.35%；当

年归集的个人住房公积金存款利率仍维持0.35%不变。同时,住房公积金个人贷款基准利率也下调0.25个百分点,其中,5年以下(含)的住房公积金个人贷款利率,由现行的4%下调至3.75%;5年期以上的住房公积金个人贷款利率,由4.5%下调至4.25%。

此次利率调整,对于用住房公积金贷款购房的职工来说,每月还款的负担将有所减轻。随后,他给记者算了一笔账,如果在我市购买普通住房的职工贷款40万元,贷款期限为20年还清计算,采用等额本息还贷的方法,当利率为4.5%时,每月还款约2531元,本次利率下调后,每月还款约2477元。相较而言,每月房贷就少支出约54元,20年累计共能省约1.29万元。

2014年11月21日前发放的个人住房公积金贷款,自2015年1月1日起按新规定执行。

(资料来源:潮州日报,2014年12月2日,http://www.chaozhoudaily.com/czrb/html/2014-12/02/content_1694679.htm)

(三)贷款期限

个人一手房贷款和二手房贷款的期限由银行根据实际情况合理确定,最长期限都为30年。个人二手房贷款的期限不能超过所购住房的剩余使用年限。借款人已离退休或即将离退休的(目前法定退休年龄为男60岁,女55岁),贷款期限不宜过长,一般男性自然人的还款期限不超过65岁,女性自然人的还款期限不超过60岁。符合相关条件的,男性可放宽至70岁,女性可放宽至65岁。

(四)还款方式

个人住房贷款可采取多种还款方式进行还款。例如,一次还本付息法、等额本息还款法、等额本金还款法、等比累进还款法、等额累进还款法及组合还款法等多种方法。其中,以等额本息还款法和等额本金还款法最为常用。

一般来说,贷款期限在1年以内(含)的,借款人可采取一次还本付息法,即在贷款到期日前一次性还清贷款本息。贷款期限在1年以上的,可采用等额本息还款法和等额本金还款法等。

(五)担保方式

个人住房贷款可实行抵押、质押和保证三种担保方式。贷款银行可根据借款人的具体情况,采用一种或同时采用几种贷款担保方式。

在个人住房贷款业务中,采取的担保方式以抵押担保为主,在未实现抵押登记前,普遍采取抵押加阶段性保证的方式。抵押加阶段性保证人通常是借款人所购住房的开发商或售房单位,且与银行签订了《商品房销售贷款合作协议书》。

在一手房贷款中,在房屋办妥抵押登记前,一般由开发商承担阶段性保证责任;而在二手房贷款中,一般由中介机构或担保机构承担阶段性保证的责任。借款人、抵押人、保证人应同时与贷款银行签订抵押加阶段性保证借款合同。在所抵押的住房取得房屋所有权证并办妥抵押登记后,根据合同约定,抵押加阶段性保证人不再履行保证责任。

采用抵押担保方式的,抵押的财产必须符合《担保法》的法定条件。抵押物的价值按照抵押物的市场成交价或评估价格确定。借款人以所购住房作抵押的,银行通常要求将住房价值全额用于贷款抵押;若以贷款银行认可的其他财产作抵押的,银行往往规定其贷款额度不得超过抵押物价值的一定比例。

采用质押担保方式的,质物可以是国家财政部发行的凭证式国库券、国家重点建设债券、金融债券、符合贷款银行规定的企业债券、单位定期存单、个人定期储蓄存款存单等有价证券。

采用保证担保方式的,保证人应与贷款银行签订保证合同。保证人为借款人提供的贷款担保为全额连带责任保证,借款人之间、借款人与保证人之间不得相互提供保证。

在贷款期间,经贷款银行同意,借款人可根据实际情况变更贷款担保方式。抵押物、质押权利、保证人发生变更的,应与贷款银行重新签订相应的担保合同。

(六) 贷款额度

个人住房贷款中,对购买首套自住房且套型建筑面积在 90 平方米以下的,贷款发放额度一般是按拟购(建造、大修)住房价格扣除其不低于价款 20% 的首期付款后的数量来确定。

对购买首套自住房且套型建筑面积在 90 平方米以上的家庭(包括借款人、配偶及未成年子女),贷款首付款比例不得低于 30%;对贷款购买第二套住房的家庭,贷款首付款比例不得低于 50%,贷款利率不得低于基准利率的 1.1 倍;对贷款购买第三套及以上住房的,贷款首付款比例和贷款利率应大幅度提高,具体由商业银行根据风险管理原则自主确定。

第二节　个人住房贷款流程

个人住房贷款业务操作流程包括贷款申请、贷款的受理与调查、贷款的审查、贷款的审批、贷款的签约、贷款的发放、贷后管理六个环节。

一、贷款申请

(一) 个人住房贷款

申请个人住房贷款的借款人应同时具备以下条件:

(1) 借款人为具有完全民事行为能力的中国公民、在中国内地有居留权的具有完全民事行为能力的港澳台自然人或在中国内地有居留权的具有完全民事行为能力的外国人;

(2) 有稳定的经济收入,信用良好,有偿还贷款本息的能力;

(3) 有合法有效的购买、建造、大修房屋的合同、协议以及商业银行要求提供的其他证明文件;

(4) 能提供由商业银行认可的有效、足额担保;

(5) 贷款银行规定的其他条件。

✎ **专栏 2-2**

<h3 style="text-align:center">申请个人住房贷款需提交资料</h3>

（1）个人住房贷款申请书。

（2）合法有效的身份证件原件及复印件，包括居民身份证、户口本、军官证、警官证、文职干部证、港澳台居民还乡证、居留证件或其他有效身份证件。

（3）借款人偿还贷款能力证明材料，包括收入证明材料和有关资产证明等。

（4）合法有效的购房合同。

（5）涉及抵押或质押担保的，须提供抵押物或质押权利的权属证明文件以及有处分权人同意抵押或质押的书面证明。

（6）涉及保证担保的，须保证人出具同意提供担保的书面承诺并提供保证人具有保证能力的证明材料；保证人为自然人的，包括个人资产及收入证明；保证人为法人的，包括营业执照、近三年财务报表、资质等级证明、资信等级证明等；保证人为法人且与银行签订《商品房销售合作协议》的，不需要针对单笔个人住房贷款提供上述材料。

（7）借款人已付所购房屋价款规定比例以上的首付款交款单据（发票、收据、银行进账单、现金交款单等），首付款尚未支付或者首付款未达到规定比例的，要提供用于购买住房的自筹资金的有关证明。

（8）贷款银行规定的其他文件和资料。

（二）个人商业住房贷款

申请个人商业住房借款人应同时具备以下条件：

（1）借款人为具有完全民事行为能力的中国公民、在中国内地有居留权的具有完全民事行为能力的港澳台自然人或在中国内地有居留权的具有完全民事行为能力的外国人；

（2）有稳定的经济收入，有偿还贷款本息的能力，无不良信用记录；

（3）有合法有效的购买商业用房的合同、协议以及贷款行要求提供的其他证明材料；

（4）有所购商业用房全部价款或评估价值 40 010 元以上（含）的自筹资金，并保证用于支付所购买商业用房的首付款；

（5）能提供贷款行认可的有效担保；

（6）贷款行规定的其他条件。

申请个人商业用房贷款，需要提交的资料同申请个人住房贷款提供资料。

（三）个人再交易住房贷款

申请个人再交易住房贷款的借款人应同时具备以下条件：

（1）借款人为具有完全民事行为能力的中国公民、在中国内地有居留权的具有完全民事行为能力的港澳台自然人或在中国内地有居留权的具有完全民事行为能力的外国人。

（2）有稳定的经济收入，有偿还贷款本息的能力，无不良信用记录。

（3）有合法有效的住房交易合同或协议。

（4）交易房产的产权明晰，可进入房地产市场流通。

（5）对于购买住房的，有不低于所购住房评估价值或交易价格（以两者较低额为准）20 010 元的自筹资金（对购买自住住房且套型建筑面积在 90 平方米以上的自筹资金不低于 30%）。对于购买商业用房的，有不低于所购住房评估价值或交易价格（以两者较低额为准）40 010 元的自筹资金。

（6）能提供贷款行认可的有效、足额担保。

（7）贷款行规定的其他条件。

📝 **专栏 2-3**

申请个人再交易住房贷款需提交的资料

（1）个人再交易住房贷款申请书。

（2）合法有效的身份证件，包括居民身份证、户口本、军官证、警官证、文职干部证、港澳台居民还乡证、居留证件或其他有效身份证件。

（3）借款人偿还贷款能力证明材料，包括收入证明材料和有关资产证明。

（4）与房屋产权所有人（包括住房共有人）签订的合法、有效的房屋交易合同或协议；交易房屋的共有人未在房屋交易合同或协议上签字的，须提供其同意出售的书面证明。

（5）交易房屋的权属证书，即《房屋所有权证》或《房地产权证》。共有的房屋，还包括《房屋共有权证》或《房地产共有权证》。

（6）自筹资金证明，借款人提出申请时必须拥有所购再交易住房变易价格规定比例以上的自筹资金，并存入商业银行指定账户。

（7）涉及抵押或质押担保的，须提供抵押物或质押权利权属证明文件以及有处分权人同意抵（质）押的书面证明。以所购再交易住房或其他抵押物抵押的，一般还需要提供贷款行认可的评估机构出具的对交易房产或其他抵押物的评估报告。

（8）涉及保证担保的，须提供保证人具有保证能力的证明。保证人为自然人的，包括个人资产及收入证明，保证人为法人的，包括营业执照、近三年财务报表、资质等级证明、资信等级证明等。

（9）贷款银行规定的其他文件资料。

（四）个人住房转让贷款

个人住房转让贷款申请条件：

如转让的是住房，申请个人住房转让贷款的条件同个人住房贷款。如转让的是商业用房，申请个人住房转让贷款的条件同个人商业用房贷款。

📝 **专栏 2-4**

申请个人住房转让贷款需提交的资料

（1）个人转让住房贷款申请书。

（2）合法有效的身份证件，包括居民身份证、户口本、军官证、警官证、文职干部证、港澳台居民还乡证、居留证件或其他有效身份证件。

(3) 借款人偿还贷款能力证明材料,包括收入证明材料和有关资产证明。

(4) 借款人与住房转让人(包括住房共有人)签订的合法、有效的住房交易合同、协议,转让住房的共有人未在交易合同、协议上签字的,须提供其同意出售的书面证明。

(5) 住房转让人的原借款合同原件和复印件(复印件与原件核对无误后,原件退还住房转让人)。

(6) 所转让住房已办妥房屋权属证书的,应提供有关房屋权属证书(房屋权属证书包括《房屋所有权证》或《房地产权证》,共有的房屋,还包括《房屋共有权证》或《房地产共有权证》,下同),未办妥房屋权属证书的,须提供住房转让人的原购房合同复印件。

(7) 如转让住房为原借款的抵押物,且个人住房转让贷款的贷款行与原借款的贷款行不一致的,则应出具原借款贷款行同意该房产出售的书面证明。

(8) 转让住房未办妥抵押登记,尚处于开发商或担保机构担保阶段的,须向贷款行提供开发商或担保机构出具的同意为该房产项下新的贷款继续提供担保的书面文件。

(9) 借款人以所购转让住房抵押,且转让住房为现房并作为原借款抵押物已办妥抵押登记手续,在转让住房未办妥过户手续及抵押登记手续前,须提供贷款行认可的其他贷款担保方式作为阶段性担保,至住房转让人将转让住房所有权转移到借款人名下,借款人取得住房权属证明,并办妥贷款抵押登记手续为止。

如果转让贷款的贷款行与原贷款行为同一经办行,借款人可不提供其他阶段性担保,但借款人、住房转让人必须向贷款行出具承诺函,承诺原借款抵押登记注销、房产过户、新贷款抵押登记必须由住房转让人、借款人和贷款行经办人员一起到房地产管理部门一并办理。

(10) 自筹资金证明,借款人提出申请时必须拥有所购住房交易价格规定比例以上的自筹资金,并存入贷款行指定账户。

(11) 涉及抵押或质押担保的,须提供抵押物或质押权利的权属证明文件以及有处分权人同意抵(质)押的书面证明,以所购住房抵押的,还需要提供贷款行认可的评估机构出具的对交易房产(抵押物)的评估报告。

(12) 涉及保证担保的,须提供保证人具有保证能力的证明;保证人为自然人的,包括个人资产及收入证明;保证人为法人的,包括营业执照、近三年财务报表、资质等级证明、资信等级证明等。

(13) 贷款行规定的其他文件和资料。

二、贷款的受理与调查

(一) 贷款的受理

贷款受理人应对借款申请人提交的借款申请书及申请材料进行初审,确认借款申请人的主体资格及借款申请人所提交材料的完整性与规范性。经初审符合要求后,贷款受理人应将借款申请书及申请材料交由贷前调查人进行贷前调查。

借款申请书

尊敬的客户：

感谢您选择××银行作为您的贷款银行，我们将为您提供优质、高效、专业的服务。在此请您了解以下事宜。

一、申请个人类贷款需提供的资料

（1）身份证件：夫妻双方身份证明复印件各1份。

（2）婚姻状况证明：结婚证复印件1份/未婚（离婚）证明原件。

（3）户口本证件（夫妻双方户口证明复印件1份）。

如非本地户口需提供长期居住的证明，可以为居住地居委会证明、单位员工工作证或单位出具的长期工作证明、当地住房长期租赁合同等。

（4）您的收入情况证明：稳定的工资收入证明；必要的其他补充材料。

可以为：银行存单最近半年的流水清单；信用卡最近一年的对账单；个人所得税缴税清单；公积金缴存证明；纳税证明；持有的债券基金；如以房产出租收入作为还款来源，则需出具房屋产权证及租赁合同、租金收据。

（5）贷款申请表1份。

购房类贷款所需的材料：

（1）首付款凭证原件、复印件1份；

（2）购房合同原件、复印件各1份。

二、银行面谈时需带的资料

（1）身份证件：夫妻双方身份证明原件；

（2）婚姻状况证明：结婚证、未婚证明等；

（3）银行要求的其他资料。

三、填表说明

（1）申请表（见表2-1）由借款申请人亲自签名确认；

（2）请使用黑色钢笔或签字笔用正楷字整齐填写；

（3）表中选择的内容请在"□"中打上"√"。

表 2-1 个人住房贷款借款申请表

个人借款申请表首页

个人借款申请种类及贷款方式			
□个人住房贷款	□个人再交易住房贷款	□个人商业用房贷款	□信用 □保证 □抵押 □质押
□个人住房抵押额度贷款	□个人消费额度贷款	□个人小额信用贷款	□抵押加阶段性保证
□个人汽车贷款	□个人助业贷款		□抵押加全程担保
□其他			□其他
申请贷款金额（额度）	大写：　　万　仟　佰　拾　元；		小写：　　　元
贷款（额度）期限	月	贷款用途	

续表

还款方式	□等额本息 □等额本金 □到期一次还本付息 □按期还息、任意还本 □其他		
委托扣款户名		委托扣款账号	□□□□ □□□□ □□□□ □□□□ □□□

借款申请人基本资料

姓名		性别	□男 □女	民族		国籍		户籍所在地	

证件种类	□居民身份证 □护照 □港澳居民往来内地通行证 □台胞证 □军人证 □其他

证件号码	□□□□□□□□□□□□□□□□□□	出生日期	年　月　日

婚姻状况	□已婚有子女 □已婚无子女 □未婚 □离婚 □丧偶	健康状况	

学历	□研究生及以上 □大学 □大专 □中专/高中 □初中或以下	职称	□高级 □中级 □初级 □无

职业	□企事业单位管理人员 □专业技术人员 □商业、服务人员 □私营业主 □军人 □农、林、牧、渔、水利生产人员 □生产、运输设备操作人员 □不便分类的其他从业人员	执业资格	□是 □否

行业	□教育 □金融业 □房地产业 □建筑业 □政府事业单位 □制造业 □采矿业 □信息技术业 □批发零售业 □住宿餐饮业 □交通运输、邮政业 □文化、体育和娱乐业 □卫生、社会保障业 □农、林、牧、渔业 □电力、燃气及水的生产和供应业 □居民服务和其他服务业 □其他

居住状况	□自有住房 □贷款购买住房 □与亲属合住 □集体宿舍 □租房 □其他

租房信息(租房起始时间、地址和月付租金)	

工作单位		单位地址		单位邮编	

进入现单位时间	年　月	从事本行业年限	年	本地居住时间	年	职务	

经济来源	□工资收入 □个体经营收入 □其他收入	供应人数	

本人月收入	元	家庭月收入	元	家庭月支出	元

家庭总资产	元	家庭总负债	元	家庭对外担保总额	元

通信地址		邮政编码	□□□□□□

住宅电话		手机		电子邮箱	@

单位电话		其他联系人		联系电话	

账单地址	□住宅地址 □单位地址 □其他地址	邮政编码	□□□□□□

□是否本行员工	□是否有本行信用卡	□是否有本行定期存单	□是否在本行证券业务系统开户
□是否参加养老保险	□是否参加失业保险	□是否参加医疗保险	
□是否缴纳公积金	□是否享受住房补贴	□是否 VIP 客户(总行级/分行级)	

借款申请人配偶资料

姓名		性别	□男 □女	民族		国籍		户籍所在地	

供款人配偶是否为共同借款申请人	□是　　□否

证件种类	□居民身份证 □护照 □港澳居民往来内地通行证 □台胞证 □军人证 □其他

证件号码	□□□□□□□□□□□□□□□□□□	出生日期	年　月　日	健康状况	

学历	□研究生及以上 □大学 □大专 □中专/高中 □初中或以下	职称	□高级 □中级 □初级 □无

职业	□企事业单位管理人员 □专业技术人员 □商业、服务人员 □私营业主 □军人 □农、林、牧、渔、水利生产人员 □生产、运输设备操作人员 □不便分类的其他从业人员	执业资格	□是 □否

行业	

工作单位		单位地址		单位邮编	

续表

进入现单位时间	年 月	从事本行业年限	年	本地居住时间	年	职务	
经济来源	□工资收入 □个体经营收入 □其他收入				本人月收入		
本人月收入	元	家庭月收入	元	家庭月支出			元
家庭总资产	元	家庭总负债	元	家庭对外担保总额			元
通信地址				邮政编码	□□□□□□		
住宅电话		手机		电子邮箱	@		
单位电话		其他联系人		联系电话			
□是否本行员工	□是否缴纳公积金		□是否VIP客户(总行级/分行级)				

(1) 基本声明事项。

① 以上内容为本人所填,且完全属实。如资料失实或虚假,本人愿承担相应法律责任。

② 本人承认以上述资料作为向贵行借款的依据,报送的资料复印件可留存贵行作备查凭证。

③ 经贵行审查不符合规定的借款条件而未予受理时,本人无异议。

④ 本人保证在取得银行贷款后,按时足额偿还贷款本息。

⑤ 本人同意××银行将本人信用信息提供给中国人民银行个人信用信息基础数据库及信贷征信主管部门批准建立的其他个人信用数据库。并同意××银行向上述个人信用数据库或有关单位、部门及个人查询本人的信用状况,查询获得的信用报告限用于中国人民银行颁布的《个人信用信息基础数据库管理暂行办法》规定用途范围内。

(2) 对申请办理个人助业贷款的。

① 本人承诺本人的个人结算业务通过××银行办理;本人经营的企业在建设银行开立主要结算账户,主要结算业务通过××银行办理;

② 本人同意××银行将本人所经营实体信用信息提供给中国人民银行企业信用信息基础数据库及信贷征信主管部门批准建立的其他企业信用数据库。并同意××银行向上述企业信用数据库或有关单位、部门及个人查询企业的信用状况,查询获得的信用报告限用于中国人民银行颁布的《企业信用信息基础数据库管理暂行办法》规定用途范围内;

③ 本人保证不存在:有黄、赌、毒等不良行为的;有制假、贩假等不法行为或从事国家限制、禁止经营行为的;经营亏损、资不抵债,欲用贷款偿还其他债务的;不守信用,隐瞒重要事实,向银行提供虚假情况的;其他不宜发放贷款的情形。

(3) 对保证人为法人的:本公司同意对借款人的本次借款提供连带责任保证,且担保行为符合《公司法》等有关法律及公司章程(合伙协议)的规定。

(4) 对保证人为自然人的:本人同意对借款人本次借款提供连带责任保证。

(5) 对抵(质)押人:本人同意用本申请书所列的抵(质)押物抵(质)押。

(6) 对以房产或汽车作为抵押物的:

① 本人同意配合××银行办理抵押财产的抵押登记手续,并自愿将相关抵押登记证书原件交××银行保管;

② 对以房产抵押时,本人所购房的开发商在为本人办理房地产权证的过程中,本人同意××银行将抵押房产的房屋买卖合同及其他资料交予开发商为本人办理房地产权证;

③ 抵押财产需要履行评估手续的,本人同意由××银行指定的评估机构评估,并将估价报告交××银行保管;

④ 借款人如不能按时归还贷款,本人同意××银行依法处置抵押物,以归还××银行贷款本息,所需费用全部由本人承担。

主申请人签名: 年 月 日

配偶: 年 月 日

共同申请人签名: 年 月 日

配偶: 年 月 日

抵押人签名: 年 月 日

配偶: 年 月 日

质押人签名: 年 月 日

保证人签名: 年 月 日

(二)贷前调查

贷款人受理借款人贷款申请后,应履行其尽职调查职责,对住房楼盘项目和借款人提供的全部文件、材料的真实性、合法性、完整性、可行性以及对借款人的品行、信誉、偿债能力、担保手段落实情况等进行调查和评估,形成贷前调查报告。

1.对开发商及楼盘项目的调查

对个人住房贷款楼盘项目的审查包括对开发商资信的审查、项目本身的审查以及对项目的实地考察。

(1)开发商资信审查。具体包括:

① 房地产开发商资质审查。为了加强对房地产开发企业的管理,规范房地产开发企业的行为,国家对房地产开发企业实行资质管理。房地产开发主管部门应根据房地产开发企业的资产、专业技术人员和开发经营业绩等对备案的房地产开发企业核定资质等级。房地产开发企业应按照核定的资质等级,承担相应的房地产项目。

② 企业资信等级或信用程度。资信等级是企业信用程度的形象标识,它表明了企业守约或履约的主观愿望与客观能力。

③ 经国家工商行政管理机关核发的企业法人营业执照。企业法人营业执照是企业进行合法经营的凭证,通过审查营业执照,可了解开发商的经营是否合法,掌握企业的经营期限和经营范围,了解企业注册资本和法人代表,确定项目开发、销售是否在企业的经营范围内。

④ 税务登记证明。通过税务登记证明可以了解企业按期纳税的情况,会同企业的会计报表,可较准确地掌握企业的经营业绩和依法纳税情况。

⑤ 会计报表。会计报表是综合反映企业一定时期内财务状况和经营成果的书面文件,一般包括资产负债表、损益表和财务状况变动表。通过会计报表可以了解开发商的财

务状况和资金实力,从而对企业的担保能力作出判断。

⑥ 开发商的债权债务和为其他债权人提供担保的情况。通过对开发商的债权债务和为其他债权人提供担保情况的了解,可以对企业的担保能力、融资能力和楼宇能否按期竣工作出判断并提供参考资料。

⑦ 企业法人代表的个人信用程度和管理层的决策能力。企业领导的素质及信誉往往在一定程度上代表了企业的素质和信誉,企业领导的决策能力往往决定着企业的发展命运,左右企业的未来。开发商经营房地产,资金量大、周期长,企业决策稍有不慎,轻则影响项目的按时竣工和住房的销售,重则形成"烂尾"工程,导致购房人拒绝还款,产生银行的借贷纠纷。因此,企业法人情况是银行选择合作伙伴的重要参考因素。银行在选择合作伙伴时,必须对企业法人代表的履历、资信状况、以往经营业绩、学历等情况进行了解,对企业领导班子的结构、凝聚力、信誉、决策能力进行分析,为今后能否合作以及怎样合作做好准备。

(2) 项目审查。具体包括:

① 项目资料的完整性、真实性和有效性审查。

② 项目的合法性审查。

③ 项目工程进度审查。

④ 项目资金到位情况审查。

(3) 对项目的实地考察。银行除对项目有关资料进行审查外,还需对项目进行实地调查,其主要目的有:一是检查开发商所提供的资料和数据是否与实际一致,是否经过政府部门批准,从而保证项目资料的真实性、合法性;二是开发商从事房地产建筑和销售的资格认定,检查项目的工程进度是否到达政府部门规定预售的进度内;三是检查项目的位置是否理想,考察房屋售价是否符合市场价值,同时对项目的销售前景做出理性判断。

(4) 撰写调查报告。信贷人员依照银行的有关规定通过对开发商资信调查、项目有关资料审查以及实地考察后撰写出项目调查报告。报告应包括以下内容:

① 开发商的企业概况、资信状况;

② 开发商要求合作的项目情况、资金到位情况、工程进度情况、市场销售前景;

③ 通过商品房销售贷款的合作可给银行带来的效益和风险分析,即银行通过与开发商进行商品房销售合作,将对负债业务、资产业务、中间业务等各类业务带来哪些效益和风险;

④ 项目合作的可行性结论以及对可提供个人住房贷款的规模、相应年限及贷款成数提出建议。

项目调查报告经审核人员审核,交有权审批部门审查核准。

2. 对借款人的调查

(1) 调查的方式和要求。贷前调查应以实地调查为主、间接调查为辅,可以采取审查借款申请材料、与借款申请人面谈、查询个人信用、电话调查、实地调查等多种方式进行。

(2) 调查的内容。贷前调查人在调查借款申请人基本情况、贷款基本情况、借款所购(建)房屋情况、贷款担保等情况时,应重点调查以下内容:

① 材料一致性。贷前调查人应认真审核贷款申请材料，以保证《个人住房贷款调查申报表》(见表 2-2)填写内容与相关证明材料一致；相关证明材料副本(复印件)内容与正本一致，并需由贷前调查人验证正本后在副本(复印件)盖章签名证实。

表 2-2　个人住房贷款调查申报表

贷款申报情况					
客户姓名		贷款种类		贷款期限	
贷款金额		利率浮动比率		首付比例	

贷前调查人意见	
首付款证明材料	□银行进账单　　□发票　　□POS机小票　　□开发商出具的收据 □开发商明细账
拟购房产物业费	元/月
偿还能力	借款人月收入　　　　元,共同借款人月收入　　　　元,借款人偿债收入比　　　%。 (可补充其他内容)
面谈情况	××××年××月××日与借款人、共同借款人在　　　　　　进行了面谈,借款人身份、购房行为、收入情况等真实有效(可补充其他内容)
信用记录	借款人及共同借款人信用状况： (可补充其他内容)
担保情况	□抵押加开发商阶段性保证　　□抵押加开发商全程保证　　□抵押 □自然人保证　　　　　　　　□法人或担保公司保证　　　□其他方式
其他情况	(可另附报告)

本人对借款申请人提交的所有申请材料与文件副本、复印件对照正本、原件进行验证,确认一致,如不一致愿承担贷前调查失实责任。

意见文字描述：
　调查人：通过审核申请材料、与借款人面谈等,对借款人身份真实性、偿还能力、信用状况、购房行为、首付款支付情况、抵押物价值情况、贷款担保等情况进行调查,认为该贷款申请符合业务制度,同意申报该笔贷款申请(可补充其他内容)

备注：如调查人意见分别由信息录入代录时,调查人需填写以上表格内容,并作为个人住房贷款系统信息的录入依据

② 审核借款申请人(包括代理人)身份证明。

贷前调查人须验证借款申请人提交的身份证件,主要内容有身份证照片与申请人是否一致,是否经有权部门签发,是否在有效期内。

对于借款申请人委托他人办理购房贷款申请手续的,还须审核经公证的委托书以及代理人的身份证件。

③ 贷前调查人应对借款申请人的信用情况进行调查。调查借款申请人的资信情况,要充分利用银行的共享信息,调查了解借款申请人与银行的历史往来。贷前调查人可以从人民银行征信系统查询借款申请人的信用记录是否良好,并打印查询结果,如有必要还可采取访谈、电话调查、实地走访等其他方式。借款申请人对相关系统查询结果有异议的,可以提出申辩,贷前调查人负责查验借款申请人的申辩内容。

④ 审核借款申请人偿还能力证明。

⑤ 审核首付款证明。个人住房贷款的首付款证明材料包括开发商开出的发票或收据、借款申请人支付首付款的银行进账单等，如果只有开发商开出的首付款收据而不能同时提供银行进账单的，在对首付款收据查验确认其真实、有效后，可视为首付款证明材料齐备。

⑥ 审核购房合同或协议。

⑦ 审核担保材料。

⑧ 审核贷款真实性。贷前调查人应调查借款申请人购房行为的真实性，对存在虚假购房行为套贷的，不予贷款。

贷前调查完成后，贷前调查人应对调查结果进行整理、分析，填写《个人住房贷款调查申报表》，提出是否同意贷款的明确意见及贷款额度、贷款期限、贷款利率、担保方式、还款方式、划款方式等方面的建议，并形成对借款申请人还款能力、还款意愿、担保情况以及其他情况等方面的调查意见，连同申请资料等一并送交贷款审核人员进行贷款审核。

三、贷款的审查

贷款审查人负责对借款申请人提交的材料进行合规性审查，对贷前调查人提交的《个人住房贷款调查申请表》、面谈记录（见表 2-3）以及贷前调查的内容是否完整进行审查。贷款审查人认为需要补充材料和完善调查内容的，可要求贷前调查人进一步落实。贷款审查人对贷前调查人提交的材料和调查内容的真实性有疑问的，可以进行重新调查。

表 2-3　××银行个人住房贷款申请人面谈记录表

一、申请人基本情况				
个人概况	申请人姓名		证件号码	
	证件种类	□居民身份证　　□军官证　　□护照　　□港澳地区居民来往内地通行证 □其他		
	家庭住址			
	固定电话(＊家庭)		移动电话	
工作情况	现工作单位		现单位地址	
	现单位联系电话		职务	
其他(贷前调查人员补充提问)				

二、购房情况				
房屋基本情况	房屋坐落位置			
	房屋面积	m²	户型	室　厅　卫　厨
	房屋朝向		房屋装修状况	□毛坯　□装修

续表

交易情况及用途	售房单位/个人(全称)		申请人与售房人关系	
	签订购房合同时间		交房时间	
	购房用途	□自住　　□投资 □其他	所购商业用房经营环境和前景预测	
其他(贷前调查人员补充提问)				

三、购房款情况

首付款	是否已交付首付款	□是　□否	首付款交付金额	元
	首付款资金来源	□家庭收入 □亲朋资助 □借款	缴交方式	□现金　□转账　□其他
	首付款凭证形式	□发票　□收据 □其他	缴交地点	
	缴交时间			
其他房款	房屋的总成交价?除首付款外,还需要交纳多少房款,有哪些项目(如购房尾款、契税等)?与售房人是如何约定的?这部分房款的资金来源?			
其他(贷前调查人员补充提问)				

四、偿还能力和信用状况

收入与财产	主要经济来源	□工资性收入 □投资经营收入 □财产证明 □其他收入	个人月平均收入	元
	家庭月平均收入	元	家庭收入是否稳定	□是　□否
	家庭房屋套数	套	偿还能力证明材料是否本人提交	□是　□否
	偿还能力证明材料具体内容			
支出	家庭供养的人数?除归还银行贷款和其他借款外,家庭每月的主要支出项目有哪些?每月正常支出大概是多少?			

续表

支出	家庭是否还有银行贷款或其他借款？其中银行贷款有几笔？			
	此次申请个人住房贷款,每月最多能承担多少还款额？			
	此次申请的个人住房贷款发放后,每月将如何还款(包括其他银行贷款和其他借款)？请分别详细说明			
担保和信用	此次申请贷款拟采取的担保方式	□抵押　□权利质押 □保证	银行贷款是否有不良记录	□是　□否
	您是否知道如果还款违约形成不良记录,将对违约人申请信用卡、银行贷款等多方面造成不良影响？	□是　□否		
其他(贷前调查人员补充提问)				

五、其他方面(贷前调查人员补充提问)

六、提示、声明与签字

提示:您申请贷款提供的相关资料和面谈记录供我行贷款决策参考,我行将妥善保管并为您保守秘密。您提供的相关资料和此次谈话内容必须真实、完整,否则,我行可能追究您的法律责任。

借款申请人声明:以上各项内容全部真实、完整,本人愿意承担因内容虚假、不完整所引致的一切法律责任。

借款申请人/共同申请人签名:
日期:　　年　　月　　日

贷前调查人员声明:
　　　年　　月　　日　　时　　分至　　时　　分,本人于(地点)与借款申请人/共同申请人进行了面谈,并如实记录了面谈的有关情况,本人对面谈记录的真实性负责。

贷前调查人员签名:
日期:　　年　　月　　日

　　贷款人应开展风险评价工作,以借款人现金收入为基础,采取定性和定量分析方法,全面动态地进行贷款审查和风险评估。贷款人应建立和完善借款人信用记录和评价体系。

　　贷款审查人审查完毕后,应对贷前调查人提出的调查意见和贷款建议是否合理、合规等在《个人住房贷款调查审查表》上签署审查意见,连同申请材料、面谈记录等一并送交贷款审批人进行审批。

四、贷款的审批

　　贷款人应根据审慎性原则,完善授权管理制度,规范审批操作流程,明确贷款审批权限,实行审贷分离和授权审批,确保贷款审批人员按照授权独立审批贷款。

　　个人住房贷款的审批流程如下。

（一）组织报批材料

个人住房贷款业务部门负责报批材料的组织。报批材料具体包括《个人信贷业务报批材料清单》、《个人信贷业务申报申请表》、《个人住房借款申请书》以及个人住房贷款办法及操作规程规定需提供的材料等。

（二）审批

贷款审批人依据银行各类个人住房贷款办法及相关规定，结合国家宏观调控政策或行业投向政策，从银行利益出发审查每笔个人住房贷款业务的合规性、可行性及经济性，根据借款人的偿付能力以及抵押担保的充分性与可行性等情况，分析该笔业务预计给银行带来的收益和风险。

（三）提出审批意见

采用单人审批时，贷款审批人直接在《个人信贷业务申报审批表》上签署审批意见。采用双人审批方式时，先由专职贷款审批人签署审批意见，后送贷款审批牵头人签署审批意见。贷款审批人对个贷业务的审批意见类型为"同意"、"否决"两种。

（四）审批意见落实

业务部门应根据贷款审批人的审批意见做好以下工作：

（1）对未获批准的借款申请，贷前调查人应及时告知借款人，将有关材料退还，并做好解释工作，同时做好信贷拒批记录存档；

（2）对需补充材料的，贷前调查人应按要求及时补充材料后重新履行审查、审批程序；

（3）对经审批同意或有条件同意的贷款，信贷经办人员应及时通知借款申请人并按要求落实有关条件、办理合同签约和发放贷款等。

五、贷款的签约

经审批同意的，贷款银行与借款人、开发商签订个人住房贷款合同，明确各方权利和义务。借款合同（见图 2-1）应符合法律规定，明确约定各方当事人的诚信承诺和贷款资金的用途、支付对象、支付金额、支付条件、支付方式等。

编号：_____年[ ]字_____号
贷款人（甲方）：_____
借款人（乙方）：_____
甲方与乙方根据有关法律、法规，在平等、自愿的基础上，为明确责任，恪守信用，签订本合同。
1. 贷款金额、期限及利率
第一条　甲方根据乙方的申请，经审查同意向乙方发放住房贷款（以下称贷款），金额为人民币（大写）_____（小写）_____。
第二条　贷款用于乙方购买坐落于_____市（县）_____区（镇）路（街）_____号_____房间

图 2-1　××银行个人住房贷款合同

的现(期)房物业,建筑面积_____平方米。乙方不得以任何理由将贷款挪作他用。

第三条　贷款期限为_____年_____月。自_____年_____月_____日起至_____年_____月_____日止。

第四条　贷款利率根据国家有关规定,确定为月息千分之_____,利息从放款之日起计算。如遇国家贷款利率调整,按规定执行,甲方不再另行通知乙方。

2. 贷款的发放

第五条　乙方不可撤销地授权甲方在_____号和_____号担保合同生效(或登记备案)后,以乙方购楼款的名义将贷款分_____次划入售房者在甲方开立的账户,以购买本合同第二条所列之房产。

(一)_____年_____月_____日,金额:_____;

(二)_____年_____月_____日,金额:_____;

(三)_____年_____月_____日,金额:_____;

……

第六条　本合同签订后且在贷款发放前,如乙方与售房者就该房产有关质量、条件、权属等事宜发生纠纷,本合同即告中止。由甲方视上述纠纷解决情况在一年内决定是否解除或继续履行本合同。

第七条　贷款发放后,借款人与售房者就该房产有关质量、条件、权属等其他事宜发生的任何纠纷,均与贷款人无关,借款合同应正常履行。

3. 贷款的归还

第八条　甲乙双方商定,自_____起乙方用下列方式归还贷款本息:_____。

第九条　乙方按月归还贷款本息的,应自借款之日起于每月_____日归还,每期金额_____万元,共_____期。

乙方按季归还贷款本息的,应自借款之日起于每季度第_____个月的_____日归还,每期金额_____万元,共_____期。

乙方按_____归还贷款本息的,应自借款之日起于_____归还,每期金额_____万元,共_____期。

第十条　乙方应在甲方开设存款账户,并保证在每期还款日前存入当期足额还本付息的存款,同时授权甲方于每期还款日从该存款账户中以第八条规定的方法扣收贷款本息。

第十一条　乙方应按期偿还贷款本息,如未按约定的时间归还,甲方将按国家规定对逾期贷款每日计收万分之_____罚息。

第十二条　乙方不按期支付贷款利息时,甲方对乙方未支付的利息计收复利。

第十三条　乙方需提前还款的,提前还款额应为当期应付本息之整倍数,并在还款日_____日前书面通知甲方,经甲方确认后即为不可撤销,并作为修改本合同的补充通知。

第十四条　乙方如提前归还部分贷款本息,对提前还款部分,仍按本合同第四条规定的方法计收贷款利息,不计退提前还本部分贷款的利息。

第十五条　乙方如一次性提前归还全部贷款本息,甲方则不计收乙方提前还款部分的贷款利息。

第十六条　除非下列事项已在甲方感到满意的情况下获得完满解决,否则甲方有权在任何一项或多项事情发生时,宣布本合同提前到期,要求乙方立即提前偿还部分或全部贷款本息(包括逾期利息),而无须为正当行使上述权利所引起的任何损失负责:

(一)乙方违反本合同的任何条款;

(二)乙方本人因丧失民事行为能力、被宣告失踪、被宣告死亡或死亡而无继承人或受遗赠人;

(三)乙方的继承人或受遗赠人或财产代管人拒绝为乙方履行偿还贷款本息的义务;

(四)乙方连续三个付款期或在本合同期内累计六个付款期未按时偿还贷款本息;

图 2-1　(续)

（五）根据_____号担保合同的约定，因担保人（物）发生变故，致使担保人须提前履行义务或甲方提前处分抵（质）押物的；

（六）乙方发生其他可能影响归还甲方贷款本息的行为。

第十七条　发生本合同项下第十六条第（一）、（二）、（三）、（四）、（六）项规定的情形时，致使甲方宣布本借款合同提前到期的，与本合同有关的_____号担保合同同时到期，贷款人有权要求保证人提前履行保证义务或提前处分担保物。

4. 合同的变更

第十八条　乙方如要将本合同项下之债务转让给任何第三人，应经甲方书面同意，在受让人和甲方重新签订借款合同前，本合同继续有效。

第十九条　甲、乙双方任一方需变更本合同条款，均须书面通知对方，经双方协商一致，达成书面意见，同时征得担保人书面同意。

5. 争议的解决

第二十条　如因履行本合同而产生任何纠纷，双方应友好协商解决；协商解决不成的，由甲乙双方共同选择下列方式之一解决：

（一）提交_____所在地人民法院诉讼解决；

（二）提交_____仲裁委员会裁决。

第二十一条　争议未获解决期间，除争议事项外，各方应继续履行本合同规定的其他条款。

6. 费用及其他

第二十二条　与本合同有关的费用及实际支出，其中包括（但不限于）法律手续费、公证费、房产过户手续费及其他相关税费，全部由乙方负责支付。

第二十三条　乙方如不依本合同的规定付足应付的任何款项、费用，使甲方决定以任何途径或方式追索，一切由此而引起的费用由乙方负责；甲方为保障本身利益先行垫付的费用，甲方有权随时向乙方追讨，并从甲方实际支付之日起计收活期存款利息。

第二十四条　甲、乙双方商定的其他条款。

（一）_____；

（二）_____；

（三）_____。

第二十五条　本合同一式_____份，具有同等效力。_____方各执一份。

第二十六条　本合同由甲、乙双方共同签字盖章，并自在_____号和_____号担保合同生效（或登记备案）之日起生效。

贷款人住所：_____

电话：_____

传真：_____

邮政编码：_____

甲方：（公章）_____

负责人：（签字）_____

_____年____月____日

借款人住所：_____

身份证号码：_____

存款账号：_____

电话：_____

邮政编码：_____

乙方：（盖章）_____

_____年____月____日

图 2-1　（续）

六、贷款的发放

（一）落实贷款发放条件

贷款发放前，贷款发放人应落实有关贷款发放条件，主要包括：

（1）确认借款人首付款已全额支付到位。

（2）借款人所购房屋为新建房的，要确认项目工程进度符合人民银行规定的有关放款条件。

（3）需要办理保险、公证等手续的，有关手续已经办理完毕。

（4）对采取委托扣划还款方式的借款人，要确认其已在银行开立还本付息账户用于归还贷款。

（5）对采取抵（质）押的贷款，要落实贷款抵（质）押手续。

（6）对自然人作为保证人的，应明确并落实履行保证责任的具体操作程序；对保证人有保证金要求的，应要求保证人在银行存入一定期限的还本付息额的保证金。

（二）贷款划付

（1）贷款发放条件落实后，贷款发放岗位人员应填写或打印相关文件，交信贷主管审核签字后，送会计部门作为开立贷款账户的依据。

（2）会计部门进行开立账户、划款。

七、贷后管理

个人住房贷款的贷后与档案管理是指贷款发放后到合同终止期间对有关事宜的管理，包括贷后检查、合同变更、本息回收、贷款的风险分类与不良贷款管理等工作。它关系到信贷资产能否安全收回，是个人住房贷款工作的重要环节之一。

（一）贷后检查

贷后检查是以借款人、抵（质）押物、担保保证人、担保物、合作开发商及项目为对象，通过客户提供、访谈、实地检查、行内资源查询等途径获取信息，对影响个人住房贷款资产质量的因素进行持续跟踪调查、分析，并采取相应补救措施的过程，从而可以判断借款人的风险状况，提出相应的预防或补救措施。

1. 对借款人的检查

发现借款人出现下列情况的，应限期要求借款人进行纠正，对借款人拒绝纠正的，应提前收回已发放贷款的本息，或解除合同，并要求借款人承担违约责任。

（1）借款人提供了虚假的证明材料而取得贷款的；

（2）借款人未按合同约定用途使用贷款的；

（3）借款期内，借款人累计一定月数（包括计划还款当月）未偿还贷款本息和相关费用的；

（4）借款人拒绝或阻碍贷款银行对贷款使用情况实施监督检查的；

（5）借款人卷入重大经济纠纷、诉讼或仲裁程序，足以影响其偿债能力的；

（6）借款人发生其他足以影响其偿债能力的事件的。

2. 对保证人的检查

发现保证人出现下列情况的，应限期要求借款人更换贷款银行认可的新的担保，对于借款人拒绝或无法更换贷款银行认可的担保的，应提前收回已发放的贷款的本息，或解除合同。

（1）保证人失去担保能力的；

（2）作为保证人的法人，其经济组织发生承包、租赁、合并和兼并、合资、分立、联营、股份制改造、破产、撤销等行为，足以影响借款合同项下保证人承担连带保证责任的；

（3）作为保证人的自然人发生死亡、宣告失踪或丧失民事行为能力的；

（4）保证人拒绝贷款银行对其资金和财产状况进行监督的；

（5）保证人向第三方提供超出其自身负担能力的担保的。

3. 对抵押物的检查

发现抵押物出现下列情况的，应限期要求借款人更换贷款银行认可的新的担保，对于借款人拒绝或无法更换贷款银行认可的担保的，应提前收回已发放的贷款的本息，或解除合同。

（1）抵押人未妥善保管抵押物或拒绝贷款银行对抵押物是否完好进行检查的；

（2）因第三人的行为导致抵押物的价值减少，而抵押人未将损害赔偿金存入贷款银行指定账户的；

（3）抵押物毁损、灭失、价值减少，足以影响贷款本息的清偿，抵押人未在一定期限内向贷款银行提供与减少的价值相当的担保的；

（4）未经贷款银行书面同意，抵押人转让、出租、再抵押或以其他方式处分抵押物的；

（5）抵押人经贷款银行同意转让抵押物，但所得价款未用于提前清偿所担保的债权的；

（6）抵押物被重复抵押。

4. 对质押权利的检查

发现质押权利出现下列情况的，应限期要求借款人更换贷款银行认可的新的担保，对于借款人拒绝或无法更换贷款银行认可的担保的，应提前收回已发放的贷款的本息，或解除合同。

（1）质押权利出现非贷款银行因素的意外毁损、灭失、价值减少，出质人未在一定期限内向贷款银行提供与减少的价值相当的担保的；

（2）出质人经贷款银行同意转让质押权利，但所得价款未用于提前清偿所担保的债权的；

（3）质押期间未经贷款银行书面同意，质押人赠与、转让、兑现或以其他方式处分质押权利的。

5. 对开发商和项目以及合作机构检查

对开发商和项目以及合作机构检查的要点是开发商的经营状况及财务状况等。

（二）合同变更

（1）合同履行期间，有关合同内容需要变更的，必须经当事人各方协商同意，并签订相应变更协议。在担保期内的，根据合同约定必须事先征得担保人书面同意的，须事先征得担保人的书面同意。如需办理抵押变更登记的，还应到原抵押登记部门办理变更抵押登记手续及其他相关手续。

（2）合同变更事宜应由合同当事人（包括借款人、担保人等）亲自持本人身份证件办理或委托代理人代办。委托代理人代办的，经办人应要求代理人持经公证的授权委托书和本人身份证件办理，并将委托书原件和代理人身份证件（复印件）留存。

（三）贷款的回收

银行根据借款合同的约定进行贷款的回收。借款人与银行应在借款合同中约定借款人归还借款采取的支付方式、还款方式和还款计划等。借款人按借款合同约定偿还贷款本息，银行则将还款情况定期告知借款人。

1．贷款支付方式

贷款的支付方式有委托扣款和柜面还款两种方式。借款人可在合同中约定其中一种方式，也可以根据情况在贷款期间进行变更。

2．还款方式

借款人要按照借款合同中规定的还款方式进行还款。常用的个人住房贷款还款方式有等额本息还款法和等额本金还款法两种。

（四）贷款风险分类和不良贷款的管理

1．贷款风险分类

贷款风险分类指按规定的标准和程序对贷款资产进行分类。贷款风险分类一般先进行定量分类，即先根据借款人连续违约次（期）数进行分类，再进行定性分类，即根据借款人违约性质和贷款风险程度对定量分类结果进行必要的修正和调整。贷款风险分类应遵循不可拆分原则，即一笔贷款只能处于一种贷款形态，而不能同时处于多种贷款形态。贷款形态分正常、关注、次级、可疑和损失五类。

专栏 2-6

贷款风险分类

正常贷款：借款人一直能正常还本付息，不存在任何影响贷款本息及时、全额偿还的不良因素，或借款人未正常还款属偶然性因素造成的。

关注贷款：借款人虽能还本付息，但已存在影响贷款本息及时、全额偿还的不良因素。

次级贷款：借款人的正常收入已不能保证及时、全额偿还贷款本息，需要通过出售、变卖资产，对外借款，保证人、保险人履行保证、保险责任或处理抵（质）押物才能归还全部贷款本息。

可疑贷款：贷款银行已要求借款人及有关责任人履行保证、保险责任,处理抵(质)押物,预计贷款可能发生一定损失,但损失金额尚不能确定。

损失贷款：借款人无力偿还贷款;履行保证、保险责任和处理抵(质)押物后仍未能清偿的贷款及借款人死亡,或依照《中华人民共和国民法通则》的规定,宣告失踪或死亡,以其财产或遗产清偿后,仍未能还清的贷款。

2. 不良贷款的认定

按照五级分类方式,不良个人住房贷款包括五级分类中的后三类贷款,即次级、可疑和损失类贷款。银行应按照银行监管部门的规定定期对不良个人住房贷款进行认定。

银行要适时对不良贷款进行分析,建立不良个人住房贷款台账,落实不良贷款清收责任人,实时监测不良贷款回收情况。

相关链接 2-2

对银行不良贷款双升不必悲观

据银监会披露,2014年三季度商业银行不良贷款有所上升,不良贷款为7 669亿元,较上季末增加725亿元,不良贷款率为1.16%,较上季末上升了0.09个百分点。

2014年以来,商业银行不良贷款一直呈双升趋势,一季度末不良贷款余额为6 461亿元,较年初增加541亿元,不良贷款率为1.04%,较年初上升0.04个百分点;二季度末不良贷款余额为6 944亿元,较上季末增加483亿元,不良贷款率为1.08%,较上季末上升0.04个百分点。加上三季度,银行不良贷款创下了近三年来新高。

这种情况引发了社会各界的猜测,甚至有人对银行业状况产生了悲观情绪。但在笔者看来,银行不良贷款双升反映了当前经济现实,是一种暂时"状态",随着经济企稳回升,不良贷款局面会逐步好转,大可不必为此悲观失望。

一方面,要从经济周期的视角来看待不良贷款问题。银行是一个顺周期行业,当前我国经济"三期叠加",经济下行压力加大,银行资产质量出现下降,是再正常不过的事情。随着中国经济增速连续几个季度回落,产业结构性调整必然会令部分银行存量信贷出现不良,这不值得大惊小怪。实体经济融资成本高企状况改善、房地产市场刺激政策出台以及地方政府债务体制改革启动,这些调控和改革政策都有助于缓解资产质量下行压力。不良贷款增长对商业银行来说,不见得就是坏事:一是充分暴露了不良贷款,对于银行业稳妥、谨慎把握贷款,搞好信贷经营会起到一定推动作用;二是会倒逼银行加快经营转型步伐,从过分依赖存贷款业务向中间业务转型,以提高利率市场化改革的应变能力和水平,从而实现可持续发展。

另一方面,商业银行现有盈利水平和拨备足以消化新增不良贷款。数据显示,商业银行针对信用风险计提的减值准备较为充足。三季度末,商业银行贷款损失准备余额为18 952亿元,较上季末增加698亿元;拨备覆盖率为247.15%;贷款拨备率为2.88%,较上季末上升0.04个百分点。

与此同时,资本充足率继续维持在较高水平。三季度末,商业银行加权平均核心一级资本充足率为10.47%,较上季末上升0.34个百分点。上述数据说明,目前银行业资产充足水平和质量较高,拨备覆盖率也保持在较高水平,整体风险抵补和损失吸收能力较强。盈利增速虽有所放缓,但并未改变其稳定增长态势,盈利增长为商业银行承受信贷资产损失积累了一定能力。尤其拨贷比指标达到2.88%,是银监会推出该项监管指标以来的最高位,反映了商业银行风险抵补能力不降反升。由此,商业银行不良贷款双升,但仍具较强不良贷款消化功能和抵御风险能力,社会各界不必为此着急。

再退一步,从不良贷款纵横向比较看,我国商业银行不良贷款尚在可承受、可控制范围。目前国际上银行业不良贷款率大约为1%,水平与我国银行业相当,而与美国等世界主要经济体3%～5%不良贷款率相比,我国银行业不良贷款水平仍处于较低水平。

我国银行业不良贷款率曾高达20%,当时我国银行业不是商业化经营,而目前市场化机制已建立,银行业风险抵御能力不断增强,消化不良贷款能力大为提高。为此,即便不良贷款短期内反弹,银行也能凭借自身经营实力加以消化,社会各界不必为此忧虑。

(资料来源:证券时报网,2014年12月12日,http://www.stcn.com/2014/1212/11904186.shtml)

3. 不良贷款的催收

对不同拖欠期限的不良个人住房贷款的催收,可采取不同的方式如电话催收、信函催收、上门催收、通过中介机构催收以及采取法律手段催收等方式。同时,应利用信息技术对不良贷款催收情况进行登记管理,实现不良贷款催收管理的自动化。

个人住房贷款出现违约后,银行的经办人员或相关管理人员应该按照规定程序,对未按期还款的借款人发出催收提示和催收通知,督促借款人清偿违约贷款。

4. 不良贷款的处置

抵押物处置可采取与借款人协商变卖、向法院提起诉讼或申请强制执行依法处分,对认定为呆账贷款的个人住房贷款,贷款银行应按照财政部、中国人民银行和商业银行有关呆账认定及核销的规定组织申报材料,按规定程序批准后核销。

对银行保留追索权的贷款,各经办行应实行"账销案存",建立已核销贷款台账,定期向借款人和担保人发出催收通知书,并注意诉讼时效。

综 合 实 训

一、单项选择题

1.( ) 贷款不以营利为目的,实行"低进低出"的利率政策,带有较强的政策性,贷款额度受到限制。因此,它是一种政策性个人住房贷款。

    A. 自营性个人住房贷款　　　　　B. 公积金个人住房贷款

    C. 个人再交易住房贷款　　　　　D. 个人住房组合贷款

2. ( )俗称个人二手房住房贷款,是指银行向符合条件的个人发放的、用于购买在住房二级市场上合法交易的各类型个人住房的贷款。

    A. 新建房个人住房贷款   B. 公积金个人住房贷款

    C. 个人再交易住房贷款   D. 个人住房转让贷款

3. 按照国发〔2010〕10号文,对贷款购买第二套住房的家庭,贷款利率不得低于基准利率的( )倍;对贷款购买第三套及以上住房的,贷款利率应大幅度提高,具体由商业银行根据风险管理原则自主确定。

    A. 1   B. 1.1   C. 1.2   D. 1.3

4. 在个人住房贷款业务中,采取的担保方式以( )担保为主。

    A. 抵押   B. 质押   C. 保证   D. 以上都不对

5. 对购买首套自住房且套型建筑面积在90平方米以上的家庭(包括借款人、配偶及未成年子女),贷款首付款比例不得低于( )。

    A. 10%   B. 20%   C. 30%   D. 50%

6. 借款人虽能还本付息,但已存在影响贷款本息及时、全额偿还的不良因素,这是描述( )贷款。

    A. 正常贷款 B. 次级贷款   C. 关注贷款   D. 可疑贷款

二、多项选择题

1. 按照资金来源划分,个人住房贷款包括( )。

    A. 自营性个人住房贷款   B. 公积金个人住房贷款

    C. 个人再交易住房贷款   D. 个人住房组合贷款

2. 个人住房贷款可采取多种还款方式进行还款,以( )最为常用。

    A. 一次还本付息法   B. 等额本金还款法

    C. 等额本息还款法   D. 等额累进还款法

3. 贷款风险分类应遵循不可拆分原则,即一笔贷款只能处于一种贷款形态,而不能同时处于多种贷款形态。贷款形态分( )。

    A. 正常贷款 B. 次级贷款   C. 关注贷款   D. 可疑贷款

    E. 损失贷款

4. 按照五级分类方式,不良个人住房贷款包括( )。

    A. 正常贷款 B. 次级贷款   C. 关注贷款   D. 可疑贷款

    E. 损失贷款

5. 贷款人应根据审慎性原则,完善授权管理制度,规范审批操作流程,明确贷款审批权限,实行( ),确保贷款审批人员按照授权独立审批贷款。

    A. 审贷分离 B. 总行审批   C. 授权审批   D. 项目负责

6. 不同拖欠期限的不良个人住房贷款的催收,可采取不同的方式,如( )等方式。

    A. 电话催收   B. 信函催收

    C. 通过中介机构催收   D. 采取法律手段催收

    E. 上门催收

三、判断题

1. 个人住房贷款的利率按商业性贷款利率执行,下限放开,实行上限管理。(　　)

2. 个人二手房贷款的期限不能超过所购住房的剩余使用年限。对于借款人已离退休或即将离退休的(目前法定退休年龄为男 60 岁,女 55 岁),贷款期限不宜过长,一般男性自然人的还款期限不超过 65 岁,女性自然人的还款年限不超过 60 岁。符合相关条件的,男性可放宽至 70 岁,女性可放宽至 65 岁。(　　)

3. 贷款银行根据借款人的具体情况,只能采取一种贷款担保方式。(　　)

4. 对贷款购买第二套住房的家庭,贷款首付款比例不得低于 30%,贷款利率不得低于基准利率的 1.1 倍。(　　)

5. 合同履行期间,有关合同内容需要变更的,必须经当事人各方协商同意,并签订相应变更协议。(　　)

6. 贷款的支付方式有委托扣款和柜面还款两种方式。借款人可在合同中约定其中一种方式,但是一经选定,贷款期间内不得变更贷款支付方式。(　　)

四、实训课堂

实训内容:学生分小组、分角色展示个人贷款办理流程。

实训角色:大堂引导员、客户经理。

展示内容:

1. 客户咨询个人住房贷款目前可办理哪些品种。

2. 客户描述目前状态,想申请办理个人住房组合贷款,咨询个人住房组合贷款办理条件、需要准备的手续。

3. 为客户介绍目前个人住房组合贷款的利率以及贷款的还款方式。

第三章

个人汽车贷款

学习目标

1. 了解个人汽车贷款的基本概念。
2. 掌握汽车贷款的运行模式。

技能要求

1. 能准确熟练地为客户介绍个人汽车消费贷款。
2. 熟练掌握个人汽车贷款办理手续及办理流程。

引例

汽车金融　有贷更轻松

中国人原本看重"无债一身轻",不过如今随着国人消费观念的改变,有了房贷和信用卡在前"开路",国人对贷款消费早已不再抵触。而汽车作为仅次于房产的大件消费,便是贷款消费的重要市场。借中国汽车市场蓬勃发展之势,汽车金融在近年来也经历了井喷式的发展。在车企的贴息与政策支持下,贷款买车已经为更多的消费者所认同,"无债一身轻"变成了"有贷更轻松"。

中国银行业协会 6 月 10 日发布的数据显示,截至 2014 年一季度末,全国 17 家汽车金融公司的总资产规模超过 2 819 亿元,较上年年末增长 219 亿元,增幅达 8.4%,其中,面向个人消费者的零售贷款余额超过 1 944 亿元。而在 2005 年,这一市场还只有 60 亿元的规模。短短 9 年间,汽车金融市场的发展速度远远超过它所依存的汽车和金融两大市场。

事实上,竞相推出汽车金融产品并提升汽车金融渗透率,已经成为豪华品牌开拓市场特别是年轻消费市场的关键。

(资料来源:法制晚报. 2014-06-24,http://dzb.fawan.com/html/2014-06/24/node-43.htm)

第一节　个人汽车贷款概述

一、个人汽车贷款的概念

个人汽车贷款是指授权开办汽车贷款业务的银行经办机构向个人借款人发放购买汽车(含二手车)的贷款业务。

　　个人汽车贷款所购车辆按用途可以划分为自用车和商用车。自用车是指借款人申请汽车贷款购买的、不以营利为目的的汽车；商用车是指借款人申请汽车贷款购买的、以营利为目的的汽车。

　　个人汽车贷款所购车辆按注册登记情况可以划分为新车和二手车。二手车是指从办理完机动车注册登记手续到规定报废年限一年之前进行所有权变更并依法办理过户手续的汽车。

相关链接 3-1

《汽车消费贷款管理办法》背景

　　1998年，中国人民银行发布了《汽车消费贷款管理办法》，允许国有独资商业银行试点开办汽车消费贷款业务。1999年，中国人民银行发布《关于开展个人消费信贷的指导意见》，允许所有中资商业银行全面开展消费贷款业务。

　　近年来，在政策的大力推动下，金融机构消费贷款业务，包括汽车消费贷款业务快速发展。截至2004年6月末，金融机构全部消费贷款余额为17 952亿元，占金融机构各项贷款余额的10.6%。其中，汽车消费贷款余额为1 833亿元，占金融机构全部消费贷款余额的10.2%。

　　汽车消费信贷业务快速发展，对于推动我国汽车产业发展、活跃和扩大汽车消费、改善金融机构资产负债结构发挥了重要作用。但与此同时，受我国征信体系不完善、贷款市场竞争不规范、近年来汽车价格波动等诸多因素的影响，汽车贷款的风险逐渐暴露，《汽车消费贷款管理办法》中的许多条款明显不能适应新的市场变化，难以有效发挥促进汽车贷款业务健康发展、防范汽车贷款风险的作用。

　　随着改革开放的不断深入和人民收入水平的不断提高，居民消费结构升级加快，我国汽车消费发展前景广阔。汽车贷款作为金融机构的一项重要业务，不论是银行还是非银行金融机构，是中资机构还是外资机构，都应当在一个完整统一的贷款管理办法指导下开展汽车贷款业务，实现平等竞争。

　　为此，中国人民银行和中国银监会联合起草了《汽车贷款管理办法》，并于2004年1月20日上网公示，向社会各方面广泛征求意见，经认真修改，形成了目前的《汽车贷款管理办法》。

　　（资料来源：中国人民银行网站，http://www.pbc.gov.cn/#）

二、个人汽车贷款的原则

　　个人汽车贷款实行"设定担保，分类管理，特定用途"的原则。其中，"设定担保"指借款人申请个人汽车贷款需提供所购汽车抵押或其他有效担保；"分类管理"指按照贷款所购车辆种类和用途的不同，对个人汽车贷款设定不同的贷款条件；"特定用途"指个人汽车贷款专项用于借款人购买汽车，不允许挪作他用。

三、个人汽车贷款的运行模式

目前个人汽车贷款最主要的运行模式包括"间客式"与"直客式"两种。

（一）"间客式"运行模式——"先买车，后贷款"

"间客式"运行模式贷款流程（见图 3-1）如下。

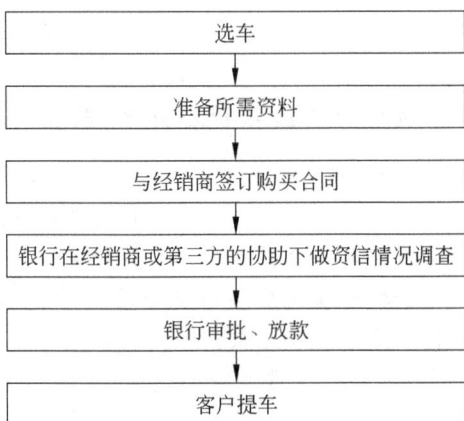

```
            选车
             │
         准备所需资料
             │
      与经销商签订购买合同
             │
 银行在经销商或第三方的协助下做资信情况调查
             │
        银行审批、放款
             │
          客户提车
```

图 3-1　"间客式"运行模式贷款流程

"间客式"运行模式在目前个人汽车贷款市场中占主导地位。该模式是指由购车人首先到经销商处挑选车辆，然后通过经销商的推荐到合作银行办理贷款手续。

汽车经销商或第三方（如保险公司、担保公司）协助银行对贷款购车人的资信情况进行调查，帮助购车人办理申请贷款手续，提供代办车辆保险等一系列服务，部分经销商为借款人按时还款向银行进行连带责任保证或全程担保。

在这种情况下，由于经销商或第三方在贷款过程中承担了一定风险并付出了一定的人力和物力，所以他们往往要收取一定比例的管理费或担保费。

（二）"直客式"运行模式——"先贷款，后买车"

"直客式"运行模式的贷款流程（见图 3-2）如下。

与"间客式"的"先购车，后贷款"相反，纯粹的"直客式"汽车贷款模式实际上是"先贷款，后买车"，即客户先到银行申请个人汽车贷款，由银行直接面对客户，对客户资信情况进行调查审核，在综合评定后授予该客户一定的贷款额度，并与之签订贷款协议。

客户在得到银行贷款额度后即可到市场上选购自己满意的车辆。在选定车型之后，到银行交清首付款，并签署与贷款有关的其他合同，由银行代客户向经销商付清余款，客户提车，之后就是借款人按月向银行还款了。

由于在这种模式下，购车人首先要与贷款银行做前期的接触，由银行直接对借款人的还款能力以及资信情况进行评估和审核，所以把这种信贷方式称为"直客式"运行模式。

到银行网点填写个人汽车贷款借款申请书

↓

银行对客户进行资信调查

↓

银行审批贷款

↓

客户与银行签订借款合同

↓

客户到经销商处选定车辆并向银行交纳购车首付

↓

银行代理提车、上户和办理抵押登记手续

↓

银行放款

↓

客户提车

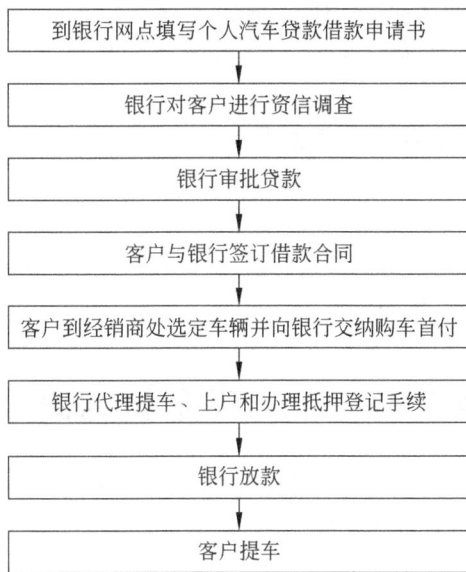

图 3-2　"直客式"运行模式贷款流程

　　由于汽车贷款购车过程中需要与汽车经销商等机构合作,因此购车流程也可以与上述"间客式"运行模式类似。但实质区别是,在"间客式"运行模式中银行将审贷责任交给经销商或者第三方,而在"直客式"运行模式中则是由银行负责客户的资信调查和信贷审批。

相关链接 3-2

轻松变成"有车族":个人汽车贷款

　　现在,人们不仅可以贷款买房,还可以贷款买车,提前变成"有车族"。个人汽车贷款是指贷款人向借款人发放的用于购买汽车的贷款。一般情况下,申请个人汽车贷款也需要提供住房、有价证券等形式的担保。

　　下面是关于个人汽车贷款的基本知识。

　　(1) 贷款金额。银行或汽车金融公司为控制贷款风险,要求购车人支付一定比例的首付款。2004 年,中国人民银行和中国银监会联合颁布的《汽车贷款管理办法》,对个人汽车贷款额度设置了上限:对自用车,最高可申请占汽车价格80%比例的贷款;若是商用车,比例为70%;若是二手车,比例为50%。

　　《汽车贷款管理办法》对汽车价格也作了规定:对于新车,是指汽车实际成交价格(不含各类附加税、费及保费等)与汽车生产商公布的价格的较低者;对于二手车,是指汽车实际成交价格(不含各类附加税、费及保费等)与贷款人评估价格的较低者。

　　(2) 贷款期限。新车的贷款期限(含展期)不得超过五年,二手车的贷款期限(含展期)不得超过三年。

　　(3) 担保方式。申请个人汽车贷款时,需要提供一些担保。可以拿定期储蓄存单、国债、个人寿险保单等权利凭证作质押，还可以用所购车辆甚至是房地产作抵押，还可以由第三方提供保证。对每一种担保方式，银行都有一些细节上的要求，应当事先了解清楚。

（4）还款方式。汽车贷款的还款方式和住房贷款类似，常见的也是两种：一种是等额本息还款，另一种是等额本金还款。利率计算也和住房贷款类似。可以申请提前归还贷款本息，也可申请贷款展期，不过只能申请一次展期，展期期限不超过一年，并且要重新落实担保程序。

（资料来源：中国人民银行网站，http://www.pbc.gov.cn/#）

第二节　个人汽车贷款流程

汽车贷款的贷款流程，具体包括贷款的受理与调查、贷款的审查、贷款审批、贷款签约与发放、支付管理以及贷后管理几个环节（见图 3-3）。

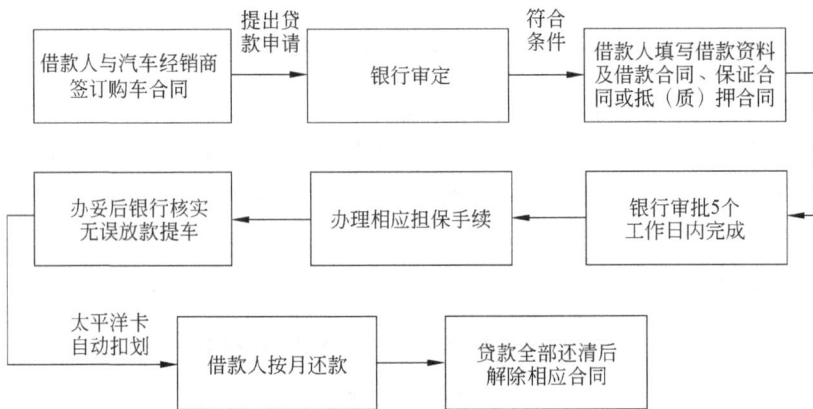

图 3-3　个人汽车贷款办理流程

一、贷款的受理

（一）汽车经销商资信审查

在贷款受理中，银行首先对汽车经销商进行资信调查，汽车经销商必须具备以下条件：

（1）在市注册登记、具有法人资格的专门从事汽车经销的企业，《营业执照》经过最新年检，《法人代码证》合法有效；

（2）经营合法，具有国家有关机关办理的汽车经营许可证；

（3）在银行开有存款账户；

（4）信用良好，有一定经营规模和经济实力，在本地区、同行业有一定影响；

（5）与汽车生产厂签有正式的指定经销合同或协议；

（6）银行规定的其他条件。

汽车经销商符合基础条件,银行经过调查并同意受理按揭项目后,需签订按揭额度协议的签订。按揭额度终审获批后,银行与汽车经销商签订《个人汽车按揭贷款业务合作协议书》,明确双方的权利和义务,一般要求:

(1) 经销商须在经办银行开立售车款专户;

(2) 经销商愿意为借款人提供连带保证责任,并同意从售车款总额中留存一定期限和比例的贷款保证金等。

(二) 个人贷款申请

在银行指定的经销商处购买指定品牌汽车的借款人,应在与经销商签订购车协议或合同后,向银行提出书面申请,填写个人汽车贷款申请表(见表3-1),并提供相关资料。

(1) 借款人及配偶的身份证、结婚证、户口簿或其他有效居留证件原件及复印件。

(2) 银行认可的部门或单位出具的借款人职业和经济收入的证明,或借款人愿意且能够提供的足以证明其支付能力的其他收入或财产证明材料。

(3) 银行指定的经销商签订的购车协议或合同。

(4) 财产抵押或质押的,应提供抵押物或质押物清单、权属证明、有权处分人(包括财产共有人)同意抵押或质押的证明。必要时应提供有权部门出具的抵押物估价证明。

(5) 第三方提供保证的,应出具保证人同意担保的书面文件及有关资信证明材料,必要时保证人应提供一定比例的保证金。

(6) 以所购买车辆作抵押物,在抵押登记和有关保险手续办妥之前,应提供银行指定经销商或担保公司出具的书面贷款推荐担保函。

(7) 出具汽车上牌后的机动车登记证书。

(8) 银行要求提供的其他资料。

表 3-1　个人汽车贷款申请表

★申请人姓名		拼音		★性别		★出生年月		★年龄	
★证件类型		★证件有效期			★现居住地址				
★证件号码									
★婚姻情况			家庭人数			★住宅电话		★邮编	
★单位名称/所在部门				★单位地址					
★单位电话			★单位邮编			★手机号码			
★学历			工龄		★职务/岗位			★月平均收入	
申请人配偶情况	★姓名			★学历			★月平均收入		
	★工作单位					★单位电话			
	★单位地址					★单位邮编			
	★手机号码			工龄	年	★职务			

续表

家庭主要财产状况							
拟购车情况	售车单位名称						
	售车单位联系电话						
	★车辆类型				★车价总金额		
★申请贷款金额					★贷款期限		
已付购车款					贷款占车价比例		
担保人情况	姓名		学历		月平均收入		
	工作单位				单位电话		
	单位地址				单位邮编		
	手机号码		工龄	年	职务		
汽车贷款每月还款额				每月还款占家庭收入比例			

本人声明：以上提供的所有资料是真实、合法、有效的，并愿意按照贷款银行的规定办理借款手续，同意以上所购汽车的全部权益抵押给抵押权人××银行，并保证抵押权人为第一受益人，无论是否贷款，贵行均有权保留此申请审批表及有关贷款资料复印件。本人同意贵行向中国人民银行个人信用信息基础数据库查询本人的个人信用信息，并同意授权贵行将本人银行信息记录提供给中国人民银行个人信用信息基础数据库。

★申请、抵押人(签名)：　　　　　　　配偶(签名)：　　　共有人(签名)：
　　　　　　　　　　　　　　　　　　　　　　　　申请日期：　　年　月　日

注：标"★"号为必填项。

二、贷款调查

调查岗收到申请资料后，应对借款申请人的资信情况、收入、资产、负债、还款能力、借款用途等进行调查核实。调查内容包括但不限于：

（1）借款申请人提供的资料是否完整、真实、有效。

（2）借款申请人基本情况，包括个人基本情况、家庭概况、财务状况、通过中国人民银行个人征信系统查询信用记录。

（3）借款用途是否真实、合理，收入是否稳定。

（4）借款申请人还款能力和意愿（借款申请人夫妻双方须做出贷款承诺）。

（5）调查核实保证能力、抵（质）押物权属及各项权证真实性等担保情况。对借款申请人提供的复印件应与原件核对一致并签名确认。

（6）调查报告必须明确所购汽车的购车协议、汽车型号、发动机号、车架号、价格与购车用途等。

三、个人汽车贷款审查

银行审查人员对调查人员提交的调查报告及相关资料进行审查，并提出意见，审查的内容应包括但不限于：

（1）基本要素审查。主要对借款申请人提供的基础资料是否真实、完整进行审查。

（2）主体资格审查。借款申请人是否符合贷款业务准入条件，有效收入证明是否合理，有关证明材料是否符合规定，客户、担保人是否有不良记录。

（3）信贷政策的审查。贷款用途是否合法、合规，贷款用途、金额、期限、利率、方式等是否符合银行的信贷政策。

（4）信贷风险的审查。审核借款申请人的职业背景、收入来源、家庭资产负债情况、担保情况等。

（5）经销商授信额度的确定。银行汽车按揭贷款业务实行审贷分离、总量控制、额度管理的原则，即对银行指定的汽车经销商必须事先授予一定的授信额度，在总的额度内，对单笔贷款业务进行审批，单笔操作的累计余额不得超出授信额度。额度规模根据经销商的经营规模和经济实力确定。

四、个人汽车贷款的审批

有权审批人根据调查、审查意见，对是否贷款、贷款额度、期限、利率、担保方式、还款方式等做出审批决定。

五、贷款签约

经审查审批符合贷款条件的借款人，凭首期购车款交付凭证及其他费用交付凭证等，签订借款合同和担保合同。

贷款的担保。借款人申请汽车消费贷款必须提供有效担保。银行一般除要求借款人以所购车辆做抵押担保之外，还要求借款人提供其他有效担保方式。

（一）车辆抵押

借款人应与银行签订抵押合同，将贷款所购车辆作为抵押物，提供车辆抵押担保措施。抵押担保的期限应自抵押登记之日起至债务履行完毕止，借款人的配偶应签订同意抵押的书面证明。经办机构可以委托有关机构办理车辆的上牌和抵押手续。

（二）指定经销商担保

借款人进行车辆抵押后，需要追加其他担保措施的，可由指定经销商提供连带责任保证担保，并交纳一定的担保保证金，落实多方式组合担保措施。

（三）存单质押、不动产抵押担保

银行要求借款人在车辆抵押的基础上，追加存单质押、不动产抵押担保的，抵质押物价值不低于借款金额的50%。

（四）其他连带责任保证

银行可以要求借款人在车辆抵押的基础上，追加有代为清偿能力的第三方提供连带责任保证,保证方可以是与银行签约的担保公司或符合担保条件的企业法人、其他组织或个人。

在贷款有效期内,信贷调查人员应对借款人和保证人的资信和收入状况以及抵押物保管状况进行监督。

六、贷款发放以及贷款的支付

汽车按揭贷款一般采用受托支付方式,借款人在使用贷款时提出支付申请,经办行按合同约定方式支付贷款资金。

银行应在贷款资金发放前审核借款人相关交易资料和凭证是否符合合同约定条件,如符合约定条件,则通知会计人员按照贷款合同约定的支付方式将贷款直接划转到经销商在银行开立的账户。贷款必须专款专用,借款人不得以任何方式提取现金。

七、贷后管理

(1) 贷后检查人员对经销商的经营情况、账户情况等进行检查,重点对其名下一系列购车人(担保人)的批量关联性和还款来源进行检查,判断是否存在“假按揭”情况,同时关注借款人住址、联系方式、收入情况、还款情况、抵押物等情况,在不利情况出现时及时采取债权保全措施。经办信贷人员则负责做好对借款人的日常服务与管理,在贷款偿还期前做好提醒和催收服务。

(2) 不良贷款催收。如贷款发生逾期,经办行应及时发送催收通知书进行催收,超过有关规定仍不能收回的,应对借款人和担保人采取资产保全、诉讼催收等措施,并依法拍卖、变卖抵押物及要求担保人承担连带担保责任。

(3) 借款人死亡、宣告失踪或丧失民事行为能力的,应由其财产合法继承人在继承财产范围内或其监护人在借款人财产范围内继续履行借款合同。

(4) 抵质押物发生意外损失或保证人失去担保资格或丧失担保能力时,借款人应及时通知银行,并提供银行认可的新的担保,重新签订担保合同。

(5) 经经办机构同意,借款人可以提前还款。借款人在偿还贷款本息后,借款合同自行终止。经办机构应在借款合同终止后 10 个工作日内将抵押物权利凭证、保单等退还借款人,并由借款人自行前往有关部门办理注销抵押登记(或备案)或出质登记的手续。

购车借款合同如图 3-4 所示,购车贷款担保合同如图 3-5 所示。

合同编号:＿＿＿＿＿＿＿＿＿＿

借款人:＿＿＿＿＿＿＿＿＿＿＿＿＿＿＿＿＿＿＿

身份证号码:＿＿＿＿＿＿＿＿＿＿＿＿＿＿＿＿＿

贷款人(抵押权人):中国银行＿＿＿＿＿＿＿＿＿分(支)行

抵押人:＿＿＿＿＿＿＿＿＿＿＿＿＿＿＿＿＿＿＿

有效证件号码:＿＿＿＿＿＿＿＿＿＿＿＿＿＿＿＿

保证人:＿＿＿＿＿＿＿＿＿＿＿＿＿＿＿＿＿＿＿

有效证件号码:＿＿＿＿＿＿＿＿＿＿＿＿＿＿＿＿

图 3-4　××银行购车借款合同

特别提示：

借款人、保证人、抵押人请认真阅读本合同项下的全部条款，尤其是用黑体字表明的条款，对于不理解的条款，可以向贷款人征询，贷款人将进行解释。借款人、保证人、抵押人一旦签订本合同，即认为借款人、保证人、抵押人已理解并同意本合同的所有条款。

本合同各方根据有关法律、法规，在平等、自愿的基础上，为明确责任、恪守信用，经充分协商一致签订本合同，并保证共同遵守执行。

借贷条款：

第一条　贷款金额。贷款人根据借款人的申请，经审查同意向借款人发放汽车消费贷款（以下称贷款），金额为人民币（大写）＿＿＿＿元，（小写）＿＿＿＿元。

第二条　贷款用途。贷款用于购买＿＿＿＿汽车＿＿＿＿辆；型号：＿＿＿＿；颜色：＿＿＿＿；发动机号：＿＿＿＿；车架号码：＿＿＿＿；车辆号码：＿＿＿＿。借款人不得以任何理由将贷款挪作他用。如借款人未按本合同约定的用途使用贷款，贷款人有权就挪用贷款部分自挪用之日起按本合同约定的贷款利率上浮＿＿＿＿％计收罚息。若遇本合同约定的贷款利率调整，则分段计收罚息。

第三条　贷款利率。按照中国人民银行有关规定，确定贷款利率为月利率＿＿＿＿‰，利息从贷款放款之日起开始计算并按月结息。借款期限在＿＿＿＿年（含）以下的，前述贷款利率为固定利率，无论法定利率是否调整，均执行本合同的约定利率，不分段计息；借款期限在＿＿＿＿年以上的，前述贷款利率一年一定，于每一年度的贷款发放日根据当天的法定利率确定应执行的利率，贷款人将在营业场所对法定贷款利率调整情况进行公告。

第四条　贷款期限为＿＿＿＿月。自＿＿＿＿年＿＿＿＿月＿＿＿＿日起至＿＿＿＿年＿＿＿＿月＿＿＿＿日止。实际放款日与到期日以借款借据为准。借款借据为本合同的附件，与本合同具有同等法律效力。

第五条　借款人不可撤销地授权贷款人在本合同生效后（或抵押登记后），以借款人购车款的名义将贷款以转账形式划入在银行开立的账户（开户行：＿＿＿＿；账号：＿＿＿＿），以购买本合同第二条所列之车辆。上述行为视为借款人提用了借款，贷款人有权监督贷款的使用。

第六条　贷款人与借款人双方商定，自贷款发放次月起，借款人按月归还贷款本息，还款日为每月＿＿＿＿日。借款人自愿按下列第＿＿＿＿种方式归还贷款本息（如放款日与扣款日不同，首期、末期还款金额按实际天数计算）：

（一）等额本息还款法：每月归还本息之和＿＿＿＿元。

（二）等额本金还款法：首期归还本息之和＿＿＿＿元，逐月递减。

（三）到期一次还本付息。

（四）其他：＿＿＿＿。

第七条　借款人在中国人民银行开立＿＿＿＿账户，户名＿＿＿＿，账号＿＿＿＿，并保证在每期还款日前存入当期足额还本付息的存款，同时授权贷款人于每月还款日从该账户中扣收贷款本息。如果该账户内资金不足偿还当期款项，贷款人可将借款人在贷款人处开立的其他账户内的资金与贷款债权相抵消。账户币种与贷款币种不同的，按抵消当天中国人民银行对外公布的汇率折算。贷款人为上述扣收行为时，应通知借款人。

第八条　借款人应按期偿还贷款本息，如借款人未按本合同约定归还贷款本息，贷款人有权对逾期贷款本息自逾期之日起按本合同约定的利率上浮＿＿＿＿％计收罚息。若遇本合同约定的贷款利率调整，则分段计收罚息。借款人以长城信用卡归还贷款本息发生透支，应立即无条件归还透支本金，并按信用卡透支利率支付透支利息。贷款人有权按追偿信用卡透支款办法直接向借款人催收。

第九条　本合同签订后且在贷款发放前，若银行有确切证据证明借款人与汽车销售商就该车辆有关质量、条件、权属等事宜发生纠纷，且上述纠纷将影响会借款人偿还贷款本息的，本合同即告终止。

图 3-4 （续）

如纠纷已妥善解决需要借款的,须重新签订借款合同。

第十条　贷款发放后,借款人与经销商就该车辆有关质量、条件、权属或其他事宜发生的任何纠纷,均与贷款人无关,本合同应正常履行。

第十一条　借款人需提前还款的,应提前_____个月书面通知贷款人。经贷款人确认后即不可撤销。经贷款人同意提前还款部分,除计收正常利息外,贷款人有权按提前还款金额的_____‰计收损失补偿金。

第十二条　本合同有效期内,发生下列事项的,贷款人有权在以下任何一项或多项事件发生时,宣布本合同项下的贷款提前到期,并向借款人、担保人发出《提前还款函》,要求借款人在《提前还款》规定的期限内清偿部分或全部贷款本息(包括逾期利息):

(一)借款人违反本合同约定的条款,足以使贷款人认为借款人将不履行或不能履行归还贷款本息的义务的;

(二)借款人本人因丧失民事行为能力,被宣告失踪、死亡而无继承人、监护人、财产代管人或受遗赠人;

(三)借款人的继承人、监护人、财产代管人或受遗赠人拒绝为借款人履行偿还贷款本息的义务;

(四)借款人连续三个付款期或在本合同期内累计六个付款期未按时偿还贷款本息;

(五)借款人连续三个付款期以信用卡透支方式偿还贷款本息;

(六)根据本合同担保条款约定,因担保人违反担保条款的约定,致使担保人需提前履行义务或贷款人提前处分抵押物的;

(七)借款人未按本合同约定向保险公司办理指定的机动车辆保险;

(八)借款人挪用借款的;

(九)根据《合同法》第68条规定,贷款人有确切证据证明的借款人其他可能影响归还贷款人贷款本息的情形。

第十三条　贷款人和借款人双方任何一方需变更合同借贷条款,均须书面通知对方,经双方协商一致,达成书面意见,同时征得担保人书面同意后方可变更。本合同另有约定的除外。

第十四条　订立、执行本合同所需有关费用,按照以下方式承担:_____。

抵押条款:

第十五条　抵押人自愿将其享有处分权的车辆抵押给贷款人(即抵押权人),作为偿还本合同借贷条款项下之借款的担保,并保证承担法律责任。抵押物详细情况见本合同所附《抵押物清单》。

第十六条　抵押担保范围为本合同项下的贷款本金、利息(包括逾期罚息、挪用罚息),因归还贷款本息而引起的信用卡透支款本息、违约金、赔偿金以及实现债权的费用。

第十七条　抵押期间从抵押登记之日起至本合同借贷条款项下全部债务履行完毕止。

第十八条　抵押人在抵押期间应妥善保管抵押物,并负责维修、保养,保证抵押物完好无损、正常有效行驶,并随时接受贷款人的监督检查。

第十九条　抵押期间由于抵押人的过错造成抵押物价值减少,应由抵押人承担责任,抵押人应在三十天内或贷款人规定的期限内向贷款人提供与减少的价值相当的担保。抵押人不能提供价值相当的担保的,抵押权人可以选择提前处分抵押物以行使抵押权。

第二十条　抵押物抵押期间,抵押人出租抵押物的,须通知贷款人;抵押人以变卖、抵偿债务、赠与等方式处分抵押物的所有权的,须征得贷款人同意。抵押人擅自处分抵押物引起贷款人的损失,由抵押人承担责任。

第二十一条　设定抵押物需要到主管部门进行抵押登记,抵押人应与贷款人、保证人合作。抵押人在本合同抵押设定并登记完毕之日,将该抵押物的权属证明文件(登记证书)交抵押权人保管。

第二十二条　因发生本合同第十二条所述情况,贷款人宣布提前收回贷款而未受清偿,贷款人有权提前处分抵押物。

图3-4　(续)

第二十三条　借款人须向保险公司办理保险,并应以抵押权人为保险第一受益人。抵押期内,借款人不得以任何理由中断或撤销保险。为防止保险中断,贷款人可以代替借款人投保,保险费用由借款人承担,保险权益属贷款人。抵押期间,如汽车发生赔偿事故,贷款人有权根据事故性质及借款人的具体情况决定是否将保险赔款付给借款人。

汽车如发生部分损失的情况,保险赔偿金和损害赔偿金应全部用于维修汽车,借款人应负责将汽车修复至完全正常状态;如发生车辆全损或推定全损或全车被盗抢等保险事故,保险赔偿应首先用于一次性清偿贷款本息和支付有关费用。

如保险赔偿尚不足以清偿贷款本息,借款人应继续履行本合同项下的还本付息义务,并且该项还款义务应于保险赔款获得之日起七日内履行完毕。

第二十四条　本合同中"借贷条款"如因某种原因导致其部分或全部无效,不影响"抵押条款"的效力,抵押人仍应按照约定承担责任。

保证条款:

第二十五条　保证人自愿为借款人在本合同借贷条款项下的全部债务提供连带责任保证。在借款人没有按合同约定履行还款义务时,保证人承诺按贷款人要求履行还款义务。

第二十六条　保证责任范围为本合同项下的贷款本金、利息(逾期罚息、挪用罚息),因归还贷款本息而引起的信用卡透支款本息、违约金、赔偿金以及实现债权的费用。

第二十七条　保证期间为本合同生效之日开始到本合同借贷条款项下债务最后一期还款履行期届满之日起经过两年。贷款人依据本合同第十二条的约定,宣布贷款提前到期要求借款人立即清偿部分或全部债务,保证人应当承担保证责任。

第二十八条　若保证人不按合同履行保证责任,贷款人有权向保证人追索,而且仅需通知,贷款人即可将保证人在贷款人处开立的账户内的资金与担保债权相抵消。账户币种与贷款币种不同的,按抵消当天中国人民银行对外公布的汇率折算。

第二十九条　保证人承诺督促借款人按时归还贷款,并按贷款人的要求,帮助贷款人追收借款人的债务。

第三十条　贷款人与借款人、保证人商定,在贷款人认为必要的情况下,贷款人仅需通知借款人,即可将债权转让给保证人或第三人。保证人同意接受转让的债权,转让的价格不低于借款人所欠贷款本息及罚息、违约金等之和。

第三十一条　贷款人由于国家利率政策调整而执行新利率的,无须征得保证人的同意。

第三十二条　本合同中"借贷条款"如因某种原因导致其部分或全部无效,不影响"保证条款"的效力,保证人仍应按照约定承担责任。

其他条款:

第三十三条　本合同履行过程中发生纠纷,合同各方应协商解决,协商不成的,双方同意采用下述第(　　)种方式解决:

(一)由仲裁委员会进行仲裁;

(二)向下述第(　　)项所列人民法院起诉。

1. 被告所在地;

2. 合同履行地;

3. ＿＿＿＿＿＿＿＿＿＿。

第三十四条　本合同自借款人、贷款人、抵押人、保证人签字或盖章之后生效,本合同中的抵押条款在办妥抵押登记之后生效。

第三十五条　借款人按期偿还本合同约定的债务并履行本合同约定的义务后,本合同即告终止。贷款人将协助借款人到房地产行政主管部门办理抵押注销登记手续,并将抵押物的所有权权属证明文

图3-4　(续)

件退还借款人。

第三十六条 借款人、抵押人、保证人不依本合同约定偿还本合同项下债务,贷款人享有追索权。贷款人因行使上述追索权而支出的合理费用,均由借款人承担。

第三十七条 借款人、保证人、抵押人违反本合同时,贷款人可以采用下述第_____方式进行强制执行:

(一)通过公证直接强制执行,借款人、保证人、抵押人自愿接受强制执行;

(二)经司法机关裁决后进行强制执行。

第三十八条 贷款人有权向有关个人征信系统提供贷款信息;借款人严重违约影响贷款人债权实现时,有权通过向社会公告的形式追究其违约责任。

第三十九条 本合同一式 份,具有同等法律效力,由借款人、贷款人、保证人各执一份,登记、公证机构、各存档一份。

第四十条 其他约定事项_____

贷款人(盖章):_____   授权代表人(签字或盖章):_____

借款人(签章):_____   抵押人(签章):_____

保证人(签章):_____   法定或授权代表人(签字或盖章):_____

合同签订地:_____

合同签署日期:_____年_____月_____日

图 3-4 (续)

编号:【   】车保字第_____号

甲方:

住址:

电话:

乙方:

身份证号码:

住址:

电话:

甲乙双方基于自愿、平等、诚实原则,依照国家法律法规的规定,协商一致,订立如下协议内容:

甲方根据乙方的申请,同意为乙方所购买的车辆:

车型(品牌规格):

发动机号:

车身架号:

通过银行支行发放银行按揭贷款(以下简称贷款银行)提供贷款履行担保,甲方为乙方向贷款银行提供担保的贷款本金为人民币,贷款期限(   )个月(其贷款利率以中国人民银行公布的为准,如遇上浮下调遵其执行),具体贷款事项、担保范围以乙方与贷款银行签订的《贷款合同》(贷款合同编号:)为准。

第一条:甲方的权利义务

1. 甲方有权要求乙方按规定提供客观真实、有效、合法的贷款相关材料。

2. 甲方的保证期间为《贷款合同》中约定的主债务履行期届满之日止。

3. 甲方提供的担保方式为连带保证担保。

4. 在保证期间内甲方有权不定期了解乙方的资产状况,如发现乙方有隐匿、转移或减少财产及串

图 3-5 购车贷款担保合同

通他人等损害甲方合法权益的行为,甲方有权要求乙方(包括但不限于)立即停止侵权行为和要求提供反担保,并保留进一步追究赔偿责任的权利。

5. 因乙方逾期未履行按揭还款义务,甲方享有接受贷款银行委托代为追偿、配合银行追偿的权利。

第二条:乙方的权利义务

1. 乙方应提供客观真实、有效、合法的贷款相关材料。

2. 乙方应按《贷款合同》约定的方式、期限、金额履行还款义务,不得为逃避还款义务损害甲方的合法权益,否则应承担违约责任。

3. 在本合同有效期内,乙方自愿接受甲方有关对所购买车辆的使用情况的调查,甲方有权查询乙方在贷款行的所有借款和还款情况;未经甲方同意,不得擅自转让本合同项下担保标的,否则应承担甲方合法权益由此造成遭受损害应负的赔偿责任。

4. 发生下列情形之一,乙方应在发生之时起 24 小时内通知甲方并说明原因:

(1) 贷款所购车辆发生交通事故;

(2) 发生贷款所购车辆发生损毁、灭失等风险;

(3) 乙方未能按期履行到期还款义务;

(4) 发生财产减少或损失导致不能清偿到期还款义务;

(5) 产生对甲方合法权益造成损害的情形;

(6) 乙方发生住所、通信方式、身份证号码等变更事项;

(7) 发生重大诉讼或仲裁对本项贷款、担保产生影响的情形;

(8) 发生足以影响本项担保的其他情形。

5. 乙方应向甲方支付担保费,支付标准为甲方为乙方担保贷款金额的百分之三,并在银行签约时一次性缴纳(若银行贷款审批未通过,甲方依收款凭证按规定予以退还已付担保费)。

6. 担保费是甲方向乙方收取的一次性服务付费,乙方不得以提前还款本息及其他任何理由要求甲方退还。

7. 乙方应向甲方支付还款保证金,支付标准为甲方为乙方担保贷款金额的百分之三,待乙方还清全部贷款后由甲方按照相关规定予以返还,并在银行签约时一次性缴纳(若银行贷款审批未通过,甲方按规定予以退还已缴保证金)。

8. 乙方应按照与贷款银行签订的购车借款合同约定条款,全面按期履行还本付息等义务,若有逾期还款发生,每逾期一期扣除还款保证金的 10%,逾期两期扣除还款保证金的 30%,连续逾期三期,还款保证金不予归还。

9. 若有甲方替乙方向贷款银行垫款情况发生,甲方按所垫付金额的日千分之五向乙方收取滞纳金。

10. 如果乙方严重违反《贷款合同》连续逾期三期以上未能偿还贷款本息或累计发生三期以上逾期,甲方可随时对抵押物实施收回,在收回抵押物的过程中所产生的费用由乙方全部承担,一方无条件放弃抗辩权。

11. 乙方应向甲方支付续保保证金,车价在 10 万元以下的为 3 000 元,车价在 10 万元以上的(含 10 万元)为一期还款额(抵最后一年保费)。

12. 乙方应当按规定为所购车辆投保,投保险种包含:①交强险;②车辆损失险;③第三者责任险(不低于 30 万元);④盗抢险;⑤自燃险;⑥其他附加险。

13. 乙方所投保车辆指定第一受益人为贷款银行,第二受益人为甲方。

图 3-5　(续)

14. 本合同有效期内,乙方未经甲方同意不得单方撤销、变更、中止、中断该项保险,否则应承担违约责任;期间发生乙方单方撤销、变更、中止、中断该项保险的行为,甲方有权代为办理相关保险工作直至担保义务履行完毕,相关费用均由乙方承担;车辆保险费用由乙方自行承担与甲方无关。

15. 乙方未按期向甲方指定的保险公司投保机动车辆保险的,每少一期,扣除续保保证金的10%。投保时未说明该车辆保险第一受益人为贷款银行的,扣除续保保证金的50%。

16. 因车辆保险事故发生而产生的保险金、损害赔偿金,乙方按规定给予赔付外,不得作其他用途并不得妨碍贷款义务的履行。

17. 乙方如不能按《贷款合同》约定按月还款,造成甲方不能解除担保责任,借款到期之日起算,除已付担保费外由甲方另外加收担保费(标准为已付担保费的2倍)。

18. 乙方逾期或不履行还款或清偿义务造成甲方因催收或代偿产生的相关费用,甲方有权从乙方已缴保证金扣除相应金额,保证金额不足本条第6款所列比例的,由乙方及时补足差额。

19. 乙方应按《贷款合同》约定按月还款,如产生甲方代偿责任,乙方应在甲方代为清偿相应还款义务的3天内清偿甲方代偿款。乙方同意另行支付给甲方相当于已代偿款百分之十的金额。

20. 乙方向贷款银行出具贷款承诺函之后不得单方解除购车协议,否则因此造成甲方合法权益受损应当向甲方承担违约责任。

21. 在贷款期间,乙方自行妥善使用、管理、保养贷款车辆,自觉接受甲方监督,发生有关车辆责任情况均与甲方无关,甲方不承担任何责任。相关责任情况的发生除对履行贷款义务、担保事项产生影响外,否则甲方不予干涉。

22. 因该车被损毁、灭失或者征用的,乙方应当将相应的赔偿金或者补偿金用于提前偿还银行贷款。

23. 乙方应对其汽车贷款负有完全的偿还义务,此义务不因抵押物的灭失而消失。如抵押物灭失,乙方应以本人及其家庭共有财产金额偿还汽车贷款。

第三条:乙方如违反第二条项下任一义务,还应按以下方式承担违约责任:除再支付给甲方违约金(按贷款金额的30%计算),还应赔偿甲方因此造成的一切直接、间接经济损失,包括甲方基于本合同可得的商业利益,并承担甲方为追索上述费用所支付的一切费用(包括但不限于诉讼费、财产保全费、查询费、律师费、差旅费等)。

上述乙方违约行为和甲方损失及费用自发生日起至向甲方实际赔付日止,乙方同意另行支付给甲方相当于同期银行贷款利息四倍的利息。

第四条:双方特别约定本协议部分条款的无效不影响其他条款的效力,本协议未尽事宜均适用国家有关法律法规规定,各方可订立书面补充协议,补充协议与本协议具有同等法律效力。

第五条:甲乙双方在履行本合同中发生争议,由双方协商解决,协商不成向甲方所在地人民法院起诉。

第六条:双方同意按前述地址寄出相关书面通知及法律文书均视为实际送达。本合同由双方签章后生效。本合同一式两份,甲乙双方各执一份,均具有同等法律效力。

甲方(盖章):   乙方:

时间: 时间:

图 3-5 (续)

综 合 实 训

一、单项选择题

1. （　　）指个人汽车贷款专项用于借款人购买汽车,不允许挪作他用。
　　A. 设定担保　　　B. 政治范畴　　　C. 分类管理　　　D. 特定用途

2. （　　）运行模式在目前个人汽车贷款市场中占主导地位。
　　A. 间客式　　　　B. 分类式　　　　C. 直客式　　　　D. 以上都不对

3. "先贷款,后买车"指的是汽车贷款的（　　）模式。
　　A. 间客式　　　　B. 分类式　　　　C. 直客式　　　　D. 以上都不对

4. 购车人首先要与贷款银行做前期的接触,由银行直接对借款人的还款能力以及资信情况进行评估和审核,所以把这种信贷方式称为（　　）模式。
　　A. 间客式　　　　B. 分类式　　　　C. 直客式　　　　D. 以上都不对

5. 汽车按揭贷款一般采用（　　）方式,借款人在使用贷款时提出支付申请,经办行按合同约定方式支付贷款资金。
　　A. 受托支付　　　B. 委托支付　　　C. 其他支付　　　D. 以上都不对

二、多项选择题

1. 个人汽车贷款的原则为（　　）。
　　A. 设定担保　　　B. 政治范畴　　　C. 分类管理　　　D. 特定用途

2. 目前个人汽车贷款最主要的运行模式包括（　　）与（　　）两种。
　　A. 间客式　　　　B. 分类式　　　　C. 直客式　　　　D. 以上都包括

3. 汽车贷款调查应对借款申请人的（　　）等进行调查核实。
　　A. 资信情况　　　　　　　　　　B. 收入、资产、负债
　　C. 还款能力　　　　　　　　　　D. 借款用途

4. 个人汽车贷款可采用多种担保方式,主要有（　　）。
　　A. 车辆抵押　　　　　　　　　　B. 存单质押、不动产抵押担保
　　C. 指定经销商担保　　　　　　　D. 其他连带责任保证

三、判断题

1. 个人汽车贷款所购车辆按用途可以划分为自用车和商用车。（　　）

2. "直客式"模式是指由购车人首先到经销商处挑选车辆,然后通过经销商的推荐到合作银行办理贷款手续。（　　）

3. 在"直客式"模式中,由于经销商或第三方在贷款过程中承担了一定风险并付出了一定的人力和物力,所以他们往往要收取一定比例的管理费或担保费。（　　）

4. 在"间客式"模式中银行将审贷责任交给经销商或者第三方,而在"直客式"模式中则是由银行负责客户的资信调查和信贷审批。（　　）

5. 借款人申请汽车消费贷款必须提供有效担保。银行一般除要求借款人以所购车辆做抵押担保之外,还要求借款人提供其他有效担保方式。（　　）

四、实训课堂

实训内容：学生分小组、分角色展示个人汽车贷款办理流程。

实训角色：大堂引导员、客户经理。

展示内容：

1. 客户咨询个人汽车贷款目前的可办理方式都有哪些。

2. 客户描述目前状态，想申请办理个人汽车贷款，咨询个人汽车贷款办理条件、需要准备的手续。

3. 客户咨询个人汽车贷款选用哪种贷款方式更方便。

4. 客户经理为客户介绍目前个人汽车贷款的利率以及汽车贷款的还款方式。

5. 为客户办理汽车贷款事宜。

第四章

个人综合消费贷款

学习目标

1. 了解个人综合消费的基本概念。
2. 掌握个人综合消费贷款的贷款用途。
3. 理解个人综合消费贷款的产品要素。

技能要求

1. 能准确熟练地为客户介绍个人综合消费贷款。
2. 熟练掌握个人综合消费贷款办理手续及办理流程。

引例

个人综合消费贷款

为满足广大居民购置生活急需大件物品、优化家庭资产架构、实现货币效用最大化的需求,邮储银行打造了"个人综合消费贷款"这一新的业务品种。凡年满18~60周岁、具有稳定职业和收入、在贷款行所在地市一定注册规模以上的单位连续工作满一年、信用良好、具有完全民事行为能力的自然人,均可申请个人综合消费贷款。

贷款授信以住房作为抵押物,根据借款人的资信情况,最低可执行基准利率。一次授信,循环使用,单户授信额度最高能达到300万元,额度期限最长能达到13年。

赵女士最近置办了一套房产,却没钱装修。在得知邮储银行的个人综合消费贷款后,赵女士以所购买的住房作为抵押物,向邮储银行递交了申请资料。很快银行就核准了授信额度,在额度之内她申请使用了部分额度作为房屋的装修用款,剩余部分还掉一部分贷款后还能再借出来买辆车。

肖先生最近购置了一套新房,虽然有足够的储蓄存款支付房屋装修款,但他还是来到邮储银行办理了个人综合消费贷款。肖先生表示,物价涨得快,甚至比现在银行贷款利率都高,从银行借钱装修,按照银行的利率还款,其实是赚钱了。如果突然急需用钱,手头又比较紧,拿着材料向银行在额度项下提出使用申请就可以。

第一节　个人综合消费贷款概述

一、个人综合消费贷款的概念

个人综合消费贷款是指向借款申请人发放的用于指定消费用途的人民币担保贷款。

借款人是指符合申请个人综合消费贷款条件的具有完全民事行为能力的自然人,贷款人是指经银行批准开办个人综合消费贷款业务的所有机构。

二、个人综合消费贷款的用途

个人综合消费贷款的用途包括但不限于住房装修、购置耐用消费品、教育支出、旅游和医疗等消费用途。贷款禁止用于购房,且不得以任何形式流入证券市场、期货市场和用于股本权益性投资、房地产项目开发,以及用于其他国家法律、法规明确禁止的用途。

相关链接 4-1

消费信贷随借随还更能降低资金成本

往银行里存钱,从银行里借钱,这是普通老百姓最常见的与银行发生关系的两种形式。而消费信贷,又是最常见的贷款种类。民泰银行宁波分行的工作人员表示,消费信贷是商业银行陆续开办的用于自然人(非法人或组织)个人消费目的(非经营目的)的贷款。如个人小额贷款、个人住房贷款、个人汽车贷款等。期限从几个月到 30 年。

一般来说,个人住房贷款和个人汽车贷款多采取逐月还款的方式。而个人综合消费贷款,目前已有多家银行推出与其他金融产品组合而形成的"一次授信、随借随还"的模式。该模式的好处在于手续简便。

一次授信之后,在一段时间内,都不必再办申请手续,而是在有需要的时候随时在授信额度内使用资金。也可以随时还款。利息一般会按照你实际占用资金的期限来计算。

目前,部分商业银行借助金融 IC 卡技术已经或即将推出手机信贷服务。除了具有基本的信息存储、信息查询及个性化金融服务功能外,还具有自助循环小额贷款功能,即在合同规定的有效期和授信额度内可通过手机短信进行小额贷款、还款,享受随时提取、随时归还、额度循环使用的便利,大大降低了客户的资金成本。

(资料来源:中国人民银行网站,http://www.pbc.gov.cn/#)

三、个人综合消费贷款的特点

1. 预支未来财富,享受超前生活

能满足客户各方面的消费需求,提前享受舒适生活。

2. 贷款额度高,利率低

贷款额度可根据资信和担保情况灵活确定。

3. 消费用途广泛

可用于大额耐用消费品、住房装修、出国留学,但不能用于购置房屋或者投资金融市场、证券市场。

四、个人综合消费贷款额度

申请个人综合消费贷款,以个人住房抵押的,贷款额度最高不超过抵押物价值的

70%；以个人商用房抵押的，贷款额度最高不超过抵押物价值的 60%；以质押方式担保的，贷款额度最高不超过质押物价值的 90%，具体质押物的质押率参照银行质押担保管理办法的相关规定执行。

相关链接 4-2

银监局：京消费贷 100 万元封顶

北京银监局 2014 年 5 月 7 日在其官网发布《北京银监局关于个人综合消费贷款领域风险提示的通知》（以下简称通知），提示辖内各银行防范消费贷款风险，原则上个人综合消费贷款发放金额不超过 100 万元、期限 10 年以内。而之前部分银行最高可以发放 500 万元贷款。

银监局通知严防用消费贷购房：

个人综合消费贷款，一般被称为消费贷，是银行向借款人发放的用于指定消费用途的担保贷款。用途包括房屋装修、购买汽车等各类大额耐用消费品、旅游、求学等个人生活消费。

北京银监局在通知中表示，在日常监管中发现，个别银行个人综合消费贷款制度内容规定不够审慎、贷款金额较大、期限长，明显与日常消费属性不匹配，使贷款被挪用于股市投资、购买住房、生产经营等方面。

通知中提到，为推动辖内消费金融健康发展，银行应合理确定个人综合消费贷款的金额和期限，原则上发放金额不超过 100 万元、期限为 10 年以内的个人综合消费贷款。对于家庭成员分别申请个人综合消费贷款的，应审慎控制贷款额度和期限。

此外，通知还表示，各银行应从多维度对消费的合理性进行深入分析，多方查证贷款用途的真实性，确保信贷资金用于满足居民日常生活的正常需求，并加强贷后检查和员工经营行为管理。

（资料来源：京华时报，2014 年 5 月 7 日，http://epaper.jinghua.cn/html/2014-05/07/content_87312.htm)

五、个人综合消费贷款期限

个人综合消费贷款最长期限不超过 5 年（含），不得展期。以借款申请人本人的住房或商用房抵押，且确有可靠第一还贷来源的，贷款期限最长可为 10 年（含），但是应同时满足以下条件：

(1) 借款人年龄加贷款年限不得超过 60 年（含）。

(2) 抵押物房龄原则上不超过 20 年。若抵押物为商用房的，房龄加贷款年限不得超过 20 年（含）；抵押物为住房的，房龄加贷款年限不得超过 25 年（含）；对于建筑质量、区域位置特别优良的住房，房龄可适当放宽，房龄与贷款年限之和不得超过 30 年（含），且要适当降低贷款成数。

(3) 贷款期限超过 1 年的，贷款经办行须每年评估一次抵押物，若期间住房市场较为平稳的，可采取内部评估的方法确认抵押物价值。如果该期间房地产市场波动较大，应聘请总行准入的房地产评估机构进行价值评估。前述评估认定结果应及时录入个人信贷管理系统。

六、个人综合消费贷款利率

贷款利率原则上按照中国人民银行规定的同期同档次期限利率执行。如遇中国人民银行调整利率,贷款经办行应按照合同约定的调整时间进行调整。

七、个人综合消费贷款还款方式

个人综合消费贷款期限在 1 年(含)以内的,采用按月还息,按月、按季、按半年或一次还本的还款方式;期限超过 1 年的,采用按月还本付息方式。

第二节　个人综合消费贷款流程

个人综合消费贷款流程为:银行受理审查—银行审批—签署合同—办妥手续—贷款发放—贷后管理。

一、个人综合消费贷款银行受理

(一)申请个人综合消费贷款的借款申请人必须具备的条件

(1) 具有完全民事行为能力的中国公民,年龄在 60 周岁(含)以下,在所在城市有固定住所、有常住户口或有效居住证明。

(2) 有正当的职业和稳定的收入,有按期偿还贷款本息的能力。

(3) 具有良好的还款意愿,在银行及其他金融机构无不良信用记录。

(4) 能提供银行认可的合法、有效、可靠的担保。

(5) 有明确的贷款用途,且贷款用途符合相关规定。

(6) 在贷款经办行开立个人结算账户。

(7) 贷款人规定的其他条件。

(二)申请人申请准备资料

申请人填写个人贷款申请表,并提供如下资料:

(1) 个人贷款申请表(见表 4-1)。

(2) 有效身份证件。

(3) 常住户口证明、有效居住证明或所在城市固定住所证明。

(4) 婚姻状况证明。

(5) 收入证明或个人资产状况证明。

(6) 抵押房屋的房屋所有权证,抵押房屋财产所有人(含法定共有人)的身份证件、婚姻状况证明、同意抵押的书面证明。

(7) 须进行抵押物价值评估的,应提供评估报告;抵押住房免于评估的,应提供符合免于评估条件的相关证明材料，包括交易合同或上一次评估报告等。

（8）贷款用途、使用计划或声明。

（9）贷款人要求提供的其他资料。

表 4-1 个人消费贷款申请表

个人借款申请种类及贷款方式				
□个人住房贷款	□个人再交易住房贷款	□个人商业用房贷款	□信用 □保证 □抵押 □质押	
□个人住房抵押额度贷款	□个人消费额度贷款	□个人小额信用贷款	□抵押加阶段性保证	
□个人汽车贷款	□个人助业贷款		□抵押加全程担保	
□其他			□其他	

申请贷款金额（额度）		大写： 万 仟 佰 拾 元； 小写： 元			
贷款（额度）期限		月	贷款用途		
还款方式	□等额本息 □等额本金 □到期一次还本付息 □按期还息、任意还本 □其他				
委托扣款户名		委托扣款账号	□□□□ □□□□ □□□□ □□□□ □□□		

借款申请人基本资料

姓名		性别	□男 □女	民族		国籍		户籍所在地		
证件种类	□居民身份证 □护照 □港澳居民往来内地通行证 □台胞证 □军人证 □其他									
证件号码	□□□□□□□□□□□□□□□□					出生日期		年 月 日		
婚姻状况	□已婚有子女 □已婚无子女 □未婚 □离婚 □丧偶					健康状况				
学历	□研究生及以上 □大学 □大专 □中专/高中 □初中或以下					职称	□高级 □中级 □初级 □无			
职业	□企事业单位管理人员 □专业技术人员 □商业、服务人员 □私营业主 □军人						执业资格	□是 □否		
	□农、林、牧、渔、水利生产人员 □生产、运输设备操作人员 □不便分类的其他从业人员									
行业	□教育 □金融业 □房地产业 □建筑业 □政府事业单位 □制造业 □采矿业 □信息技术业									
	□批发零售业 □住宿餐饮业 □交通运输、邮政业 □文化、体育和娱乐业 □卫生、社会保障业									
	□农、林、牧、渔业 □电力、燃气及水的生产和供应业 □居民服务和其他服务业 □其他									
居住状况	□自有住房 □贷款购买住房 □与亲属合住 □集体宿舍 □租房 □其他									
租房信息（租房起始时间、地址和月付租金）										
工作单位			单位地址				单位邮编			
进入现单位时间	年 月	从事本行业年限		年	本地居住时间		年	职务		
经济来源	□工资收入 □个体经营收入 □其他收入						供应人数			
本人月收入	元	家庭月收入		元	家庭月支出				元	
家庭总资产	元	家庭总负债		元	家庭对外担保总额				元	
通信地址						邮政编码		□□□□□□		
住宅电话		手机			电子邮箱		@			
单位电话		其他联系人				联系电话				
账单邮寄地址	□住宅地址 □单位地址 □其他地址						邮政编码	□□□□□□		
□是否本行员工 □是否参加养老保险 □是否缴纳公积金	□是否有本行信用卡 □是否参加失业保险 □是否享受住房补贴	□是否有本行定期存单 □是否参加医疗保险 □是否 VIP 客户（总行级/分行级）	□是否在本行证券业务系统开户							

借款申请人配偶资料

姓名		性别	□男 □女	民族		国籍		户籍所在地		

续表

借款人配偶是否为共同借款申请人		□是　　　□否				
证件种类	□居民身份证　□护照　□港澳居民往来内地通行证　□台胞证　□军人证　□其他					
证件号码	□□□□□□□□□□□□□□□□□□		出生日期	年　月　日	健康状况	
学历	□研究生及以上　□大学　□大专　□中专/高中　□初中或以下		职称	□高级　□中级　□初级　□无		
职业	□企事业单位管理人员　□专业技术人员　□商业、服务人员　□私营业主　□军人 □农、林、牧、渔、水利生产人员　□生产、运输设备操作人员　□不便分类的其他从业人员				执业资格	□是 □否
行业						
工作单位		单位地址			单位邮编	
进入现单位时间	年　　月	从事本行业年限	年	本地居住时间	年　职务	
经济来源	□工资收入　□个体经营收入　□其他收入			供应人数		
本人月收入	元	家庭月收入	元	家庭月支出		元
家庭总资产	元	家庭总负债	元	家庭对外担保总额		元
通信地址			邮政编码	□□□□□□		
住宅电话		手机		电子邮箱	@	
单位电话		其他联系人		联系电话		
□是否本行员工　　□是否缴纳公积金　　□是否 VIP 客户（总行级/分行级）						

借款相关人员声明事项

抵押房产信息

小区名称		坐落位置		所在街道	
建筑结构	□框架　□框剪　□砖混　□其他		房屋形式	□期房　□现房	
建筑形式	□高层塔楼　□高层板楼　□小高层板楼　□多层板楼　□独栋别墅　□连排别墅　□其他				
权属性质	□商品房　□经济适用房　□限价房　□商业用房　□别墅　□房改房　□其他				
成交单价	元	建筑面积	m²	成交总价	元　评估总价　元
房屋户型	□二室一厅　□二室二厅　□三室二厅　□四室二厅　□复式结构　□其他				
竣工日期		楼号	栋(座)	房号	
建筑总层数		所在层数		耐用年限	年
房屋朝向	□南北通透　□东西通透　□东南　□西南　□其他	是否临街		□是　　□否	
装修状况	□毛坯房　□简装修　□精装修	设施状况	□齐备　□较齐备　□一般　□不齐备		
平面布置	□好　□较好　□一般　□较差	购房合同编号			

质押信息

出质人（非借款人时填写）信息	姓名		性别	□男　□女	户籍所在地	
	身份证件名称及号码	□□□□□□□□□□□□□□□□□□				
	婚姻状况	□已婚有子女　□已婚无子女　□未婚　□其他				
	手机		家庭电话		单位电话	
	工作单位			电子邮件		
	通信地址			邮政编码		
	个人结算账户账号			开户行		

续表

	名称	户名	币种	账号	金额	起止日期	利率	留印处	密码核实情况	挂失冻结等止付情况
质押权利情况										

合计共折合人民币(大写)： 仟 佰 拾 万 仟 佰 拾 元,核定质押率： ％

1. 基本声明事项:

① 以上内容为本人所填,且完全属实。如资料失实或虚假,本人愿承担相应法律责任。

② 本人承认以上述资料作为向贵行借款的依据,报送的资料复印件可留存贵行作备查凭证。

③ 经贵行审查不符合规定的借款条件而未予受理时,本人无异议。

④ 本人保证在取得银行贷款后,按时足额偿还贷款本息。

⑤ 本人同意××银行将本人信用信息提供给中国人民银行个人信用信息基础数据库及信贷征信主管部门批准建立的其他个人信用数据库。并同意××银行向上述个人信用数据库或有关单位、部门及个人查询本人的信用状况,查询获得的信用报告限用于中国人民银行颁布的《个人信用信息基础数据库管理暂行办法》规定用途范围内。

2. 对申请办理个人助业贷款的:

①.本人承诺本人的个人结算业务通过××银行办理;本人经营的企业在建设银行开立主要结算账户,主要结算业务通过××银行办理。

②.本人同意××银行将本人所经营实体信用信息提供给中国人民银行企业信用信息基础数据库及信贷征信主管部门批准建立的其他企业信用数据库。并同意××银行向上述企业信用数据库或有关单位、部门及个人查询企业的信用状况,查询获得的信用报告限用于中国人民银行颁布的《企业信用信息基础数据库管理暂行办法》规定用途范围内。

③ 本人保证不存在:有黄、赌、毒等不良行为的;有制假、贩假等不法行为或从事国家限制、禁止经营行为的;经营亏损、资不抵债,欲用贷款偿还其他债务的;不守信用,隐瞒重要事实,向银行提供虚假情况的;其他不宜发放贷款的情形。

3. 对保证人为法人的:本公司同意对借款人的本次借款提供连带责任保证,且担保行为符合《公司法》等有关法律及公司章程(合伙协议)的规定。

4. 对保证人为自然人的:本人同意对借款人本次借款提供连带责任保证。

5. 对抵(质)押人:本人同意用本申请书所列的抵(质)押物抵(质)押。

6. 对以房产或汽车作为抵押物的:

① 本人同意配合××银行办理抵押财产的抵押登记手续,并自愿将相关抵押登记证书原件交××银行保管;

② 对以房产抵押的,本人所购房的开发商在为本人办理房地产权证的过程中,本人同意××银行将抵押房产的房屋买卖合同及其他资料交予开发商为本人办理房地产权证;

③ 抵押财产需要履行评估手续的,本人同意由××银行指定的评估机构评估,并将估价报告交××银行保管;

④ 借款人如不能按时归还贷款,本人同意××银行依法处置抵押物,以归还××银行贷款本息,所需费用全部由本人承担。

主申请人签名:	年 月 日	
配偶:	年 月 日	
共同申请人签名:	年 月 日	
配偶:	年 月 日	
抵押人签名:	年 月 日	
配偶:	年 月 日	
质押人签名:	年 月 日	
保证人签名:	年 月 日	

续表

以下为申办个人电子渠道类产品时填写	
（请在本次申请开通的业务前画勾）	□手机银行　　□短信通　　□网上银行　　□电话银行 关联卡号：□暂无关联卡号

声明事项：

1. 以上内容为本人填写，且完全属实。

2. 本人承认以上述资料作为向贵行申办个人电子渠道类产品的依据。报送的资料复印件可留存贵行作备查凭证。

3. 本人已仔细阅读《中国××银行股份有限公司电子银行个人客户服务协议》等文件，对有关服务的收费，本人同意贵行有权依据国家有关规定及业务需要对服务内容、收费项目和标准等内容进行调整，并同意该项调整将于正式对外公告一定时期后执行，无须另行通知本人；本人有权在贵行公告期间选择是否继续使用相关服务，如果本人不愿接受贵行公告内容的，应在贵行公告施行前向贵行申请变更或终止相关服务。

申请人签字：　　　　　年　　月　　日

推荐客户经理签字：　　　　所属机构：　　　　　年　　月　　日

二、个人综合消费贷款调查

调查人在收妥申请资料后，要查询中国人民银行个人信用信息基础数据库等信息，了解借款申请人资信状况；要查询银行个人信贷管理系统，了解借款申请人及配偶曾在银行的贷款记录；要与借款申请人进行双人见客谈话；要对抵押物进行双人实地调查。调查要点包括：

（1）借款申请人所提供的资料是否真实、合法、有效。

（2）借款申请人资信状况是否良好。

（3）借款申请人的身份、职业、收入是否真实，是否具备按时足额偿还贷款本息的能力。

（4）贷款用途是否真实、明确、合理，是否符合借款人的收入水平、消费习惯。

（5）抵押物是否真实，价值是否合理，是否易于变现。

（6）抵押物需要评估的，是否按规定进行了抵押物价值评估；抵押住房免于评估的，证明符合免于评估条件的相关材料是否真实。

（7）抵押物财产所有人（含法定共有人）的身份是否真实，是否出具了同意抵押的书面证明（若已在谈话备忘录中明确签字同意抵押的，无须另外提供）。

（8）贷款是否存在假按揭的嫌疑。

调查人根据调查情况，就贷与不贷、贷款金额、期限、利率和成数等事项，在申请审批表上分别签署调查意见。对调查人同意的，应整理贷款资料清单，将贷款资料提交贷款经办行行长进行调查审核；调查人不同意的，应通知借款申请人取回相关资料。

三、个人综合消费贷款调查审核

个人综合消费贷款调查审核由贷款经办行个贷业务负责人负责。调查审核人对贷款资料的真实性负调查审核责任。调查审核人在收到贷款资料后，要对贷款资料及调查意见进行审核。

调查审核人根据审核情况，在申请审批表中就贷与不贷、贷款金额、期限、成数和利率等事项签署审核意见，审核同意的，将贷款资料交贷款经办行综合管理人员报分行信贷管理部。

个人综合消费贷款担保方式包括抵押、质押和保证，担保方式可以单独使用，也可以组合使用。贷款用途为教育支出和医疗的，担保方式限于抵押和质押。采取抵押方式的，抵押物须为借款申请人本人或第三人（限自然人）名下的拥有房屋所有权证的住房或商用房。禁止以商场的分割销售摊位、酒店式公寓及其他存在产权纠纷、不易变现的房产作抵押。

四、贷款审查审批

个人综合消费贷款的审查由分行信贷管理部审查人负责。审查人对贷款资料的完整性和合规性负审查责任。审查人要对贷款资料进行审查，并电话核实借款申请人的借款行为和贷款用途。

审查人在申请审批表上就贷与不贷、贷款金额、期限、成数和利率等事项签署审查意见。审查同意的，报审批人审批；审查不同意的，应将相关资料退回至经办行调查人。

个人综合消费贷款的审批由分行信贷管理部审批人或者其他有权审批人负责。审批人在授权范围内对贷款资料进行审批，审批人对贷款决策负审批责任。

五、贷款发放与核算

经信贷管理部审批同意的贷款，贷款经办行综合管理人员将贷款资料送贷款经办行有权签约人。贷款经办行有权签约人依据审批意见，与借款合同和借据载明的要素核对一致，签署借款合同，将贷款资料交贷款经办行综合管理人员办理抵押登记手续。

贷款经办行综合管理人员按规定落实贷款抵押后，将贷款资料和抵押落实证明材料提交贷款经办行负责人。贷款经办行负责人应根据审批意见的落实情况、担保落实情况的证明材料对贷款进行审核，并结合本行经营情况，决定经审批同意的贷款最终是否发放，在个人信贷管理系统中签署签批意见。

贷款经办行综合管理人员在审批通过后，要电话通知借款申请人，由会计人员向合同中约定的账户发放贷款，并打印放款凭证。

综 合 实 训

一、单项选择题

1. （   ）是指向借款申请人发放的用于指定消费用途的人民币担保贷款。

    A. 个人综合消费贷款   B. 个人汽车贷款

　　C. 个人住房贷款　　　　　　　　　　D. 信用卡业务

　　2. 个人申请个人综合消费贷款,以个人住房抵押的,贷款额度最高不超过抵押物价值的( )。

　　A. 60%　　　　　B. 70%　　　　　C. 80%　　　　　D. 90%

　　3. 个人申请个人综合消费贷款,以个人商用房抵押的,贷款额度最高不超过抵押物价值的( )。

　　A. 60%　　　　　B. 70%　　　　　C. 80%　　　　　D. 90%

　　4. 个人申请个人综合消费贷款,以质押方式担保的,贷款额度最高不超过质押物价值的( )。

　　A. 60%　　　　　B. 70%　　　　　C. 80%　　　　　D. 90%

二、多项选择题

　　1. 个人综合消费贷款用途包括但不限于( )等消费用途。

　　A. 住房装修　　　　　　　　　　B. 教育支出

　　C. 购置耐用消费品　　　　　　　D. 购房

　　2. 个人综合消费贷款期限在 1 年(含)以内的,采用( )还款方式。

　　A. 月　　　　　B. 半年　　　　　C. 一次还本　　　　　D. 以上都对

三、判断题

　　1. 个人综合消费贷款禁止用于购房,且不得以任何形式流入证券市场、期货市场和用于股本权益性投资、房地产项目开发,以及用于其他国家法律、法规明确禁止的用途。( )

　　2. 个人综合消费贷款最长期限不超过 5 年(含),可以展期。( )

　　3. 借款人年龄加贷款年限不得超过 65 年(含)。( )

四、实训课堂

实训内容：资料搜集与分析。

实训过程：

1. 学生分小组,登录各个银行网站。

银行网站参考：中国工商银行网站、中国银行网站、中国农业银行网站、中国建设银行网站、交通银行网站、北京银行网站、华夏银行网站、光大银行网站、招商银行网站、上海浦发银行网站等。

2. 资料搜集：每个小组登录至少三家银行网站,查询这些银行都有哪些个人综合消费贷款业务,主推的个人综合消费贷款业务是什么,办理条件、办理流程以及与其他银行相比业务特色是什么。

3. 小组 PPT 展示。

实训考核：

1. 展示状态,对业务的熟悉程度。

2. 资料搜集能力。

3. 资料分析能力。

其他个人贷款

1. 了解其他个人消费贷款包括的业务品种。
2. 掌握个人信用贷款及个人质押贷款的概念。
3. 理解个人信用贷款及个人质押贷款的特点及产品要素。

技能要求

1. 能准确熟练地根据客户需要介绍个人信用贷款及个人质押贷款。
2. 熟练掌握个人信用贷款及个人质押贷款办理手续及办理流程。

引例

用钱不"伤"收益　银行质押贷款解燃眉急

购买了理财产品没到期,又急需用钱怎么办? 如果提前终止或赎回将支付违约金,最好的办法就是将理财产品质押贷款。只要以符合贷款银行要求的个人理财产品的受益权作为质押物,均可在贷款银行办理人民币贷款业务。

个人质押贷款是指以未到期的金融产品作质押,从银行取得贷款,到期归还贷款本息的一种存贷结合业务。金融产品包括本人或他人的银行定期存单、国债以及人寿保险单。

虽然理财产品质押贷款是应急的好办法,但在办理业务之前,应把质押贷款的适用性、质押比例、利率、期限、还款方式等细节了解清楚。若想用贷款资金进行再投资,还要算好贷款成本和产品收益率之间的差异,如果理财产品质押贷款期限过长将得不偿失。

(资料来源:中国经济网,2014 年 3 月 21 日,http://finance.ce.cn/rolling/201403/21/t20140321_2523573.shtml)

第一节　个人信用贷款

一、个人信用贷款的概念

个人信用贷款是指贷款人向资信良好的特定借款人发放的无担保的人民币贷款(不含信用卡透支)。

专栏 5-1

个人信用记录

个人信用记录是征信机构出具的记录个人过去信用信息的文件，是个人的"经济身份证"，它可以帮助客户的交易伙伴了解客户的信用状况，方便客户达成经济金融交易。

如果个人信用状况良好，在商业银行办理贷款时，可以带来很多便利和优惠。

首先是可以节省商业银行的审贷时间，个人能更快地获得贷款。其次，在贷款利率、期限、金额等方面也可能会得到优惠，比如，可以享受商业银行的优惠利率贷款，贷款期限可能更长些、金额可能更大些。如果个人的信用状况非常好且其他条件也符合要求，商业银行甚至有可能给个人发放不需要抵押或担保的个人信用贷款。

（资料来源：中国人民银行网站，http://www.pbc.gov.cn/#）

二、个人信用贷款的贷款对象

申请个人信用贷款的借款人需具备下列基本条件：

（1）在贷款经办行所属地有固定住所且具有完全民事行为能力的中国公民，年龄在 18（含）至 60 周岁（含）之间。

（2）具有合法有效的身份证明及贷款经办行所在地户籍证明（或有效居留证明）。

（3）有正当且有稳定经济收入的良好职业，具有按期偿还贷款本息的能力。

（4）具有良好的信用记录和还款意愿，无任何违法行为及违约、不良的信用记录。

（5）在贷款经办行开立的个人结算账户。

（6）贷款人规定的其他条件。

相关链接 5-1

银行力推个人信用贷款

没有房产可以抵押，没有第三方担保，还能从银行拿到贷款吗？能，不过你需要良好的信用记录和稳定的收入。在信贷不断紧缩和楼市调控背景下，不少银行开始把注意力从个人住房贷款转移到个人信用贷款领域，平安银行、宁波银行、杭州银行和渣打银行都在大力吆喝各自的个人信用贷款产品。不过，在央行几次加息后，个人信用贷款产品的利率也随之大幅上涨。

门槛：良好的信用和稳定的收入。

市场上的个人信用贷款多为中小银行和外资行推出，无须任何抵押和担保，但借款人需要有良好的信用记录和稳定的收入。事实上，此前的个人信用贷款多为工行等国有大银行推出，不过只针对公务员等特殊客户，随着越来越多银行的加入，借款人的门槛也越来越低。

如平安银行的"新一贷"只对拥有稳定收入的人士发放，以其每月工资收入作为贷款金额判断依据,该业务的申请人年龄在 25～55 周岁,在现工作单位工作满 6 个月,近半年月平均税后收入不低于 3 600 元。宁波银行的"白领通"主要针对具有稳定的职业和较高的经济收入人士。

外资行的信用贷款申请门槛更低,渣打银行的"现贷派"对客户的年龄范围放宽至 20～60 周岁,现任工作满 3 个月即可,税前月收入不低于 3 000 元。

(资料来源:百度百科,http://baike.baidu.com)

三、个人信用贷款的要素

(一) 个人信用贷款额度

个人信用贷款的贷款额度最低为 1 万元人民币,原则上不超过总行年度授权额度。超过年度授权额度的,须报总行审批。

若申请人股票、股票型基金、公司股权价值累计额超过其所提供个人自有资产证明价值的 50%,应从严掌握贷款额度和期限。

(二) 个人信用贷款期限

个人信用贷款期限一般为 1 年(含),最长不超过 3 年。个人信用贷款不得办理展期。

(三) 个人信用贷款利率

个人信用贷款的利率按照中国人民银行规定的同期同档次期限基准利率适当上浮执行。

(四) 个人信用贷款还款方式

个人信用贷款期限在 1 年(含)以内的采取按月付息,按月、按季或一次还本的还款方式。

贷款期限超过 1 年的,采取按月等额本金或按月等额本息的还款方式。

专栏 5-2

个人信用报告的内容

个人信用报告反映的信息首先是告诉商业银行"您是谁",即个人基本信息,包括个人身份信息、居住信息、职业信息等。提醒您在办理银行业务时,准确填写个人基本信息,及时更新您的基本信息,以便商业银行对您做出快速、准确的判断。

个人信用报告是为了告诉商业银行您的信用历史。包括个人贷款信息(贷款金额、贷款期限、还款记录等),信用卡信息(信用额度、还款记录等),为他人贷款担保的信息(担保金额、被担保人实际贷款余额等)。

个人信用报告还包括查询记录,即哪些机构于何时进行过查询。

随着该数据库建设的推进,个人信用报告还将采集其他领域与个人信用相关的信息,例如社保、住房公积金、法院民事判决、欠税以及水、电、燃气、电话等公共事业缴费欠费等信息。

四、个人信用贷款的流程

(一)贷款申请

贷款经办行受理借款人贷款申请时,须调查借款人以下资料:

(1)个人信用贷款申请文本(见表 5-1);

表 5-1　个人信用贷款申请表

填写说明

1. 本申请表适用于持有二代身份证的中国公民;
2. 申请金额为借款人能获得贷款的最高金额,我行有权根据客户资质降低贷款金额,以最终审批金额为准;
3. 本申请表所填写的各项信息是能否获批贷款及核定金额的重要依据,务必仔细、严谨、如实填写。

借款人信息

姓名		性别 □男 □女	婚姻状况	□未婚 □已婚 □离婚 □丧偶	出生日期				年		月		日
教育程度	□博士及以上 □硕士 □本科 □大专 □高中/中专 □初中及以下		身份证号										
单位名称		部门		单位性质 □事业/机关□国有□私营□股份 □个体□军/警□其他									
职务名称		职务类型□普通员工或科员 □科室负责人或科级 □部门负责人或处级 □单位负责人或局级及以上											
雇佣类型 □自雇 □受薪		自雇人士填写: 企业成立年限　年		现单位工作年限　年									
月收入　元		有无本地房产　□有　□无		居住状况 □自建 □自购无按揭 □按揭 □租用 □亲属住房 □单位住房									
电子邮箱　　@			户口所在地:□本地 □非本地 户籍地:省/直辖市市区/县										
居住地址　省/直辖市　市													
单位地址　省/直辖市　市													
手机		家庭固话　国际区号　区号号码		单位固话国际区号　区号号码分机									

联系人信息(不承担贷款相关责任)

亲属联系人姓名	是您的□配偶□父母□子女□其他	手机	宅电　区号	号码
其他联系人姓名	是您的□朋友□同学□同事□其他	手机	宅电　区号	号码

续表

贷款事项

申请金额(人民币)元	贷款期限	□12月 □24月 □36月 □48月 □60月	利率调整方式	□固定 □按月 □按季 □按年
还款方式 □按月等额 □气球贷按月等额 □按月付息,到期还本			选择气球贷请填写: 期供计算期 月	
贷款用途:□购车 □购车位 □装修 □婚庆 □留学 □进修 □旅游 □高尔夫会籍 □整形美容 □购车+车牌 □经营 □购车牌			平安守护:□意外身故+疾病 身故保障	

账户管理授权信息:支付方式:□自主支付 □受托支付 □定向支付

注:1. 无论选择何种支付方式,均须填写收款账户信息;2. 选择定向支付方式的,最多可填写5个收款账户。

账户授权	授权平安银行发放贷款时,直接将款项划转到指定划款账户,并按期从指定还款账户扣除所欠贵行每期还款,直到本笔贷款清偿为止;因该账户余额不足、冻结、失效等原因扣款失败引起的损失由本人承担。					
	还款账户开户行	户名	卡号			
	收款账户开户行	户名	卡/账号			
	收款账户开户行	户名	卡/账号			
账户授权	收款账户开户行	户名	卡/账号			
	收款账户开户行	户名	卡/账号			
	收款账户开户行	户名	卡/账号			

信用卡申请

请选择您希望办理的信用卡卡种: 平安标准金卡 平安白金至尊卡(单币) 平安白金至尊卡(双币)	是否有他行信用卡:□有 □无 车产情况_____ 车牌号码_____ 信用卡活动代码_____	最高额度¥_____元 车价_____万(RMB) 购车时间_____年 卡/账单邮寄地址	发卡银行_____ 品牌_____ 拼音/英文姓名_____ □1. 住宅地址 □2. 单位地址

1. 《平安银行信用卡领用合约》(含计结息规则等)、收费标准(含年费/滞纳金/超限费收取方式等)、所需基本申请条件和基本申请材料等是您权利义务的重要依据,请您认真阅读并签字,您在本申请表上的签字视为对上述内容的确认;
2. 请妥善保管您的卡片及个人信息,我行信用卡默认交易无须凭密码,若您希望凭密码交易,请您收到卡片后致电我行信用卡24小时客服热线95511转2设置ATM/CRM(取现、查询等)密码、消费交易密码等;
3. 温馨提示:请珍惜个人信用记录,合法使用信用卡,任何非法用卡行为可能承担民事、行政或刑事责任。

告知、授权及声明

征信授权	本人同意并授权贵行有权依照中国人民银行《个人信用信息基础数据库管理暂行办法》等相关法律、法规的规定,将本人个人信用信息报送中国人民银行个人信用信息基础数据库和经中国人民银行批准设立的征信机构,并同意上述法律法规规定的有权使用人可依据规定的范围,查询、使用本人包括社保信息在内的信用报告。

续表

用途声明	本人向贵行申请个人贷款,所申报的贷款用途真实,并承诺不得用于以下目的和用途: 1. 贷款资金不得以任何形式进入证券市场,或用于股本权益性投资; 2. 贷款资金不得用于国家明令禁止或限制的经营活动; 3. 贷款资金不得用于房地产项目开发。
借款事项声明	1. 同意以此申请表及其他所附资料作为向贵行借款的依据,承诺所提供的各项资料属实,如资料失实或虚假,本人愿意承担相应的法律责任。本人已详细阅读并接受《平安银行信用卡领用合约》。 2. 同意贵行收集、处理、应用及保留本人个人资料,无论本次贷款申请被批准或者否决,所有申请资料均留存贵行,不予退回但予以保密。 3. 同意贵行在核定贷款金额和期限与申请表中请求一致时直接发放贷款,不必另行通知本人,当核定金额低于申请金额时,通过电话方式与本人沟通确认贷款金额和期限后直接放款。 4. 同意贵行在获悉本人联系方式已变更时,可直接更改相关联系信息,无须另行通知。 5. 理解平安集团作为综合金融集团、平安银行作为平安集团成员为客户提供优质综合金融服务的意愿,愿意接受平安集团提供的综合金融服务。 6. 本人同意提供给平安集团(指中国平安保险(集团)股份有限公司及其直接或间接控股的公司)的信息,及本人享受平安集团金融服务产生的信息(包括本单证签署之前提供和产生的),可用于平安集团及因服务必要而委托的第三方为本人提供服务及推荐产品,法律禁止的除外。平安集团及其委托的第三方对上述信息负有保密义务。本条款自本单证签署时生效,具有独立法律效力,不受合同成立与否及效力状态变化的影响。 7. 经贵行审查不符合贵行借款条件而未予受理时,本人无异议。 8. 如贵行要求提供贷款资金使用凭证,本人同意在贵行要求的时间内提交,并愿意承担未及时提交的所有罚则,包括加收 50% 罚息及提前收回贷款(同时承担合同约定的提前还款违约金)。

请信用卡申请人抄录以下内容:"本人已阅读全部申请材料,充分了解并清楚知晓该信用卡产品的相关信息,愿意遵守领用合约的各项规则。"

(未签名本信用卡申请无效,签名请与身份证明文件上的姓名一致。如您不同意上述授权声明之部分或全部,可在卡片核发后致电客服热线 95511 修改)

借款人签名　　　年　　月　　日

特别事项说明栏

备注:

以下为非客户填写事项

贷款品种/代码	贷款方案名称/编码:	其他编码:	贷款用途性质 □消费　□经营
主动授信类型/编码:	客户类型/编码:	渠道单位名称/编码:	
附件材料(多选)	□身份证复印件　□居住地证明　□工作证明　□收入证明　□银行流水 □贷款用途证明　□新一贷客户初评表		
行业名称/代码　　　　/		借款人职业名称/代码　　　　　/	

续表

调查意见： 1. 本人确认所有借款当事人在申请书上的签字均为其本人亲笔签署。本人确认申请资料真实有效，如有不实见证或报告，本人愿承担相应法律责任。 2. 本人已对借款人及相关关联人进行尽职调查，并就贷款申请内容和相关情况的真实性、准确性、完整性进行调查核实，同时与其进行了面谈。								
支持经理签名(正楷)/UM		年	月	日	支持经理签名(正楷)/UM	年	月	日
					扫描人签名(正楷)/UM	年	月	日

（2）借款人及配偶的有效身份证件、婚姻状况证明（结婚证、离婚证或未婚声明等）；

（3）户籍证明（户口簿或其他有效居住证明）；

（4）个人职业证明；

（5）借款人本人及其配偶的收入证明；

（6）中国人民银行征信系统查询授权委托书；

（7）最高学历或学位证书、专业技术资格证书、执业资格证书等证明材料；

（8）个人拥有的各类金融资产如银行存款、债券和基金等凭证、个人（或配偶）名下房产所有权证等；

（9）借款人提供明确的贷款用途证明材料，包括但不限于购买商品的发票，购销合同、交易凭证、协议或借款人保证并说明其合法用途的个人声明等；

（10）如有第三方自然人作为贷款保证人，应按照贷款人的要求提供保证人相关资料；

（11）贷款人要求的其他资料。

🕊️**小贴士**

对于能够提供贷款用途证明的，贷款申请人需要提供相关资料证明。比如申请贷款的用途是购买汽车，那么需要提供购车合同或购车发票等材料；若贷款准备用于装修，则需要向银行出具装修合同。

如果贷款无法在申请时提供贷款用途证明，一般情况下借款人需要写清贷款用途声明。向银行出具贷款用途声明，一方面是银行为了规避借款人在贷款后可能产生的法律风险，另一方面也是对贷款申请人对贷款的合法用途给予一定的约束，并不会对今后的贷款利率和还款等方面产生影响。

（二）个人信用贷款调查

贷款经办行应由双人调查核实借款人所提供资料的真实性。调查人在收妥申请资料后，需调查借款人所提供的资料是否真实、合法和有效；与借款人进行见客谈话，判断借款申请是否自愿属实、告知借款人须承担的义务与违约后果，并根据业务需求到借款人单位或居住地上门调查核实。调查要点包括：

（1）借款申请人所提供的资料是否真实、合法、有效，通过面谈了解借款人贷款申请是否自愿、属实。

（2）核实借款人在银行存、贷款情况，综合考察借款人对银行贡献度。

（3）通过查询人民银行个人信用信息基础数据库了解借款人资信状况是否良好、是否具有良好的还款意愿。

（4）借款人及其家庭成员收入来源是否稳定，是否具备按时偿还贷款本息的能力。

（5）贷款用途是否符合国家法律、法规及有关政策规定。贷款不得违反国家有关规定用于证券市场、期货市场和用于股本权益性投资。

调查人根据调查情况，就贷与不贷、贷款金额、期限、利率等事项，在申请审批报表上签署调查意见，对调查人同意的，提交调查审核人审核；对不符合贷款调查条件的，退回借款申请人。

专栏 5-3

个人信用报告如何影响个人信用活动

个人信用报告对个人最大的好处就是为个人积累信用财富，方便个人办理信贷业务。目前，个人在申请银行贷款、信用卡等业务时，为证明自身的信用状况，需要花费较长时间，提供很多材料、办理很多证明，费时费力，还需抵押担保，很多情况下可能因某种原因而得不到贷款。

拥有个人信用报告以后，相当于建立了一个个人的信用档案，每一次按时向银行偿还贷款和信用卡透支额，每一次按时支付水、电、燃气、电话费等，都将记录在信用报告中，为您积累信用记录。信用记录是一笔无形的财富，可以用作向银行借款的信誉抵押品，为个人方便、快捷地办理贷款、信用卡等业务提供帮助。

（三）个人信用贷款调查审核

调查审核由贷款经办行个人贷款业务负责人负责，调查审核人对申请资料的真实性负调查审核责任。调查审核人要通过电话访谈、客户面谈或者现场核实等方式，对申请资料及调查意见进行审核，并在申请审批表中就授信额度、贷与不贷、贷款金额、期限、利率等事项签署调查审核意见，此后提交审查人员审批。对调查审核人不同意的，应及时通知借款申请人取回相关资料。

（四）贷款审查审批

审查人需对贷款资料进行审查，分析贷款风险因素和风险程度，判断是否存在虚假贷款嫌疑，审查调查人调查意见是否客观。审查人应在申请审批表签署审查意见后，报审批人审批。

个人信用贷款审批工作由各分行信贷管理部负责，超过审批权限的，由信贷管理部逐级上报审批。审批人对贷款决策负审批责任，审批人在审核调查、审查意见的基础上，综合判断贷款风险状况，就贷与不贷、贷款金额、期限和利率等事项提出审批意见。

（五）贷款发放与核算

审批同意发放的贷款，经核对借款合同和借据载明的要素一致无误后，签订借款合同、借据及放款单据。贷款经办行客户经理应在借款合同和借据签署生效后，通知借款人，交由会计人员向借据载明的贷款账户发放贷款。

个人信用贷款资金原则上要求采用受托支付方式向借款人交易对象支付，贷款人应要求借款人在使用贷款时提出支付申请，并就交易对象名称、账户、用款用途具体事项等在借款合同中进行明确的约定，并授权贷款人按合同约定方式支付贷款资金。

（六）个人信用贷款的管理

个人信用贷款的日常检查工作由经办支行负责。经办支行调查岗应按季核实借款人家庭、职业、财产及还款能力的变化情况。如发生了拖欠贷款本息的情况或出现了贷款风险，应及时采取化解措施。

个人信用贷款出现以下情形之一的，经办支行应立即通过增加银行认可的抵质押物、优化贷款担保条件来转化贷款，降低贷款风险，或依法追回贷款。

（1）借款人收入情况发生变化，对其还款能力产生重大影响；

（2）借款人拒绝或阻挠经办支行对其收支情况及贷款使用情况进行监督检查；

（3）借款人将贷款用于国家法律和金融法规明确禁止的项目；

（4）借款人提供虚假文件、资料或其他虚假信息，危害本行信贷资金安全；

（5）借款人连续两期未归还贷款利息；

（6）借款人发生影响其偿债能力的事件（如涉入诉讼、仲裁或其他行政、法律纠纷）或缺乏偿债诚意；

（7）借款人死亡、失踪或丧失民事行为能力；

（8）其他本行认为可能损害信贷资金安全的情况。

第二节　个人质押贷款

一、个人质押贷款的概念

个人质押贷款是指借款人以其合法有效无产权争议的、符合贷款人规定条件的质物出质，向贷款人申请取得的人民币贷款，并按期偿还贷款本息的一种存贷结合业务。

借款人可将贷款用于一切个人合法消费支出，如购车、家居装修、度假旅游、教育助学、购买大额耐用消费品以及用于其他合法经营的资金周转需求。不得用于购买住房或无指定用途的个人支出，借款人须承诺贷款不以任何形式流入证券市场、期货市场或用于股本权益性投资、房地产项目开发，不得用于借贷牟取非法收入，以及其他国家法律、法规明确规定不得经营的项目。

✎ **专栏 5-4**

质 物 范 围

按照《物权法》第二百二十三条规定,可作为个人质押贷款的质物主要有:

(1) 汇票、支票、本票;

(2) 债券、存款单;

(3) 仓单、提单;

(4) 可以转让的基金份额、股权;

(5) 可以转让的注册商标专用权、专利权、著作权等知识产权中的财产权;

(6) 应收账款;

(7) 法律、行政法规规定可以出质的其他财产权利。

二、个人质押贷款的要素

(一) 贷款对象

个人质押贷款的对象应满足以下两个条件:

(1) 在中国境内居住,具有完全民事行为能力的自然人;

(2) 提供银行认可的有效质物作质押担保。

(二) 个人质押贷款额度

各个银行规定有所不同,下面是某银行对于质押贷款额度的相关规定:

(1) 个人质押贷款的贷款额度为单笔最低 5000 元人民币(含)。

(2) 以人民币存款、国债质押的,贷款额度最高不得超过质物面额的 90%。

(3) 以外币存款贷款额度最高不得超过质物面额现金价值的 80%(外币存款、个人外汇资金按当日公布的外汇现钞银行买入价折算)。

(4) 以多张或多个质物质押的,质押率应分别执行相应规定。

(三) 个人质押贷款期限

个人质押贷款期限不得超过质押品的到期日。若为多张质押品,以距离到期日最近的时间确定贷款期限,且最长不得超过一年。

个人质押贷款不得办理贷款展期。

(四) 个人质押贷款的利率

个人质押贷款的利率按照中国人民银行规定的同档次贷款基准利率执行。贷款期限不足 6 个月的,按 6 个月贷款利率计息;贷款期限在 6 个月以上的,按一年期贷款利率计息。

(五) 个人质押贷款还款方式

个人质押贷款可采用按月付息到期一次还本的还款方式,也可采用分期还本付息方式。

三、个人质押贷款的流程

（一）个人质押贷款受理

借款人申请贷款时，须提供以下资料：

（1）个人贷款申请表。

（2）本人有效身份证件及复印件；以第三人质物质押的，还需提供第三人有效身份证件。

（3）借款人居住地址证明（户口簿或其他有效居留身份证件）。

（4）贷款人认可的作为质押品的出质物单据原件；以第三方出质物质押的还需提供第三方同意质押的书面授权书；质物为共有财产的，需提供财产共有人同意质押的书面证明。

（5）借款人持有的质押品预留印鉴或密码（如有）。

（6）借款人职业证明及收入来源证明材料。

（7）借款人贷款用途证明文件。

（8）有贷款经办行开立的个人结算账户。

（9）贷款人要求提供的其他证明文件或资料。

（二）个人质押贷款调查

贷款调查实行双人调查、双人见客谈话、双人核实质物、双人见证签字、相互监督、共同负责。贷款经办行客户经理要对借款申请人的资信状况、家庭情况、质物以及出质人情况进行调查核实。

调查人根据调查情况，就贷与不贷、贷款金额、期限和利率等事项，在申请审批表上签署调查意见，调查人同意的，提交调查审核人审核；不符合贷款调查条件的，将贷款资料退回借款申请人。

（三）个人质押贷款调查审核

调查审核人要通过电话访谈、客户面谈或者现场核实等方式，对申请资料及调查意见进行审核，并在申请审批表中就授信额度、贷与不贷、贷款金额、期限、利率等事项签署调查审核意见，此后提交审查人员审批。对调查审核人不同意的，应及时通知借款申请人取回相关资料。

（四）贷款审查审批

审查人需对贷款资料进行审查，分析贷款风险因素和风险程度，判断是否存在虚假贷款嫌疑，审查调查人调查意见是否客观。审查人应在申请审批表签署审查意见后，报审批人审批。审批人在审核调查、审查意见的基础上，综合判断贷款风险状况，就贷与不贷、贷款金额、期限和利率等事项提出审批意见。

（五）贷款发放与核算

审批同意的贷款,有权签约人应根据审批意见,对借款合同载明的要素核对一致后,与借款人签订借款合同,需担保的应同时签订担保合同。经办行负责人应根据审批意见的落实情况、担保落实情况的证明材料对贷款进行审核,并结合经营情况,决定经审批同意的贷款最终是否发放,在个人信贷管理系统中签署签批意见。

个人质押贷款资金原则上要求采用受托支付方式向借款人交易对象支付,贷款人应要求借款人在使用贷款时提出支付申请,并就交易对象名称、账户、用款用途具体事项等在借款合同中进行明确的约定,并授权贷款人按合同约定方式支付贷款资金。

第三节　个人抵押贷款

一、个人抵押贷款的概念

个人抵押贷款是指按《中华人民共和国物权法》的规定,以借款人或第三人的财产作为抵押物向自然人发放的贷款。

专栏 5-5

《担保法》对抵押贷款中的财产解释

抵押贷款在各商业银行都很普通,都是以借款人财产作为第二还款来源抵押给银行,当借款人不能履行还款义务时,贷款银行有权依法以该抵押物折价或拍卖的价款优先偿还债务。

根据《中华人民共和国担保法》第三十四条规定,下列财产可以抵押:

(1) 抵押人所有的房屋和其他地上定着物;

(2) 抵押人所有的机器、交通运输工具和其他财产;

(3) 抵押人依法有权处分的国有土地使用权、房屋和其他地上定着物;

(4) 抵押人依法有权处分的国有机器、交通运输工具和其他财产;

(5) 抵押人依法承包并经承包方同意抵押的荒山、荒沟、荒丘、荒滩等荒地的土地使用权;

(6) 依法可以抵押的其他财产。

《担保法》进一步地保障了抵押贷款的正确操作,避免抵押物的模糊不清。

小贴士

抵押是指债务人在法律上把财产所有权转让给债权人,但债权人并不占有财产,以财产担保的债务经抵押贷款偿还,财产所有权的转让即告结束。

设置抵押的目的,主要是保障债权人在债务中不履行债务时有优先受偿的权利,而这一优先受偿权是以设置抵押的实物形态变现值来实现的,所以抵押是以抵押人所有的实物形态为抵押主体,以不转移所有权和使用权为方式作为债务担保的一种法律保障行为。

借款人在法律上把自己的财产所有权作为抵押而取得的银行贷款称为抵押贷款。

二、个人抵押贷款的要素

（一）个人抵押贷款金额

（1）商品住宅的抵押率最高可达 70%。

（2）写字楼和商铺的抵押率最高可达 60%。

（3）工业厂房的抵押率最高可达 50%。

（4）最长期限可达 30 年；抵押包括商铺、办公楼、住宅、别墅、厂房、仓库等。

（二）个人抵押贷款年限

按揭贷款：新房贷款的贷款期限最长不超过 30 年，二手房不超过 20 年；贷款额度是房屋评估值的 70%；贷款利率按照中国人民银行规定的同期同档次贷款基准利率上下浮动。

房屋抵押贷款条件：房屋的年限在 20 年之内；房屋的面积各银行要求不一；房屋要有较强的变现能力；一般要求为商品房、公寓、商铺、写字楼。贷款利率（含银行变相收取的各项成本）一般为年 9%～12%，放款速度一般为 1～2 个月。

（三）银行抵押贷款利率

2004 年，央行放开了银行贷款利率浮动范围，对银行贷款利率上限不再作限定，下限为 0.9 倍基准利率。不过对信用社贷款利率仍有上限限制，要求信用社贷款利率上限不得高于 2.3 倍基准利率。

🕊 小贴士

2012 年 6 月 8 日中国人民银行决定，自 2012 年 6 月 8 日起下调金融机构人民币存贷款基准利率。金融机构一年期存贷款基准利率分别下调 0.25 个百分点，住房公积金存贷款利率也同步下调。

房产抵押贷款，一般需要通过专业的房地产担保公司来办理，房产抵押贷款已经成为居民个人不动产理财的一个重要手段，通过抵押贷款的方式贷出资金以满足临时的消费需求甚或企业经营需求，以期盘活居民手中持有的不动产，而且在各种融资渠道中，房地产抵押贷款依旧是成本最低的方式之一。

根据国内首家外商独资的房地产担保企业北京安家世行担保有限公司提供的数据，房产抵押贷款中，近三成用于再次购房，其他用途占比较高的依次为：企业经营用途、购车、留学与移民、装修以及购置大宗消费品。

三、个人抵押贷款的流程

（一）个人抵押贷款受理

借款人申请贷款时，须提供以下资料：

（1）借款人的有效身份证、户口簿；

（2）婚姻状况证明，未婚的需提供未婚证、已离婚的需出具法院民事调解书或离婚证（注明离异后未再婚）；

（3）已婚需提供配偶的有效身份证、户口簿及结婚证；

（4）借款人的收入证明（连续半年的工资收入证明或纳税凭证（当地））；

（5）房产的产权证；

（6）担保人（需要提供身份证、户口本、结（未）婚证等）；

（7）第二住所证明（保证一旦拍卖借款人的房子借款人得有地方住）。

小贴士

（1）必须有抵押物才能贷款，而且贷款金额和贷款期间利息总和不能超过抵押物评估价值的1/2；

（2）有长期稳定的足以支付每月贷款本息的收入来源；

（3）担保人；

（4）贷款需要支付律师见证费、抵押登记费、抵押房产的保险费、房产的评估费等。

（二）个人抵押贷款调查

贷款调查实行双人调查、双人见客谈话、双人核实质物、双人见证签字、相互监督、共同负责。贷款经办行客户经理要对借款申请人的资信状况、家庭情况，质物以及出质人情况进行调查核实。

调查人根据调查情况，就贷与不贷、贷款金额、期限和利率等事项，在申请审批表上签署调查意见，调查人同意的，提交调查审核人审核；不符合贷款调查条件的，将贷款资料退回借款申请人。

（三）个人抵押贷款调查审核

调查审核人要通过电话访谈、客户面谈或者现场核实等方式，对申请资料及调查意见进行审核，并在申请审批表中就授信额度、贷与不贷、贷款金额、期限、利率等事项签署调查审核意见，此后提交审查人员审批。对调查审核人不同意的，应及时通知借款申请人取回相关资料。

（四）贷款审查审批

审查人须对贷款资料进行审查，分析贷款风险因素和风险程度，判断是否存在虚假贷款嫌疑，审查调查人调查意见是否客观。审查人应在申请审批表签署审查意见后，报审批人审批。审批人在审核调查、审查意见的基础上，综合判断贷款风险状况，就贷与不贷、贷款金额、期限和利率等事项提出审批意见。

（五）贷款发放与核算

审批同意的贷款，有权签约人应根据审批意见，对个人抵押贷款合同载明的要素核对一致后，与借款人签订个人抵押贷款合同（见图 5-1），需担保的应同时签订担保合同。经办行负责人应根据审批意见的落实情况、担保落实情况的证明材料对贷款进行审核，并结合经营情况,决定经审批同意的贷款最终是否发放,在个人信贷管理系统中签署签批意见。

借款人: ＿＿＿＿＿＿＿＿＿　身份证号码: ＿＿＿＿＿＿＿＿＿(以下简称甲方)

贷款人: ＿＿＿＿＿＿＿＿＿　身份证号码: ＿＿＿＿＿＿＿＿＿(以下简称乙方)

保证人: ＿＿＿＿＿＿＿＿＿　身份证号码: ＿＿＿＿＿＿＿＿＿(以下简称丙方)

甲方因＿＿＿＿＿＿＿＿＿＿＿＿＿＿向乙方申请贷款。三方经协商一致同意,在甲方以其＿＿＿＿＿＿＿＿＿＿(以下简称甲方抵押物),作为贷款抵押物抵押给乙方的条件下,由乙方提供三方商定的贷款额给甲方。在贷款期限内,甲方拥有抵押物的使用权,在甲方还清贷款本息前,乙方拥有抵押物的所有权。为此,特订立本合同。

第一条　贷款内容

1. 贷款总金额:人民＿＿＿＿＿元整。

2. 贷款用途:＿＿＿＿＿＿＿＿＿＿,不得挪作他用,更不得使用贷款进行违法活动。

3. 贷款期限:

贷款期限为:三个月,即自＿＿＿＿年＿＿＿＿月＿＿＿＿日起,至＿＿＿＿年＿＿＿＿月＿＿＿＿日止。

4. 贷款利率:贷款利息按月息二分五厘(2.5%)计算。

5. 贷款的偿还

甲方保证在合同规定的贷款期限内按期主动支付乙方利息。贷款期限届满,甲方返还人民币＿＿＿＿＿元整给乙方,同时结清所有利息。贷款期限内,如乙方提前还清本金,利息自还款日的下一个月终止。届时合同终止。

第二条　抵押物事项

1. 抵押物为＿＿＿＿＿＿＿＿＿＿＿＿＿＿＿＿＿＿＿＿＿＿＿＿＿＿＿＿＿＿＿＿

＿＿＿＿＿＿＿＿＿＿＿＿＿＿＿＿＿＿＿＿＿＿＿＿＿＿＿＿＿＿＿＿＿＿＿＿＿＿＿

2. 抵押期限:两年。自＿＿＿＿年＿＿＿＿月＿＿＿＿日起,至＿＿＿＿年＿＿＿＿月＿＿＿＿日。

第三条　三方的义务

(一)乙方的义务:

1. 对于甲方交来的作为抵押物的各种契据和证件要妥善保管,不得遗失、损毁。

2. 在甲方到期还清贷款后,将抵押的全部契据、证件完整交给甲方。

(二)甲方的义务:

1. 应严格按照合同规定时间主动还本付息。

2. 保证在抵押期间抵押物不受甲方破产、资产分割、转让的影响。如乙方发现甲方抵押物有违反本条款的情节,乙方通知甲方当即改正或可终止本合同贷款,并追偿已贷出的全部贷款本息。

3. 甲方因故意或过失造成抵押物毁损或使抵押物失去抵押作用的,应在15天内向乙方提供新的抵押物,若甲方无法提供新的抵押物或担保时,乙方有权解除本合同,追偿已贷出的贷款本息。

4. 甲方未经乙方同意不得将抵押物出租、出售、转让、再抵押或以其他方式处分。

(三)丙方的义务

丙方为甲方在本合同项下贷款提供连带责任的保证担保,若甲方不能向乙方还贷款本息或因甲方违约而被乙方要求提前清偿贷款本息和费用时,丙方将承担连带的清偿责任,乙方有权依据担保条款直接向丙方追索。

第四条　违约责任

1. 乙方如因本身责任不按合同规定支付贷款,给甲方造成经济上的损失,乙方应负责违约责任。

图 5-1　个人抵押贷款合同

2. 甲方如未按贷款合同规定使用贷款,一经发现,乙方有权提前收回全部贷款,并对挪用贷款部分在原贷款利率的基础上加收100%的罚息。

3. 甲方如不按期付息还本,或有其他违约行为,乙方有权停止贷款,并要求甲方提前归还已贷的本息。乙方有权从甲方在任何银行开立的账户内扣收,并从过期之日起,对逾期贷款部分按贷款利率加收100%的利息。

4. 甲方如不按期付息还本,乙方可就作为抵押物的各种契据和证件做出相应处理,直至甲方还清乙方全部贷款本息为止。

第五条　其他规定

1. 发生下列情况之一时,乙方有权停止发放贷款并立即收回已经发放的贷款:

(1)甲方向乙方提供的情况、报表和各项资料不真实。

(2)甲方与第三者发生诉讼,经法院裁决败诉,偿付赔偿金后,无力向乙方偿付贷款本息。

(3)甲方的资产总额不足抵偿其负债总额。

(4)甲方的保证人违反或失去合同书中规定的条件。

(5)甲方每月_____号前向乙方支付当月贷款利息。

2. 乙方有权检查、监督贷款的使用情况,甲方应向乙方提供有关报表和资料。

3. 甲方或乙方任何一方要求变更合同或本合同中的某一项条款,须在事前以书面形式通知对方,在双方达成协议前,本合同中的各项条款仍然有效。

第六条　争议的解决

本合同在履行中如发生争议,双方应协商解决,协商不成时,双方同意由_____仲裁委员会仲裁(当事人双方不在本合同中约定仲裁机构,事后又没有达成仲裁协议的,可向人民法院起诉)。

本合同一式三份,甲、乙、丙各执一份,自_____起生效,具有同等法律效力。

甲方:_____　　　　　乙方:_____

银行及账号:_____　　　银行及账号:_____

保证人:_____

订立时间:____年____月____日

订立地点_____

图 5-1　(续)

综 合 实 训

一、单项选择题

1. ( )是指贷款人向资信良好的特定借款人发放的无担保的人民币贷款。

A. 个人信用贷款　　　　　　　　B. 个人抵押贷款

C. 个人质押贷款　　　　　　　　D. 个人住房贷款

2. ( )是指借款人以其合法有效无产权争议的、符合贷款人规定条件的质物出质,向贷款人申请取得的人民币贷款,并按期偿还贷款本息的一种存贷结合业务。

A. 个人信用贷款　　　　　　　　B. 个人质押贷款

C. 个人抵押贷款　　　　　　　　D. 个人保证贷款

3. 若为多张质押品,以距离到期日最近的时间确定贷款期限,且最长不得超过(　　)。

    A. 3 个月　　　　　B. 6 个月　　　　　C. 1 年　　　　　D. 2 年

二、多项选择题

1. 个人质押贷款借款人可将贷款用于一切个人合法消费支出,如(　　)。

    A. 购车　　　　　B. 购房　　　　　C. 教育助学　　　　　D. 投资股票

2. 可作为个人质押贷款的质物主要有(　　)。

    A. 汇票、支票、本票　　　　　　　　B. 仓单、提单

    C. 债券、存款单　　　　　　　　　　D. 住房

3. 个人质押贷款的利率按照中国人民银行规定的同档次贷款基准利率执行,具体执行方案(　　)。

    A. 贷款期限不足 3 个月的,按 3 个月贷款利率计息

    B. 贷款期限不足 6 个月的,按 6 个月贷款利率计息

    C. 贷款期限在 6 个月以上的,按一年期贷款利率计息

    D. 贷款期限在 1 年以上的,按两年期贷款利率计息

4. 个人质押贷款还本付息方式主要有(　　),也可采用分期还本付息方式。

    A. 按月付息到期一次还本的还款方式

    B. 按季付息到期一次还本的还款方式

    C. 分期还本付息方式

    D. 分期还本,一次性付息方式

三、判断题

1. 个人信用贷款期限一般为 1 年(含),最长不超过 3 年。个人信用贷款可以根据具体情况办理展期。(　　)

2. 个人信用贷款的利率按照中国人民银行规定的同期同档次期限基准利率适当上浮执行。(　　)

3. 个人质押贷款期限不得超过质押品的到期日。(　　)

4. 个人质押贷款不得办理贷款展期。(　　)

四、实训课堂

实训内容:学生分小组、分角色展示其他个人贷款办理流程。

实训角色:大堂引导员、客户经理。

实训过程:

1. 客户急需用钱,想向银行申请借款 50 万元,不知道有没有业务品种可以办理,到银行咨询。

2. 客户描述目前状态,向客户经理咨询,办理什么样的贷款品种好;客户经理向客户介绍个人信用贷款、个人质押贷款以及个人抵押贷款的办理条件;客户比较优劣。

3. 客户选中个人贷款业务品种。

4. 为客户办理个人贷款相关事宜。

第六章

流动资金贷款

学习目标

1. 掌握流动资金贷款的品种、分类。

2. 掌握流动资金循环贷款、营运资金贷款、法人透支账户、搭桥贷款和企业临时筹措贷款的特点以及企业申请流动资金贷款的必要条件。

技能要求

1. 能够审核企业是否具备申请流动资金贷款的条件。

2. 能够根据企业的特点,推荐企业需要的流动资金贷款品种,并为企业办理流动资金贷款。

引例

贷款不间断　周转更轻松

近年来,小企业融资难、融资贵等问题十分突出。传统的流动资金贷款期限一般设定为1年以内,到期后企业仍有贷款需求必须先还后贷,若自身现金流不足,小微企业或采取民间借贷等途径"折借周转",或向银行申请贷款展期,但前者成本较高且易衍生风险,后者将作为央行征信系统不良记录影响企业资信。

调查显示,90%以上的小企业流动资金贷款在贷款到期后各银行仍然给予周转,但其中70%左右贷款到期周转时并非采用企业自有资金,而是折借高额利率的短期资金,既加大了企业经营成本,还增加了风险隐患。既然仍有大部分的企业符合银行转贷政策,银行也将继续给予信贷支持,是否可以通过一定审批手续,使客户不再需要转贷,可继续使用原来的信贷资金呢?

为切实解决小微企业融资过程中"先还后贷"所造成的资金压力,降低融资成本和经营风险,华夏银行(600015,股吧)推出"年审制"贷款产品。向小企业发放不超过三个融资时段的流动资金贷款,除最后一个融资时段外,在其他融资时段到期前进行年审。

通过年审的借款人,无须签订新的借款合同即自动进入下一融资时段,第一、二融资时段借款人可不归还本金,第三融资时段按计划归还本金或到期一次性归还本金;未通过年审的,华夏银行在第一融资时段结束即收回贷款。

(资料来源:和讯网,2014年11月26日,http://bank.hexun.com/2014-11-26/170792646.html)

第一节　流动资金贷款概述

一、流动资金贷款的概念

流动资金贷款是商业银行为满足企业正常生产经营周转或临时性资金需求而发放的本外币贷款。

二、流动资金贷款的特点

流动资金贷款作为一种实用、高效的融资手段,属于银行授信业务最普遍的产品之一,具有贷款期限短、手续较简便、周转性较强、融资成本较低的特点。

三、流动资金贷款的分类

(1) 按贷款期限可分为临时流动资金贷款、短期流动资金贷款和中期流动资金贷款。

临时流动资金贷款是指期限在 3 个月(含)以内,主要用于企业一次性的临时性资金需要和弥补其他支付性资金不足。

短期流动资金贷款:期限 3 个月至 1 年(不含 3 个月,含 1 年),主要用于企业正常生产经营周转资金需要。

中期流动资金贷款:期限 1 至 3 年(不含 1 年,含 3 年),主要用于企业正常生产经营中经常占用资金需要。

(2) 按贷款方式可分为担保贷款和信用贷款。担保贷款又分保证、抵押和质押等形式。信用贷款是银行对信用评级优良客户,免担保提供的贷款。

(3) 按贷款的使用方式可分为逐笔申请的短期周转贷款,或银行在授信额度内,一次审批、循环适用,随用随借随还的流动资金贷款。

(4) 按照贷款用途划分,目前常见的有工业企业流动资金贷款、商业企业流动资金贷款、建筑安装企业流动资金贷款、基建物资供销企业流动资金贷款、对外承包工程企业流动资金贷款、建材建筑工业企业流动资金贷款、地质勘查流动资金贷款及外汇流动资金贷款等。

人民币贷款利率表见表 6-1。

表 6-1　人民币贷款利率表

种 类 项 目	年利率/%
一、短期贷款	
6 个月(含)	5.6
6 个月至 1 年(含)	6

续表

种 类 项 目	年利率/%
二、中长期贷款	
1 至 3 年(含)	6.15
3 至 5 年(含)	6.4
5 年以上	6.55
三、贴现	以再贴现利率为下限加点确定

注：具体利率执行情况请咨询当地工商银行。

（资料来源：中国工商银行网站）

四、流动资金贷款的相关规定

（1）贷款人应合理测算借款人营运资金需求，审慎确定借款人的流动资金授信总额及具体贷款的额度，不得超过借款人的实际需求发放流动资金贷款。

专栏 6-1

流动资金贷款需求量的测算参考

流动资金贷款需求量应基于借款人日常生产经营所需营运资金与现有流动资金的差额（即流动资金缺口）确定。一般来讲，影响流动资金需求的关键因素有存货（原材料、半成品、产成品）、现金、应收账款和应付账款。同时，还会受到借款人所属行业、经营规模、发展阶段、谈判地位等重要因素的影响。银行业金融机构根据借款人当期财务报告和业务发展预测，按以下方法测算其流动资金贷款需求量。

1. 估算借款人营运资金量

借款人营运资金量影响因素主要包括现金、存货、应收账款、应付账款、预收账款、预付账款等。在调查的基础上，预测各项资金周转时间变化，合理估算借款人营运资金量。在实际测算中，借款人营运资金需求可参考如下公式：

$$营运资金量 = 上年度销售收入 \times (1 - 上年度销售利润率)$$
$$\times (1 + 预计销售收入年增长率) / 营运资金周转次数$$

式中：

$$营运资金周转次数 = 360 / (存货周转天数 + 应收账款周转天数 - 应付账款周转天数$$
$$+ 预付账款周转天数 - 预收账款周转天数)$$

周转天数 ＝ 360/周转次数

应收账款周转次数 ＝ 销售收入/平均应收账款余额

预收账款周转次数 ＝ 销售收入/平均预收账款余额

存货周转次数 ＝ 销售成本/平均存货余额

预付账款周转次数 ＝ 销售成本/平均预付账款余额

应付账款周转次数 ＝ 销售成本/平均应付账款余额

2．估算新增流动资金贷款额度

将估算出的借款人营运资金需求量扣除借款人自有资金、现有流动资金贷款以及其他融资，即可估算出新增流动资金贷款额度。即

新增流动资金贷款额度 ＝营运资金量－借款人自有资金－现有流动资金贷款

－其他渠道提供的营运资金

3．需要考虑的其他因素

（1）各银行业金融机构应根据实际情况和未来发展情况（如借款人所属行业、规模、发展阶段、谈判地位等）分别合理预测借款人应收账款、存货和应付账款的周转天数，并可考虑一定的保险系数。

（2）对集团关联客户，可采用合并报表估算流动资金贷款额度，原则上纳入合并报表范围内的成员企业流动资金贷款总和不能超过估算值。

（3）对小企业融资、订单融资、预付租金或者临时大额债项融资等情况，可在交易真实性的基础上，确保有效控制用途和回款情况下，根据实际交易需求确定流动资金额度。

（4）对季节性生产借款人，可按每年的连续生产时段作为计算周期估算流动资金需求，贷款期限应根据回款周期合理确定。

（资料来源：中国人民银行网站）

（2）贷款人应根据借款人生产经营的规模和周期特点，合理设定流动资金贷款的业务品种和期限，以满足借款人生产经营的资金需求，实现对贷款资金回笼的有效控制。

（3）贷款人应将流动资金贷款纳入对借款人及其所在集团客户的统一授信管理，并按区域、行业、贷款品种等维度建立风险限额管理制度。

（4）贷款人应根据经济运行状况、行业发展规律和借款人的有效信贷需求等，合理确定内部绩效考核指标，不得制定不合理的贷款规模指标，不得恶性竞争和突击放贷。

（5）贷款人应与借款人约定明确、合法的贷款用途。

（6）流动资金贷款不得用于固定资产、股权等投资，不得用于国家禁止生产、经营的领域和用途。

（7）流动资金贷款不得挪用，贷款人应按照合同约定检查、监督流动资金贷款的使用情况。

五、流动资金贷款的主要业务品种

满足客户在生产经营过程中临时性、季节性的资金需求，保证生产经营活动的正常而发放的贷款，适用于有中、短期资金需求的工、商企业客户。

目前银行的流动资金贷款品种比较多，根据客户的不同需求，我们精选了各大银行的主流的流动资金业务贷款品种进行详细介绍。

（一）流动资金循环贷款

1．流动资金循环贷款的概念

流动资金循环贷款是银行为满足企业日常周转性流动资金需求设计的信贷产品。银

行按照企业经营规模核定流动资金授信额度,签订循环贷款合同,即可在合同有效期内按约定的额度和方式多次提取,随借随还,循环使用。企业用款只需填写借据,免除了繁复的审批程序。

贷款利率按每次提款使用期限的同档次流动资金贷款利率执行。

循环贷款合同一般一年一签,对 AAA 级企业,最长可放宽至三年。

2. 流动资金循环贷款的特点

(1)方便快捷

额度内提款时,无须逐笔办理抵押担保等重复操作,大大提高了效率。

(2)灵活主动

能灵活主动地调节借贷资金的使用周期。资金紧缺时,可随时提款;资金宽松时,可随时还款。

(3)降低财务费用

可提高信贷资金使用效率,有效降低企业财务费用,降低财务成本。

3. 适用对象

流动资金循环贷款主要面向银行优质客户,除了符合流动资金贷款基本条件,还需满足以下要求:

(1)在开户银行获得综合授信和分项授信额度。

(2)产业门类符合国家政策,生产经营正常,发展前景良好。

(3)建立了现代企业管理制度,运作规范。

(4)无不良信用记录。

(5)信用评级达银行要求标准以上。

相关链接 6-1

流动资金贷款"贷"出新动力

"仓库里又有货了,又能干大活啦!"山东乾和生物科技有限公司一线员工抑制不住喜悦的心情激动地说。但由于该公司正处于筹建初期,仅新引进的技术设备就占用了大量自有资金,经营周转资金短缺一直是公司发展的短板,而且经常出现"断顿"的现象。

"顺势而为,畅通融资渠道,竭力为中小微企业打造资金快车道,有效解决企业融资难和银行营销难的'双难局面'是陵县农信社信贷服务的发展方向。"陵县农信社主任王成军在谈及贷款投放时介绍说。

陵县农信社在支持县域经济发展中的案例有很多,比如 2014 年年初山东乾和生物科技有限公司与山东禹城天泉经贸有限公司签订了 900 万元的苯酚购销合同,但由于生产资金迟迟不到位,无法开工生产,在即将面临违约赔偿的时候,陵县农信社通过全县的银企对接会了解到了乾和生物科技公司的实际情况。

经实地考察了解,业主信用良好、经营状况稳定,但该企业房产无土地证,面临着有效抵押物不足的现实情况,农信社为其量体裁衣采取"保证＋抵押"的方式,同意其以钢结构车间作为抵押并追加保证企业的方式提供贷款担保,最终为其发放了600万元流动资金贷款,有效解决了公司的燃眉之急,车间里又传出了生产线高速作业的动人音符。

山东乾和生物科技有限公司位于陵县经济开发区,是一家集科研、设计、生产、销售为一体的生物化工高新技术企业,主要生产糠醛、糠醇、呋喃树脂、酚醛树脂,其产品是制造各类塑料、涂料、防火保温板材、耐腐材料的基础原料,公司盈利空间广阔,可持续发展性强。在农信社的帮助下,企业取得了良好的发展,为此王经理高兴地逢人就说:"多亏信用社的出手相助,不仅没让我赔钱,还让我赚了钱。"

近年来,陵县面对全市"德陵一体化"的战略部署,在辖内借助项目东区、马颊河生态岛、"4＋2"产业园区、老城改造、两区同建和小城镇建设五大平台极力打造新的经济增长点,辖内各类企业正如雨后春笋般成长、崛起。针对日益增长的新兴企业,陵县农信社积极走访对接,给予各方面的金融支持,在实地走访考察中也发现了中小企业普遍存在的一个共性问题,辖内的中小企业生产订单十分充足,但流动性周转资金不足。这一情形即使中小企业成为县域经济中最具发展潜力的经营主体,但又面临着现实发展后劲不足的困境,而其中大多数企业有效抵押物匮乏,也加剧了中小企业融资困难、发展滞后的局面。针对此类状况,陵县农信社顺应企业发展需求,适时推广企业流动资金贷款,并主动帮助企业寻求最佳担保方式,有效解决了中小企业日常生产经营资金周转困难的问题,有力地促进了全县经济的良性循环。

此外,为满足辖内企业各类金融需求,今年陵县农信社进一步优化了对公信贷业务网点布局,在城区和乡镇增加3家信贷服务网点,成立了以联社公司部为核心,三位一体的企业信贷服务布局。同时,根据中小微企业资金"需求急、周期短、频率高"的特点,积极开办票据质押、小企业联盟、动产质押、钢结构抵押等类型的流动资金贷款,拓宽企业融资可选择的担保方式。

截至目前,该社共发放流动资金贷款13.55亿元,有效支持辖内158家中小企业,在该县6月份新增企业类贷款市场占有率为48％。

（资料来源:中国金融新闻网,2014年7月24日,http://www.financialnews.com.cn/dfjr/jyjll201407/t20140724_59992.html）

（二）法人账户透支

1. 法人账户透支的概念

法人账户透支是指在企业获得银行授信额度后,银行应企业请求,为企业法人在约定的账户和限额内以透支的形式提供的短期融资和结算便利。当企业有临时资金需求而存款账户余额不足以对外支付时,法人账户透支为企业提供主动融资便利。

2. 法人账户透支的特点

（1）与一般流动资金贷款比较,法人账户透支最大限度地简化了银行短期贷款审批流程和手续,满足企业临时性资金周转的要求。

（2）企业资金实现以用定存，可以有效减少企业资金的无效闲置，提高资金使用效率。

（3）对企业财务管理水平和网络银行应用提出较高要求。

3. 法人账户透支的申办与管理

（1）申请法人账户透支企业应是经营情况正常、财务管理规范、信用评级良好、有授信额度的企业法人。银行经过调查、审批程序，银企双方签订法人账户透支额度合同书。

（2）按照双方合同，企业发生支付需求，而存款账户余额不足支付时，可在规定的透支额度内透支；在透支额度有效期间内，可以连续使用透支资金，但未偿还透支资金余额不得超过约定透支额度。在透支额度的有效期内，可随时归还透支资金本息，归还透支资金本息后，即可恢复透支额度。

（3）企业动用透支账户的款项超过该账户的存款余额时，即视同提出使用透支资金的申请，银行办理支出即视同发放流动资金贷款。

（4）企业透支款项按流动资金贷款利率计收利息。如果企业发生的透支资金在日终营业结束前归还，不计收利息；日终透支账户中的透支余额，为当日发生的透支额，该笔透支额按日计息，按月结息。日终透支账户中的存款余额，按日计息，按季结息。

（5）透支账户为基本存款账户的，透支资金不得用于提取现金或直接将款项划入个人存款账户。

相关链接 6-2

法人账户透支让借款"随支随还"

在生产经营过程中，许多企业都遇到过资金周转不畅问题。当然，对于对外支付频繁，又有相对稳定回款的企业来说，出现临时性、季节性融资需求原属平常，毕竟企业具有较稳定的回款，资金紧缺只是暂时。不过，阶段性的资金周转"失灵"，或多或少会影响企业整体经营，因此，这个资金"空档"还需及时弥补。

一般情况下，从银行贷款是最常用的融资途径，但企业通过正常贷款程序从银行筹措资金手续复杂，不一定能及时满足资金周转需求。怎样才能让企业在付出较少代价的同时快速获得资金，缓解临时用钱的难题？法人账户透支服务或是一个解决问题的良方。

近日据媒体报道，海参养殖的资金需求有季节性，且在旺季呈现"短、频、急"特点，由于每年春秋两季为海参生产季，因此也是养殖企业一年中资金用量最大的时候。此间，山东好当家海洋发展股份有限公司一般每年5月和11月进行放苗，因购买海参苗形成的贷款需求，每年约2.6亿元。

为了在不增加财务成本的情况下，从银行获取这笔只用三四天的海参养殖短期资金支持，该公司选取的就是某国有商业银行的法人账户透支服务。与一般流动资金贷款相比，该业务能最大程度简化企业获得短期融资的手续，企业无须审批，只需向银行提出申请，资金即刻划拨到位，并能随支随还。截至目前，好当家公司在该国有商业银行的法人账户透支额度已达8000万元。

从上述报道可知,法人账户透支可谓一种能"今天借,明天还"的贷款产品。具体是指银行根据企业的申请,在核定企业账户透支额度的基础上,在规定期限内,允许企业在其结算账户存款不足以支付款项时,在核定额度内向银行透支,以取得资金,满足正常结算需要的一种临时性信贷业务。

换句话说,通过法人账户透支,企业不必再为临时性支出而保留大笔存款,只在需要支出资金时到银行办理透支付款,一旦资金回笼,又可随时归还。其对企业最重要的作用,就是应付不可预见的、突发性应急资金需要,加强企业财务管理水平。同时,还可减少资金的无效闲置,"解放"企业在银行中保留的备付头寸,提高资金使用效率。

不过,需要提醒的是,并非所有企业都能办理法人账户透支业务。按照银行的规定,申请法人账户透支的企业至少应具备以下基本条件:经国家产业主管部门批准设立,在工商行政管理机关注册登记,取得企业法人营业执照并通过年检的境内法人;经营规模较大,经营业绩良好,市场影响力强,具备良好市场发展前景;信誉良好,无任何不良的金融信用记录;财务管理规范,在银行开立了存款账户,并取得一定授信额度;透支资金用途符合国家产业政策和有关法规;有银行认可的资产作为抵押或质押,或有足够代偿能力的单位或个人作为偿还贷款本息并承担连带责任的保证人等。

此外,由于法人账户透支主要帮助企业应付突发性资金需求,因此透支额度一年核定一次,一般不超过审批日前 12 个月内企业在银行日均存款金额的 50%。有效期限短则不超过 1 个月,最长不超过一年。由此,尽管对企业来说,利用法人账户透支可起到补充流动资金的作用,但并非是不受限制的透支。企业以往在银行的资金往来记录和信用度,都将成为决定其能否被允许透支及额度大小的关键。

(资料来源:上海金融新闻网,2013 年 9 月 24 日,http://www.shfinancialnews.com/xwww/2009jrb/node5019/node5051/node5062/userobject/ail17393.html)

◆ 案例 6-1

流动资金贷款——法人账户透支

北京摩尔电器有限公司是外商投资企业,主业为电器的制造销售,是我国外商投资规模最大的电子工业企业之一,公司总部位于北京亦庄高新技术开发区,注册资本 21 亿元,产品辐射全球。

该公司面临的问题是:下属公司资金结算非常频繁。同时存在部分公司现金流非常充沛,有大量闲置资金;部分公司刚开始经营,销售收入很少,却在银行有大量的贷款。为了强化系统内的资金集中管理,2005 年 3 月,集团成立结算中心,公司在国内共有 19 家下属企业,执行内部资金集中管理。该客户希望:下属企业资金全部集中到集团结算中心,而又不影响下属企业的具体资金运用。

案例分析如下。

1. 银行切入点分析

在"采购、销售、融资、理财、管理"五大需求中,该公司最迫切需要的是资金集中管理,其次是理财需要。银行协助其高度集权管理系统内的资金,但是又必须保证不能影响下属企业的资金日常使用。法人账户透支业务成为最重要的银行选择工具。集团结算中心为下属企业确定透支额度,下属公司每日透支对外结算,以降低财务费用。但是,集团结算中心必须对下属企业的透支资金提供担保。

2. 银企合作情况

2005年,公司对商业银行进行了现金池招标,某国有商业银行北京分行中标。合作模式:集团公司财务中心为下属19家企业确定具体透支额度,在该分行总计透支额度2亿元,下属公司日间在额度内透支对外支付,日终汇总透支金额,由总公司结算中心与银行清算。通过该方式,北京摩尔电器有限公司节省了大量财务费用,实现了集团结算中心对下属公司资金高度集权管理。

银行通过提供法人账户透支业务作为"敲门砖",将客户的结算资金吸引到本行办理,并开展银行承兑汇票、结售汇等全线的银行业务。如果单纯法人账户透支业务,对银行而言成本太高。

跨国公司很多都是百年老店,屹立多年不倒,除了本身产品过硬、有着非常强势的品牌外,更重要的是,外商企业的资金管理非常成功。总部牢牢掌控了下属单位的资金运作情况,防止了资金的失控。这点对我们的很多中资企业都有非常好的借鉴意义。

(案例来源:立金银行培训,http://blog.sina.com.cn/s/blog_53a3ba910100079k.html)

(三)搭桥贷款

1. 搭桥贷款的概念

搭桥贷款亦称过桥贷款,在国外资本市场上常指投资银行在安排较为复杂的中长期贷款前,为保证目标公司正常运营而提供的短期融资。在我国,由于法规所限,商业银行仅提供过桥性短期流动资金贷款,解决企业经营过程中阶段性资金需求,还款来源是企业另一项融入资金,而非经营性现金流。

2. 搭桥贷款的特点

流动资金搭桥贷款是一种短期过渡性贷款,期限较短,能够满足企业临时性资金短缺需求。

3. 国内搭桥贷款适用情况

(1)政府投资项目

企(事业)法人单位获得国家投资建设项目、基础设施项目或大型采购项目,项目资金已经落实而暂时无法拨付到位。银行提供搭桥贷款以解决企业因前期工程或备货先行垫付资金的需要。贷款条件是资金用途须与拨款资金指定用途相一致,并以拨付项目资金为还款来源。

(2)上市或预上市公司

国内上市公司或预上市公司发行新股方案,或配股、增发方案已通过国家证监部门批准,因募集资金尚不到位,为解决临时性资金需要,由承销商推荐并提供担保,商业银行提供的短期流动资金贷款,期限通常为半年,最长不超过一年。还款来源为公开募集资金。

（3）房地产开发企业

房地产开发商通过招聘挂等程序取得地块后,因尚未按规定付清土地出让金而无法取得国有土地使用权证,也无法通过土地抵押向商业银行申请开发贷款。为此,开发商利用原有开发项目为抵押,或由非银行的金融机构充当"二传手",获得商业银行搭桥贷款,付清土地价款,取得土地使用权证,随即抵押给商业银行,获得房地产开发贷款,然后用开发贷款偿还搭桥贷款。通过这种过桥机制,避免资金链断裂。

相关链接 6-3

解决搭桥贷款融资贵 农行推小微金融创新产品

11月27日消息,今日农业银行推出了四项小微金融创新产品,旨在解决小微企业融资难、融资贵问题。其中,"连贷通"产品通过发放新贷款结清原到期贷款的形式,有效解决了小微企业在贷款到期后不得不借助外部高息搭桥贷款周转,垫高融资的问题。

在小微金融新产品发布会上,银监会法规部副主任王科进表示,截至今年三季度,全国小微企业贷款余额为19.7万亿元,发展迅速。但是也有小微企业反映,银行贷款的期限设置不合理,服务不够灵活,所有贷款需要先还后贷,需要外部高息搭桥资金外部周转,给小微企业增加了沉重负担。

"今年以来国务院常务会议多次提出要多项并举,解决小微企业融资难、融资贵的问题。针对小微企业融资成本高,尤其需要借助外部高息资金搭桥周转问题,银监会鼓励银行根据情况提供灵活的服务,优化贷款流程,提供无缝的续贷服务。"银监会法规部副主任王科进表示。

而农业银行"连通贷"产品恰恰是为避免"搭桥贷款"而设计的。据介绍,"连贷通"产品通过发放新贷款结清原到期贷款的形式,允许在农业银行已有贷款的小微企业客户继续使用农业银行贷款资金的融资产品,有效解决了"倒贷"（借助外部高成本搭桥贷款续借贷款）垫高小微企业融资成本的问题。

该产品还具有办理方式多样、担保方式灵活的特点。客户可根据实际经营需要灵活选择融资种类和办理方式,并且接受抵(质)押担保、保证担保等多种担保方式办理。

此外,农业银行还推出了工商物业贷系列产品,用于借款人租赁、购置和经营工商物业,并定期还本付息的贷款业务,由工商物业租金贷、工商物业置业贷和工商物业经营贷三个子产品组成,可以满足小微企业上述需求,缓解小微企业融资难问题。

农业银行副行长王纬在发布会上指出,农业银行始终将小微企业金融业务作为全行战略性业务,连续5年完成"两个不低于"的监管要求,2013年小微企业贷款增量与增速在四大行中居首位。截至2014年9月末,农业银行服务的小微企业超过300万户,其中信贷支持的小微企业近29万户,贷款余额9 540亿元。

（资料来源：新浪财经,2014年11月27日,http://ftnance.sina.com.cn/money/bank/ywycp/20141127/175120939241.shtml）

（四）周转限额贷款

周转限额贷款是指为解决企业日常经营活动中确定用途项下的资金短缺需求，以约定的、可预见的经营收入作为还款来源而发放的贷款。

周转限额贷款遵循"明确用途、落实还款、到期收回"的原则进行管理。贷款条件如下：

（1）企业申请贷款需符合流动资金贷款一般条件，有授信额度；信用等级在 A 级（含）以上，否则须提供合法、足值、有效的担保；生产经营正常，财务状况较好，发展前景稳定。

（2）周转限额贷款只能用于与借款人日常经营直接相关的确定用途，不得违反国家规定使用贷款，不得对房地产开发企业发放周转限额贷款。

（3）贷款金额根据企业营运资金需求缺口、净资产、负债水平、经营活动现金流量、盈利能力、还款来源可靠性、发展前景等因素核定。

（4）贷款期限综合考虑企业的资信状况、经营稳定性和约定还款来源等因素确定。对企业营业周期（存货周转天数与应收账款周转天数之和）较短的，贷款期限可覆盖多个营业周期。A、A＋级借款人的贷款期限最长不超过 1 年，AA－级（含）以上借款人的贷款期限最长不超过两年。

（5）周转限额贷款结合企业约定还款来源的资金到位时间制订还款计划，必要时应实行分期还款，以避免贷款到期集中偿付风险。

（6）贷款利率根据业务风险按同期贷款基准利率确定。

（五）营运资金贷款

1．营运资金贷款的特点

营运资金贷款是银行为满足优质客户日常经营中合理资金连续使用需求而发放的贷款。其特点包括：

（1）营运资金贷款用途限于企业日常经营的资金周转，不得用于固定资产和权益资本投资。

（2）不得对房地产开发企业发放营运资金贷款。

（3）还款来源为企业未来综合收益和其他合法收入。

2．营运资金贷款的对象和管理

营运资金贷款按照"从严控制、择优发放"的原则进行管理。

（1）企业除具备流动资金贷款一般条件外，还要求企业信用评级达 AA 级（含）以上，有授信额度。生产经营符合国家产业政策和本行信贷政策，主业突出，经营稳定，财务状况良好，流动性及盈利能力较强，在行业或省市范围内具有明显的竞争优势和发展潜力。

（2）贷款金额根据企业净资产、负债水平、经营活动现金流量、盈利能力、发展前景和银行融资同业占比等因素测算核定，贷款余额一般不应超过其净资产的 100％。

（3）贷款期限应综合考虑借款人的资信状况、现金流量、经营稳定性等因素合理确定，最长不超过 3 年。对期限超过 1 年或金额较大的营运资金贷款，必要时应实行分期还款,并合理确定还款计划。

(4) 贷款利率根据业务风险状况和贷款期限,在同期同档次贷款基准利率基础上确定。

(六)临时贷款

临时贷款是为满足企业在生产经营过程中因季节性或临时性的物资采购资金需求,以对应的产品(商品)销售收入和其他合法收入作为还款来源而发放的短期流动资金贷款。临时贷款主要用于企业一次性进货的临时需要和弥补其他季节性支付资金不足。

1．临时贷款的特点

(1) 贷款期限短,一般为 3 个月,最长可达 1 年。

(2) 融资方式多样,可选择信用或担保贷款,也可以凭借应收账款、商品货权或仓单取得融资。保证人可是专业担保公司,也可是企业法人或自然人;抵押(质押)品可以是公司或个人财产抵(质)押。

(3) 还款方便,可采用一次性偿还或分次偿还。

(4) 保证客户充足备货,顺利开展经营活动。

2．临时贷款的用途

(1) 依据订单组织生产或备货。

(2) 采购储备原材料、半成品等用于后续生产。

(3) 采购储备商品用于后续销售。

(4) 其他临时性资金需求。

✎ 专栏 6-2

流动资金贷款"对症下药"

2012 年 9 月 21 日,广西皇氏甲天下乳业股份有限公司召开董事会议决定,为进一步拓宽融资渠道,满足公司流动资金的需求,向国家开发银行股份有限公司广西壮族自治区分行申请流动资金贷款额度 10 000 万元,贷款期限两年。

11 月 27 日,新华都购物广场股份有限公司召开董事会议,表决通过了《关于向银行申请流动资金贷款授信额度的议案》,为保证公司现金流充足,满足公司经营的资金需求,公司拟向工行福建省分行申请总额为人民币 4 亿元的流动资金贷款授信额度。

类似这样的申请流动资金贷款的上市公司公告还有很多,其融资的目的基本都是为了拓宽融资渠道,补充生产经营所需资金缺口,而流动资金贷款,确实是最符合条件的对象,因为,它就是银行为了满足企业在生产经营过程中的短期资金需求,保证生产经营活动正常进行而发放的贷款。

作为一种实用的融资手段,流动资金贷款具有期限灵活、周转性较强、融资成本较低等特点,能满足企业临时性、季节性的资金需求,且有多个种类可供选择。

按贷款方式,可分为担保贷款和信用贷款。按使用方式,可分为逐笔申请、逐笔审贷的短期周转贷款,和在银行规定时间及限额内随借、随用、随还的短期循环贷款。按贷款期限,可分为临时贷款、短期贷款、中期贷款,其中,临时贷款期限在 3 个月(含)以内,主要用于企业一次性进货的临时需要及弥补其他季节性支付资金不足;短期贷款期限为 3 个月(不含)至 1 年(含),主要用于企业正常生产经营周转;中期贷款期限为 1 年(不含)至 3 年(含),主要用于企业正常生产经营中经常性的周转占用和铺底流动资金贷款。

注意事项:申请流动资金贷款的企业,须有按期还本付息的能力,且原应付贷款利息和到期贷款均已清偿。同时,倘生产经营或投资项目未取得环境保护部门许可,或企业在实行承包、租赁、联营、合并(兼并)、合作、分立、产权有偿转让、股份制改造等体制变更过程中,未清偿原有贷款债务、落实原有贷款债务或提供相应担保,一般无法申请获贷。

(资料来源:上海金融新闻网,2014 年 12 月 4 日,http://www.shfinancialnews.com/xww/2009jrb/node 5019/nede 5051/nade 5062/nserobjecthi/04213.html)

(七)中期流动资金贷款

中期流动资金贷款指商业银行对特定负债主体发放的期限为一至三年(不含一年含三年)的流动资金贷款。

1. 适用对象

(1)用于国家专项储备的贷款可根据储备时间确定贷款期限。

(2)资产转换周期较长、成长性好、产品有市场、经营有效益、无不良信用记录的 A＋级(含)以上企业,或可提供全额低风险担保的企业。

(3)符合流动资金贷款借新还旧规定条件的企业。

2. 贷款条件

(1)贷款对象、信用等级和企业综合评价均符合规定条件。

(2)贷款用途限于企业正常生产经营的流动资金周转,不得用于固定资产投资,严禁流入股市。

(3)还款方式可选择一次性偿还,或分期还款的方式。

(4)对符合借新还旧规定的中期流动资金贷款须锁定在核定基数内,对象限于信用等级在 AA 级(含)以下,落实合法、有效、可靠的担保。

(5)中期流动资金贷款实行逐户逐笔监测。定期分析企业生产经营状况和担保条件变化可能形成的风险,及时进行风险预警和监控。严密跟踪贷款资金流向,一旦发现有挤占、挪用进行固定资产投资、股市交易等,要提前收回贷款,停止发放新贷款。

(八)企业临时筹措贷款

企业在生产经营过程中,为了应对市场变化或意外变故、季节性需求等,难免发生临时性、应急性开支需要。然而由于这种融资常有偶发性特点,而且还款来源不一定是企业经营性现金流,因此银行对这类贷款无法纳入授信安排。此外,还有处于初创期企业或信用基础不强的企业,也暂时无法获得银行授信。

商业银行对于上述没有授信额度的贷款需求,在风险可接受原则下,也给了有价证券质押贷款或房地产抵押贷款等解决方案。

1. 有价证券质押贷款

（1）有价证券质押贷款的概念

有价证券质押贷款是指银行以企业所有的有价证券如存单、汇票、支票、本票、债券、股权、银行承兑汇票等为质押向其提供的融资。

（2）有价证券质押贷款的优势及特点

审批时间短，手续简便，不损失原有价证券的收益，不占用授信额度。

（3）出质的有价证券须满足的条件

① 有价证券须为申请人名下资产，拥有独立所有权、处分权和受益权，无任何瑕疵。

② 有价证券如非申请人名下，应获得合法背书或授权，并符合上款标准。

③ 质押物符合法律规定质押范围，并易于转让、变现的。

④ 股票应为已上市绩优股；各种债券（包括地方债、金融债、公司债、企业债）的债项信用评级为投资级（各行规定不一）以上。

⑤ 质押率视企业信用状况和质押物品质确定。

2. 房地产抵押贷款

房地产抵押贷款是指银行以借款人或第三人拥有的房地产作为抵押物发放的贷款。借款人到期不能偿还贷款本息的，银行有权依法处置抵押物，或要求抵押人承担连带偿还本息的责任。在抵押期间，抵押人不得处理已被抵押的房地产，银行作为抵押权人有权对抵押物进行监督和检查。

房地产因其具有良好的保值性、可变现性，经常被作为企业融资的担保物权。但因房地产抵押贷款具有涉及金额较大、法律关系复杂、市场影响变量多等特点，所以商业银行对借款人、抵押人、抵押物审查给予同等重视，贷款操作流程也有所不同。

（1）贷款条件

① 借款人为抵押人（即房地产所有人）的，抵押房产需为借款人名下产权；产权不在借款人名下的，须取得房产所有权人合法授权，并为借款人出具不可撤销的连带责任担保承诺书。

② 抵押人须具有完全民事行为能力，对抵押房地产拥有完整、独立、无任何瑕疵的所有权，并有国家主管机关核发的有效房地产证书。

③ 抵押房产符合国家规定的抵押范围规定，保值、变现能力良好。

④ 贷款用途为房地产开发的，开发项目应符合国家有关法规政策，并具有市场和财务评价可行性，判断借款人偿债能力的项目开发净收益比率、营业费用比率、保本比率、贷款效应比率等常用指标符合要求。

（2）房地产估值

房地产抵押估值是贷款审查的必经程序。

估值步骤和方法：

① 审核该房地产证书的真实性，权属关系，有无出质、抵押，有无争议或涉讼事项。

② 审核该房地产性质,包括产权类型,独立还是共有,住宅或是商用,可否自然分割,有无独立通道,以及邻接权状况的影响。

③ 作价估值测算公式:房地产估值通常分房屋估价和土地估价两部分,如属完全市场化房产,可并作一步计算。一般计算公式为

$$抵押房产估价＝房产重置价×房产成色$$

式中:重置价是按现时价格水平的同类房产新建价值;物业成色是以百分比表示的新旧程度。常用作价方法还有类比法,即参考同一地段类似房产价格进行作价。还可以采用收益还原法、成本法等方法交叉验证,拟定参考价值。最后综合考虑市场和利率趋势等因素,评定抵押房产的价格,作为计算贷款额度的基数。

(3) 房地产抵押贷款的额度、期限和利率

房地产抵押贷款额度根据借款人的资信能力、经营状况和借款时间长短确定,最高不超过抵押物估值总额的70%。贷款的期限分两种:对房地产开发企业以贷款项目建设周期为限,一般为3～5年;长期经营贷款可达15～30年。贷款利率一般执行建筑业流动资金贷款利率,根据贷款期限长短、贷款额度大小有所浮动。贷款利息实行按季结息,直接从借款人的存款账户计收。

(4) 房地产抵押贷款合同和登记

通过银行审查和估值程序,在协商一致后签订抵押贷款合同。房地产抵押贷款合同当事人包括贷款银行、借款人,房地产所有权属于第三人的作为担保人共同签署。并在签订之日起30天内,由抵押人、抵押权人持抵押合同和有关证件到房地产管理部门进行抵押登记。

抵押合同自抵押登记之日起生效,未经登记的房地产抵押贷款,不受法律保护。如抵押合同变更、解除和终止,抵押双方当事人需向原登记机关办理变更或注销登记手续。有的银行还要求对抵押房地产在保险公司办理财产保险。

(5) 抵押房地产的占管和处分

① 房地产抵押占管是指抵押合同生效时,抵押人将房产的产权证书及其他证明文件交由抵押权人即贷款银行保管。抵押人在占管期间须维护已抵押房地产的安全和完整,并随时接受抵押权人的监督和检查。抵押人未经抵押权人书面同意,不得擅自将抵押物出租、变卖、拆除、赠与、改建,不得自行改变其性质。

② 抵押物的处分是指借款人违约、破产等各种原因未清偿债务的,抵押权人行使房地产抵押权,依法将抵押房地产通过拍卖、委托交易等方式得以受偿的行为。变卖所得价款分配原则和分配顺序是:

a. 支付处分抵押物的诉讼、拍卖等费用;

b. 扣除抵押物欠缴税费和交易应缴税费;

c. 偿还抵押权人的贷款本金;

d. 偿还抵押权人的贷款利息以及违约金;

e. 剩余部分按合同约定退还借款人或抵押人。

第二节　流动资金贷款流程

一、企业申请

企业申请银行贷款需以书面形式提出,填写信贷业务申请书(见表6-2),陈述企业生产经营情况、财务状况,融资需求,筹资方案,贷款运用效应分析,填列借款用途,请求贷款品种、额度、期限,用款计划、还款来源、担保条件等。

表 6-2　××银行企业信贷业务申请表

企业客户基本信息		
借款人(名称)		
所属行业		
借款人类型	□有限责任公司　　□股份制公司　　□其他	
已持续经营年限	□1年以下　　□1年以上3年以下　　□3年以上	
在建行开户年限	□1个月以下　□3个月以上1年以下　□1年以上　□新客户	
上年销售收入	上年总资产	
股东个人信用情况	企业信用情况	
联系人	手机	
电话/传真	通信地址	

企业客户贷款资料		
借款金额		
借款期限	□个月	
借款用途	□流动资金周转　　□其他	
还款来源		
担保方式	抵押	自然人拥有的不动产(不接受产权人及其所抚养家属生活所必需的商品房住宅抵押): □商品房住宅　　□商用物业　　□标准工业厂房　　□土地 企业法人的不动产: □商品房住宅　　□商用物业　　□工业标准厂房　　□土地
	质押	□存单　　　□国债　　　□保证金　　　□银行承兑汇票　　　□标准仓单 □其他
提交资料 (可不选)	□营业执照　　□企业法人代码证　　　□公司章程　　　□税务登记证 □贷款证　　　□身份证 □抵(质)押物清单、权属证书和评估报告 □资产负债表、损益表和现金流量表的年报表及最近一期报表 □借款人有权机构决议　　□担保单位有权机构决议 □保证人营业执照和公司章程　　□担保意向书及保证人相关资料 □其他	

续表

声明与保证（不用填写）

一、借款申请人声明与保证

1. 本人保证上述所提供的信息和资料的真实性、准确性和完整性,同意并授权贵行向有关方面查证。

2. 在签署本申请表格之前已充分了解了贵行贷款业务的管理规定,已充分理解根据该规定所办理业务的法律后果,在此基础上同意向贵行申请贷款业务。

申请人(公章)

法定代表人或授权理人(签字):

日期:　　年　月　日

二、抵(质)押物共有人声明与保证

本人完全理解抵(质)押行为的法律后果,并在此基础上同意将与借款申请人共同拥有的抵(质)押物用于向贵行申请贷款业务的抵(质)押担保。

抵(质)押物共有人(签字):

日期:　　年　月　日

企业申请银行贷款需要具备的基本条件如下:

(1) 企业依法设立,具备法人资格;

(2) 持有人民银行核发的贷款卡(证);

(3) 在申请银行开立基本账户或一般账户,并办理结算;

(4) 借款用途合法、明确,符合本行信贷政策;

(5) 有固定的生产、经营场所,具备持续经营能力、偿债能力,还款来源合法可靠。

二、企业基本条件审查

银行前台根据企业申请,初查基本条件符合要求,确定受理后,要求企业按调查材料清单提供如下审查材料。

(1) 企业法人营业执照和年检合格证明,组织机构代码证书。

(2) 法定代表人身份证明及必要的个人信息。

(3) 近三年经审计的资产负债表、损益表、权益变动表。企业成立不足三年的,提交自成立以来年度的报表,当年最近一个季末财务报表。

(4) 对外担保清单和本年度及最近月份存、借款情况。

(5) 税务登记书和年检合格的证明,近两年纳税资料。

(6) 本行开户资料,董事会成员、主要经营负责人、财务负责人名单。

(7) 公司章程;如为三资企业,提交商务部批准证书、合同、章程及有关批复文件。

(8) 有限责任公司、股份有限公司、合资合作公司或承包经营的,提供董事会(或发包人)同意申请授信业务的决议、文件或具有同等法律效力的文件或证明。

(9) 集团企业授权法人企业,提交上级单位的借款授权书。

(10) 股份公司提交股东大会关于利润分配的决议。

（11）企业近期销货记录、年度和近年营运计划及现金流量预测。

（12）经营业务需要专业资质或特许审批的，取得资质认证或合法有效批准文件。

（13）国家规定的安全生产、环保核查等证件和年审证明。

三、尽职调查

尽职调查首先查验企业提供的各种证件、资料、报表是否齐备、真实、符合要求。然后采取现场与非现场相结合的方式，通过企业经营和财务状况核查，内部评级和往来业务核查、征信记录核查，形成尽职调查报告。

1. 企业基本情况

企业基本情况包括企业性质、隶属关系、组织形式、治理结构、决策和内控机制，法定代表人和经营管理团队的资历、品行、诚信意识；企业经营范围、主营业务、市场地位、生产和技术特征、品牌形象；企业发展规划，投融资计划，融资结构及其对申请贷款的影响；企业关联方及关联交易等情况；企业的行业和产业背景、周期波动、国家政策、同业竞争态势等。

2. 财务状况

企业财务评价相关指标核实，应收账款和账龄、往来账款、在产品、存货等科目确认，成本核算、折旧摊销政策和会计处理方法；企业营运资金总需求和现有债务融资情况；贷款具体用途及相关交易对手资金占用情况，包括生产经营产生的现金流、投资受益和营业外收入，还款计划及其来源情况。

3. 担保情况

企业提供有第二还款来源的，核实担保方式。抵押（质押）担保的担保品品名、法定权属、估值依据，可变现性；保证担保的保证人资格、能力等情况。

四、风险评价阶段

银行前台部门完成调查后，提交风险控制线进行风险评价。

本阶段主要工作程序是：企业内部信用评级→授信额度核定。

（一）内部信用评级

（1）查询全国征信系统，核查企业获得他行授信、贷款、履约情况和信用评级情况。

（2）根据内部评级办法，对未评级企业进行信用等级评定，对申请贷款进行风险等级评定；已有内部评级的企业，结合原有贷款风险评级、前台尽职调查报告分析企业信用动态，必要时进行资料核实，补充调查，进行信用等级复评。

（3）根据查询和内部评级结果，提交内部测评报告，分析揭示借款企业的财务风险、经营风险、市场风险等，提出风险防范措施。

（二）授信额度复核

（1）首次申请贷款企业需同时申请授信额度，银行授信管理部门依据内部评级结果和对企业综合评价，提出对企业授信安排。

（2）已获得授信额度的企业,查询其综合授信、分项授信额度及使用情况,授信余额可否容纳申请贷款。企业申请调整分项授信的,按规定原则和条件提出调整安排。

五、贷款审批阶段

风险评价完成后,连同尽职调查,三方分别将调查报告和企业申请材料、风险评价和授信安排报告移送后台信贷审查部门,提交贷款审批。

本阶段主要工作程序包括:贷款审查、提交信贷审查委员会审批、专职审批人签批、通知执行。

（一）贷款审查

按照贷审分离原则,信贷审查部门独立对企业申请贷款进行程序性和实质性审查。应审查以下内容:

（1）基本要素审查。借款企业及担保人的有关资料是否齐备、真实、符合规定条件。

（2）主体资格审查。借款人（及担保人）主体资格、产权关系是否明晰,信用记录是否良好,偿债能力是否充分,企业和法定代表人有无禁止、限制、暂缓授信的不良记录。

（3）信贷政策审查。贷款用途是否合法合规、符合国家产业政策;贷款额度、期限、支付、利率是否符合和本行业务规则。

（4）信贷风险审查。信贷业务内部运作程序、分析评价是否合规合格,内部信用评级、授信评价与贷款调查结论是否一致,风险是否控制在本行可接受范围之内,担保措施是否落实。

后台审查部门审查通过后,形成贷款审查报告,提出审查结论和有关问题的限制性条款。

（二）提交信贷审查委员会审批

贷审会是集中风控、经营两条线,以及法律、财务和金融分析各路专家,承担授信业务集中会审的辅助决策机构。经过会审评议,最后以投票表决方式做出同意、不同意或复议的审批意见。

贷审会议决"同意"的经常会附带若干限制条件;议决"复议"的一般指需要补充调查、厘清疑问后重新上会审查的项目。

（三）专职审批人签批

贷审会审批意见依据授权体系,贷款超过本级行授权范围的报上级行审批;属于本级行授权范围内的,报专职审批人（或主管行长）终审签批。

（四）通知执行

贷款最终审批通过后,正式行文通知各有关单位执行。

六、签订贷款合同

（一）落实贷前条件

（1）贷审会审批意见有附加条件的,应与企业积极协商,取得一致。需由企业先行落实的,应在签订合同前办理完毕。

（2）按照贷款新规,企业使用贷款需制定用款计划,提交设备、原辅材料、工程承包等主要交易对手名单、交易合同等,供银行监督支付。

（二）约定支付方式

（1）支付条件约定,包括企业交易完成确认,如交验发票、发运单证、入库单等。

（2）支付方式约定,一般区别企业信用等级,信用优良（比如 A 级以上）的可采取自主支付;信用等级一般（比如 BBB 级以下,或首次贷款、固定资产贷款）和单笔付款限额以上的采取委托支付。

（3）约定支付方式变更和触发条件。触发条件包括:

① 利用自主支付挪用贷款用于炒股、炒房等风险投资,及其他未按约定用途使用贷款的;

② 以虚假交易和凭证,或化整为零方式支付,逃避监督的;

③ 原有营运资金不正常减少,或突破约定的其他财务指标的;

④ 发生重大交叉违约事件的;

⑤ 未遵守承诺事项或其他违反借款合同约定情形的。

发生上列情形之一时,银行有权决定全部贷款实行委托支付,直至停发贷款。

（三）签订合同

（1）企业与银行正式签订借款合同。采用本行格式文本,填写贷款币种、核定金额、期限、利率、借款人等要素,经过审核、签署程序完成合同签订。

（2）企业在借款合同中需就本笔贷款作如下承诺:

① 向银行提供的有关资料真实、完整、有效;

② 配合银行进行贷款支付管理、贷后管理及相关检查;

③ 进行对外投资、实质性增加债务融资,以及进行合并、分立、股权转让等重大事项前征得银行同意;

④ 银行有权根据企业资金回笼情况提前收回贷款;

⑤ 企业发生影响偿债能力的重大不利事项时及时通知银行等。

（3）落实担保条件。采取质押担保的,取得质押权人合法手续,办理质押品封存或登记锁定;采取不动产等抵押担保的,取得他项权证或其他权属证明;采取保证担保的,取得担保人出具保函,或与借款企业、担保人三方签订协议。

七、贷款发放与支付

本阶段工作程序包括贷款发放、登记台账、监督支付三个步骤。

（一）贷款发放

（1）银行前台确认贷款全部法律文件齐备、企业满足贷前条件和合同约定支付方式后，填写授信业务报告单、贷款指标通知单，分送风险管理、授信管理和计财、会计等部门。

（2）财会部门审核无误后，办理提款、转存手续，划入企业在本行开立的存款账户。至此贷款全部流程完结，转入贷后管理程序。

（二）登记台账

（1）信贷业务发生后，贷款行内部登记信贷业务台账和信贷管理信息系统。

（2）同时登录企业（和担保人）贷款卡并上传人民银行信贷登记咨询系统。

（三）监督支付

按照合同约定，监督贷款资金使用：

（1）企业提款属于委托支付的，银行专职人员根据企业支付申请，核对支付对象、金额等信息与商务合同等证明材料相符后，将贷款资金通过企业账户直接支付给交易对象。

（2）属于企业自主支付的，企业需按借款合同约定定期汇总报告贷款资金支付情况。银行通过账户分析、凭证查验或现场调查等方式核查贷款支付是否符合约定用途。

八、贷后管理阶段

贷后管理包括贷款跟踪监测、贷款到期回收、贷款展期、不良资产处置等程序。

（一）跟踪监测

（1）贷款支付过程中，企业信用状况下降、主营业务盈利下滑、贷款使用出现异常的，银行应与企业协商补充贷款发放和支付条件，或根据合同约定变更贷款支付方式、停止贷款资金的发放和支付。

（2）在整个贷款期内，连续监测、评估贷款品种、额度、期限与借款人经营状况、还款能力的匹配情况，发现问题主动采取措施进行调整，帮助企业信用处于良好状态。

（3）如果发现企业偿债能力不够充足，必要时与企业协商签订账户管理协议，明确约定账户回笼资金进出的管理。

（4）参与借款人大额融资、资产出售以及兼并、分立、股份制改造、破产清算等活动；维护贷款人债权，通过追加担保等有效措施防范化解贷款风险。贷款人应动态关注借款人经营、管理及管理层人事变动等各类信息。

（5）企业经营状况、财务及资金流向发生重大预警信号，根据合同约定及时采取防范措施或提前收贷。

（二）贷款到期回收

（1）贷款期限截止到日前，银行提前 15 天向企业发出贷款到期通知书，提示企业归还贷款。贷款到期时，通知企业会同本行会计部门办理还本付息手续。

（2）根据结清手续,登录企业和担保人贷款卡（证）、人民银行信贷登记咨询系统。

（3）协助企业办理撤销担保登记手续,解除质押、抵押,退还质押、抵押物权利凭证。

（三）贷款展期

贷款需要展期的,银行根据企业申请,审查贷款所对应的资产转换周期的变化原因和实际需要,在风险不上升、授信有额度的前提下,通过一定审批程序决定是否展期,并合理确定贷款展期期限,加强对展期贷款的后续管理。

（四）不良贷款处置

（1）到期未能按期回收形成不良贷款的,银行将根据风险分类,移交资产保全部门进行专门管理,制定清收处置方案。确因暂时经营困难无法按期归还的,与企业协商通过债务重组,或通过第二还款来源清收。

（2）不良贷款确定为损失的,银行内部按规定对贷款进行核销。对债务人依法继续追索或进行市场化处置。

专栏 6-3

流动资金贷款案例分析

2010 年 4 月,BLST 贸易公司向某商业银行申请 1000 万元流动资金贷款,用于原材料采购等日常营运。商业银行在收到这一申请后,具体办理流程有哪些?

案例分析如下。

1. 贷款受理与调查

（1）贷款调查

银行赴实地进行了贷前尽职调查,向借款人收集了贷款所需材料,了解到借款人1999 年 3 月成立于上海市外高桥保税区,是美国 BLST 公司在中国投资的全资子公司,主营业务是进口墙纸并在国内市场销售（其销售的墙纸全部由总公司位于美国、英国等地工厂生产）,公司在外高桥保税区有 650 平方米的中转仓库,在闵行租有 5 000 平方米的全国配送中心仓库及 1 000 平方米的办公区域,年墙纸吞吐量达 56 万卷,并在北京设有办事处,公司员工 100 多人,产品销售覆盖全国所有百安居和家得宝卖场,在全国所有大、中城市都设立授权代理机构,拥有各类经销商 600 多个。2009 年经海关统计,公司的墙纸进口量为中国口岸第一名。

企业近两年销售较稳定,增长幅度不大,2008 年销售收入 1.3 亿元,2009 年销售收入1.4 亿元。毛利润保持在 45％左右,净利润在 26％左右。截至 2010 年 3 月,企业总资产达 6 742 万元,总负债 2 165 万元,资产负债率为 32％,且近两年资产负债率呈下降趋势,长期偿债能力较强。企业流动比率、速动比率分别是 3.02 和 1.23,流动性较好,有一定短期偿债能力。

综上,企业各项财务指标良好,财务制度较规范,对账单现金流入大于报表收入,且金额分散,流入量稳定,持续盈利;企业整体经营规模和盈利能力较好,现金流较充沛;第一还款来源较有保障。

（2）贷款合理性分析

除了了解企业的背景及经营情况外，商业银行还对其资金的用途及授信合理安全性进行了分析。借款人总公司由于今年将加大对中国市场的投入，准备在苏州工业园区建立生产基地，总投入 3 000 万美元。

因此对借款人的贷款账期将缩短到 2 个月左右（原为 3 个月），流动资金需求增加，另外公司今年销售收入预期增长 15% 左右，达到 1.6 亿元（一季度通常由于春节等因素为销售淡季，销售收入为 3 125 万元）。根据《流动资金贷款管理暂行办法》测算企业借款需求额度为 848 万元，加上今年总公司要求应付账款账期缩短，因此申请 1 000 万元的授信额度。

（3）贷款偿还能力与担保措施

企业销售渠道稳定，经营正常，现金流较稳定，还款来源主要是销售回笼。企业 2009 年主营业务收入为 14 030 万元，经过测算，近 3 个月的银行账户累计收款为 5 107 亿元，一年约有 2 亿元，现金流入较充沛。第一还款来源有保障。

第二还款来源为 SSGJ 公司担保，截至 2010 年 3 月该公司资产总额为 476 万元，负债总额为 266 万元，资产负债率为 56%，基本无担保能力。

补充说明：商业银行与上海市综合保税区管理委员会签订了《上海市综合保税区财政补贴项下授信业务双方合作协议》，其中规定，由财政专项拨款作为风险补偿资金的合作模式，根据银行审批的单个项目授信总量逐笔缴存 20% 保证金在商业银行指定开立的保证金账户，用于企业借款出现逾期后向商业银行代偿，保证金账户余额不低于人民币 1 000 万元。

申请主体作为该协议签署后商业银行推荐的第一家符合准入标准的企业，待该企业授信项目审批通过后，商业银行将向管委会出具同意推荐意向书，一旦出现偿付无力，将由财政专项拨款偿付到期本金及利息总额的 20%。

在上述基础上，商业银行撰写了真实、完整的书面调查报告。

2. 风险审查与审批

我行对借款人背景情况、市场前景、融资方案、还款来源可靠性、担保、保险等进行了细致的贷款审查，着重于本笔贷款的合法性、合规性、合理性等方面。考虑到担保措施较弱，企业实际控制人持美国护照，大多时间在国外，企业主要管理人员多是市场招聘职业经理人，有一定流动性，企业发展存在一定不确定性因素，最终，本笔贷款按照审贷分离、分级审批的原则，依我行贷款业务的审批流程进行上报，2010 年 6 月 11 日获得审批通过授信额度 500 万元，利率基准上浮 30%。

3. 合同签订

审批通过后，商业银行按照审批通知书的要求与借款人签订了书面借款合同、担保合同等相关协议，并在协议中与借款人约定具体的贷款金额、期限、利率、用途、支付、还款计划、抵押率、账户监管及其他落实审批要求的相关条款，其中着重约定了贷款资金支付将按照《流动资金贷款业务管理暂行办法》的要求进行管理和控制的条款，并约定了具体的提款条件、违约条件以及违约责任等。即放款前须落实的条件：上海市综合保税区管理委员会出具同意推荐意向书,按授信总量缴存 20% 保证金。

资金监控要求:贷款资金支付对象、支付金额与商务合同信息相符。要求申请人出具书面承诺:待其苏州公司成立后追加担保。

4. 贷款发放和支付管理

2010 年 6 月 28 日,借款人提出资金同户名划转的申请,理由:其销售的主要产品是从国外的母公司 BWC INTERNATIONAL INC. 采购,因此其货款支付方式为外汇 TT 方式,本次 500 万元贷款用于向其母公司采购 8 万卷墙纸,合计金额 80 万美元(附采购合同),因此特申请贷款资金划转至公司在工商银行的外币购汇户用于付汇。

商业银行将对资金的去向进行跟踪,要求其及时提交购汇及 TT 凭证,并在贷款划转后一个月之内提交购货发票,确保资金不间接流入股市、楼市及股权性投资等。

2010 年 6 月 29 日,总部批复同意:贷款资金可划转至公司在工商银行的外币购汇户用于付汇。还款前,请企业提供相关支付使用参考资料,并按其约定后续提供其在工行的用款凭证(留存复印件),最长不得超过一个月。同日,根据客户的提款申请,采用自主支付的方式发放了首笔 500 万元的流动资金贷款,期限 1 年。

2011 年 4 月 29 日,借款人提前还款,并再度放款,额度内延长半年,至 2011 年 12 月 10 日到期。并于 2011 年 5 月 3 日同名划转至工行外汇账户用于购汇。

2011 年 7 月 25 日,总行发文《关于进一步加强三项重大监管工作的通知》,要求自 2011 年 8 月 1 日起,小企业贷款不得办理同名互转。我行随即告之企业,借款人认为此将影响其业务开展,无法接受,并请求贷款到期退出。

为了不轻易流失合作较好客户,分中心即时跟总部沟通,并于 8 月 8 日通过电话会议征得总部同意借款人仍可实行同名划转,惟划款时,按受批支付方式提交《提款申请书》和《额度内提款申请审批表》,由审批中心审批通过后即可划款。最终,在不违背贷款新规精神的情况下妥善解决了借款人资金之合理支付。

5. 贷后管理

贷款发放后,分中心定期进行贷后检查,监控资金用途。重点关注借款人财务状况、经营成果和资金链情况;留意企业银行流水,关注往来频率;留意苏州工厂建设进度,关注企业发展趋势,以确保还款来源。

(案例来源:金融界,http://bank.jrj.com.cn/2011/09/17151511066389.shtml)

综 合 实 训

一、单项选择题

1. 短期流动资金贷款:期限(　　),主要用于企业正常生产经营周转资金需要。

　　A. 3 个月至 1 年(含 3 个月,含 1 年)

　　B. 3 个月至 1 年(不含 3 个月,含 1 年)

　　C. 3 个月(含)以内

　　D. 3 个月(不含)以内

2. 房地产抵押贷款额度根据借款人的资信能力、经营状况和借款时间长短确定,最高不超过抵押物估值总额的（　　　）。

    A. 50%　　　　　B. 60%　　　　　C. 70%　　　　　D. 80%

　　3. （　　　）是贷款审查的必经程序。

    A. 房地产抵押估值　　　　　　　　B. 审核该房地产性质

    C. 核该房地产证书的真实性　　　　D. 作价估值测算公式

　　4. 房地产抵押贷款利息实行（　　　），直接从借款人的存款账户计收。

    A. 按季结息　　　B. 按月结息　　　C. 按年结息　　　D. 一次性付清

　　5. 房地产抵押贷款合同当事人在协商一致后签订抵押贷款合同，并在签订之日起（　　　）天内，由抵押人、抵押权人持抵押合同和有关证件到房地产管理部门进行抵押登记。

    A. 10　　　　　　B. 20　　　　　　C. 30　　　　　　D. 90

　　6. 银行前台部门完成调查后，提交中台风险控制线进行（　　　）。

    A. 调查阶段　　　B. 风险评价　　　C. 贷款审批　　　D. 贷款发放

二、多项选择题

　　1. 按贷款期限可分为（　　　）。

    A. 临时流动资金贷款　　　　　　　B. 短期流动资金贷款

    C. 中期流动资金贷款　　　　　　　D. 长期流动资金贷款

　　2. 担保贷款又分（　　　）等形式。

    A. 保证贷款　　　B. 抵押贷款　　　C. 信用贷款　　　D. 质押贷款

　　3. 按贷款方式可分为（　　　）。

    A. 保证贷款　　　B. 抵押贷款　　　C. 信用贷款　　　D. 担保贷款

　　4. 国内搭桥贷款适用三种情况，即（　　　）。

    A. 政府投资项目　　　　　　　　　B. 上市或预上市公司

    C. 房地产开发企业　　　　　　　　D. 季节性项目贷款需求

　　5. 房地产抵押贷款合同当事人包括（　　　）共同签署。

    A. 贷款银行

    B. 借款人

    C. 中介

    D. 房地产所有权属于第三人的作为担保人

　　6. 贷款受理与调查阶段主要工作程序包括（　　　）四个步骤。

    A. 企业申请　　　　　　　　　　　B. 基本条件审查

    C. 银行受理　　　　　　　　　　　D. 尽职调查

　　7. 流动资金贷款不得用于（　　　）等投资，不得用于国家禁止生产、经营的领域和用途。

    A. 固定资产　　　B. 股权　　　　　C. 长期项目　　　D. 短期项目

三、判断题

　　1. 银行按照企业经营规模核定流动资金授信额度，签订循环贷款合同，即可在合同

有效期内按约定的额度和方式一次提取,随借随还,循环使用。企业用款只需填写借据,免除了繁复的审批程序。(　　)

2. 企业透支款项按流动资金贷款利率计收利息。如果企业发生的透支资金在日终营业结束前归还,不计收利息。(　　)

3. 透支账户为基本存款账户的,透支资金不得用于提取现金或直接将款项划入个人存款账户。(　　)

4. 房地产抵押贷款,在抵押期间,抵押人可以处理已被抵押的房地产,通知银行办理相关手续即可。(　　)

5. 办理法人透支项目的企业,在透支额度有效期间内,可以连续使用透支资金,但未偿还透支资金余额不得超过约定透支额度。(　　)

四、实训课堂

实训内容:资料搜集与分析。

实训过程:

1. 学生分小组,登录各个银行网站。

银行网站参考:中国工商银行网站、中国银行网站、中国农业银行网站、中国建设银行网站、交通银行网站、北京银行网站、华夏银行网站、光大银行网站、招商银行网站、上海浦发银行网站等。

2. 资料搜集:每个小组至少登录三家银行网站,查询这些银行都有哪些流动资金贷款业务,主推的流动资金贷款业务是什么,办理条件、办理流程以及与其他银行相比业务特色是什么。

3. 小组 PPT 展示。

实训考核:

1. 展示状态,对业务的熟悉程度。

2. 资料搜集能力。

3. 资料分析能力。

第七章

固定资产贷款

学习目标

1. 掌握固定资产贷款产品的概念、种类、特征。
2. 了解固定资产贷款管理办法的相关规定。
3. 了解固定资产贷款办理操作流程。

技能要求

1. 能够熟练掌握固定资产贷款的利率、期限和用途。
2. 能够根据固定资产贷款的规定对借款人的申请资料资格进行审查,并向客户推荐固定资产贷款品种,为企业办理固定资产贷款。

引例

房地产贷款

××公司 2010 年 10 月向某商业银行申请房地产开发贷款××亿元,用于企业名下开发的××房地产项目。该银行在收到这一申请后,赴实地进行了尽职贷前调查,向企业收集了贷款所需材料,了解了××公司及其股东情况、项目的规划情况以及贷款担保情况。

公司向银行提供了项目的房地产权证、建设用地规划许可证、建筑工程规划许可证和施工许可证。该银行对其真实性进行了确认,并确认项目资本金比例已经达到 30% 的监管要求,并在上述情况基础上撰写了真实、完整的书面调查报告。

第一节　固家资产贷款概述

一、固定资产贷款的概念

固定资产贷款是银行为解决企业固定资产投资活动的资金需求而发放的贷款,主要用于固定资产项目的建设、购置、改造及其相应配套设施建设的中长期本外币贷款。

专栏 7-1

国务院 1996 年发布的固定资产投资项目资本金制度规定:在投资项目的总投资中,除项目法人从银行或资金市场筹措的债务性资金外,还必须拥有一定比例的资本金。

　　资本金占总投资的比例,根据不同行业和项目的经济效益等因素确定。交通运输、煤炭项目资本金比例为 35% 以上,钢铁、邮电、化肥项目资本金比例为 25% 以上,电力、机电、建材、化工、石油加工、有色、轻工、纺织、商贸及其他行业资本金比例为 20% 及以上。

　　配合产业结构调整,国务院于 2004 年、2009 年对项目资本金进行了两次调整。2009 年调整后的法定项目资本金比例如表 7-1 所示。

表 7-1　现行投资项目资本金比例

固定资产投资项目类型	最低资本金比例/%
钢铁、电解铝项目	40
水泥项目	35
煤炭、焦炭、电石、铁合金、烧碱、黄磷项目,机场、港口、沿海及内河航运项目,玉米深加工项目,普通商品房以外的房地产开发项目	30
铁路、公路、城市轨道交通、化肥(钾肥除外)项目	25
保障性住房和普通商品住房项目,其他项目	20

二、固定资产贷款的种类

(一)按项目运作方式和还款来源不同分

　　固定资产贷款按项目运作方式和还款来源不同分为一般固定资产贷款和项目融资。

　　一般固定资产贷款指银行以既有法人为借款人,以借款人全部现金流和收益为综合还款来源而提供的融资。其特点是:不针对拟建项目专门组建新法人,项目运作和融资以既有法人为主体,还款来源不限于拟建项目自身产生的现金流和资产,以借款人全部预期现金流综合还款。

　　项目融资指银行以对融资项目专门成立的项目法人为借款人,以项目自身的现金流和收益为主要还款来源,以项目资产为保障而提供的融资。其特点是:借款人为特殊目的的实体,除建设和运营项目设施外不履行其他职能;还款主要依赖项目自身产生的现金流和项目资产抵押。

　　项目融资一般应将项目资产设定抵押或以合法收费权作为质押;根据项目风险情况,也可要求项目法人提供其他担保。现金流稳定的发电、公路、铁路、机场、桥梁等大型基建项目通常采取用项目融资方式,房地产开发贷款一般也采取用项目融资方式。

(二)按用途分

　　固定资产贷款按用途分为基本建设贷款、技术改造贷款、房地产开发贷款、其他固定资产贷款等。

(三)按期限分

　　固定资产贷款按期限分为短期固定资产贷款、中期固定资产贷款和长期固定资产贷款。短期固定资产贷款指贷款期限不超过 1 年(含 1 年)的固定资产贷款;中期固定资产贷款指贷款期限在 1 年以上（不含 1 年）5 年以下（含 5 年）的固定资产贷款；长期固定资产贷款指贷款期限在 5 年以上（不含 5 年）的固定资产贷款。

❖ **案例 7-1**

固定资金贷款

2010 年某公司拟在河北省张家口市张北县新建日产 1 200 吨的超高温灭菌奶项目，项目投资总额 3.46 亿元。

据悉，此项目是根据某公司 2009 年股东大会通过的《2010 年度经营方针与投资计划》实施。该公司称，项目市场前景较好，工艺技术和生产管理成熟。经计算，该项目投资回收期 4.89 年，投资回报率为 13.6%，内部收益率为 13.83%。

公告显示，该项目投资回报率较高，投资回收期也较短，抗风险能力较强，预计建设期为 19 个月。该公司为此项目向工商银行提出项目融资贷款 3.46 亿元。

案例分析：

工商银行受理该公司贷款申请后，对固定资产贷款项目进行贷前尽职调查。工商银行经对借款人的信用等级、财务状况以及借款的合法性、安全性、盈利性等情况进行调查，核实抵押物、质物、保证人情况，形成评估意见，认为工行以 6.14% 的年利率提供一笔 5 年期贷款给该公司是可盈利的，可以贷款给该公司。

三、固定资产贷款的特征

（1）一般贷款金额较大；

（2）一般期限较长，大都为中期或长期贷款且大部分采取分期偿还；

（3）在贷款保障方式上，除了要求提供必要的担保外，一般要求以项目新增固定资产作抵押；

（4）在贷款方法上，一般采用逐笔申请、逐笔审核。

固定资产贷款与流动资金贷款的区别见表 7-2。

表 7-2　固定资产贷款与流动资金贷款的区别

项　目	固定资产贷款	流动资金贷款
用途	解决企业固定资产投资活动的资金需求	满足企业中、短期的资金需求
期限	1～5 年的中期贷款或 5 年以上的长期贷款	1 年以内的短期贷款或 1～3 年的中期贷款
审核方式	逐笔申请，逐笔审核	逐笔申请，逐笔审核或在银行规定时间及限额内随借、随用、随还的流动资金贷款额度
还款来源	项目竣工验收投产后的现金或企业自有资金	主要为企业经营收入
风险	外部影响因素多，不确定性和不稳定性因素多，风险较大	大多为借款人、担保人或抵（质）押的风险
收益	长期、稳定收益	短中期收益

相关链接 7-1

2014 年 1～10 月全省固定资产投资运行情况分析

2014 年年初以来,山西省固定资产投资继续平稳快速增长,投资结构不断趋于优化。但受当前经济下行、市场预期、行业发展以及融资难、融资贵情况等多重因素影响,前 10 月全省固定资产投资增速高位回落,投资后劲面临较大的挑战和压力。1～10 月,全省固定资产投资完成 9 163.1 亿元,同比增长 15.3%,增速比 1～9 月回落 2.4 个百分点。

1. 固定资产投资结构继续调整优化

(1) 三产产业投资增长快于二产,快于全省投资增速,投资比重明显上升。

(2) 工业投资中非煤产业、非传统产业、轻工业投资保持较快增长,快于工业投资增速,投资比重明显上升。

① 非煤产业投资快速增长。

② 非传统产业投资较快增长。

③ 轻工业投资快速增长。

(3) 民间投资保持快速增长。

(4) 战略性新兴产业投资较快增长。

2. 影响全省固定资产投资增速下滑的主要因素及原因

(1) 从全省行业投资情况看,基础设施、房地产开发、工业、农业投资等增速回落或降幅扩大,是投资增速回落的主要下拉点。

① 基础设施投资下降。

② 房地产企业开发投资增速趋缓。

③ 工业投资增速趋缓。

④ 农林牧渔业投资增速高位回落。

⑤ 从其他行业看,批发和零售业,软件和信息技术服务业,科学研究和技术服务业、教育、文化、体育和娱乐业等 5 个行业投资增速减缓。

(2) 从投资主体看,国有经济投资增长缓慢,增速持续低位回落。

(3) 从重大项目投资看(不含房地产开发项目),亿元以上项目投资增速明显减缓。

(4) 从在建项目和新开工项目的数量和规模看,增速均明显减缓。

(5) 从资金情况看,全省固定资产贷款余额和项目到位资金增长趋缓,增速均低于全省固定资产投资。

(6) 从市域投资情况看,10 个市投资增速回落,其中 3 个市投资增速低于全省,增速回落幅度较大。

(资料来源:山西省人民政府网站,http://www.shanxigov.cn/n16/n831954/n831954/n8319612/n/8327840/n8328035/18458984.html)

四、固定资产贷款的期限

固定资产贷款期限主要根据借款人的生产经营周期、项目建设需要、还款能力和银行的信贷资金平衡能力等,由借贷双方协商确定,一般不超过 10 年。其中技改项目贷款期限一般不超过 3 年,最长不超过 5 年;基本建设项目贷款期限一般不超过 8 年,最长不超过 10 年。

固定资产贷款超过 10 年的,应按照当地监管部门的要求办理备案等手续。在借款合同确定的期限内,贷款可以分次发放,分次收回。

五、固定资产贷款的利率

一般采用浮动利率,按照中国人民银行有关贷款利率政策、商业银行贷款利率管理规定和贷款合同的约定执行。

人民币固定资产贷款利率以央行确定的同期限贷款利率为基准,并在央行允许的范围内浮动。

🕊 小贴士

固定贷款利率包括人民币贷款利率和外币贷款利率。

1. 人民币贷款利率

人民币固定资产贷款利率以央行确定的同期限贷款利率为基准,并在央行允许的范围内浮动。

人民币固定贷款利率采取浮动利率和固定利率两种方式。1 年以下(含 1 年)贷款原则上采取固定利率方式;5 年以上贷款原则上采取浮动利率方式;1 至 5 年(含 5 年)贷款的利率确定方式由银行和客户协商确定。银行在与客户协商确定利率水平时,应充分考虑客户信用风险、流动性风险、客户综合贡献率和经济资本回报要求等因素。

2. 外币贷款利率

外币贷款利率依照贷款发放时国内外资金市场情况和银行的资金成本而定,通常有两种利率定价方式:

第一种是固定利率,适用于 3 个月以内(含 3 个月)、3 至 6 个月(含 6 个月)、6 个月至 1 年(含 1 年)和 1 至 2 年(含 2 年)四类期限的贷款。2 年以内贷款使用固定利率的,利率水平采取借款合同生效日或其他指定时点相对应的 3 个月、6 个月和 1 年期 LIBOR(或 HIBOR、SHIBOR 等对应币种的基准利率)加点的方式确定;2 年以上贷款使用固定利率的,直接明确具体的利率水平。

第二种是浮动利率,分为 1 个月浮动一次、3 个月浮动一次和 6 个月浮动一次,分别按 1 个月 LIBOR 加点、3 个月 LIBOR 加点和 6 个月 LIBOR 加点的方式定价。

六、固定资产贷款的品种

固定资产贷款用于借款人新建、扩建、改造、开发、购置等固定资产投资项目。固定资产贷款按用途分为基本建设贷款、更新改造贷款、房地产开发贷款、其他固定资产贷款等。具体的贷款品种有以下几个。

(一)基本建设项目贷款

基本建设项目贷款是指商业银行对企业生产性固定资产建设项目提供的中长期贷

款。贷款用途主要是工程项目新建、扩建、改建投资,从而实现外延式扩大再生产。

小贴士

在我国,基本建设重点项目一般是由政府主导的,是国家行使投资职能和国民收入再分配职能的具体表现。国民收入再分配职能是指国家按照经济社会总体发展目标,在预算资金中安排一定比例基本建设投资,用以增加公共积累,保持国民经济发展后劲。

国家投资职能是指根据产业结构调整需要,通过基本建设项目投资,加强薄弱环节,解决国民经济各部门、各地区经济发展不平衡、不协调的问题,保证国民经济协调发展。两种职能互为表里,都是国家根据经济和社会发展的总需求,进行宏观调节的重要手段。

基本建设重点项目一般是由政府主导,授权国有或国家控股企业负责建设和经营。项目建设列入国家或地区中长期发展规划,经过预研、论证、评估、核准程序,项目上马后列入年度重点建设项目计划,从物资、原料和资金上加以保证。

(二) 技术改造项目贷款

技术改造贷款是商业银行对企业推广和应用科技成果,采用新技术、新设备、新工艺、新材料进行的更新改造,包括设备更新和与之相关的建筑安装工程等投资缺口所发放的中长期贷款。技术改造项目贷款可分为专项技术改造项目贷款和一般技术改造项目贷款。

技术改造项目安排与过去基本建设项目大体相同,现已扩大到基础设施、支柱产业中的关键技改项目,以及节能降耗、综合利用等。

小贴士

技改项目的特点如下。

(1) 以内涵式扩大再生产为主,投资少、见效快;

(2) 企业在原有生产经营基础上进行,产品相对成熟,目标市场明确,因而投资风险较小,还可以使存量资产价值得以更新和延长;

(3) 技改项目的主办方和贷款主体一般是原有企业,资金来源包括企业固定资产更新改造基金、自有资金和银行贷款,商业银行与主办企业有长期合作关系,掌握企业信用状况;

(4) 国家对技改项目采取鼓励政策,对列入计划的项目还给予资金支持。

案例 7-2

固定资金贷款——技术改造贷款

借款人金蝶卷烟厂成立于 1980 年,是中原市唯一一家卷烟生产企业,生产销售量占全省卷烟销售的 31%,是重点企业利税大户。

企业为进一步提高产品质量、扩大销售、增加利润,于 2010 年 2 月向某商业银行申请了技术改造贷款 960 万元用于生产高档卷烟,期限三年(2010/2/15—2013/2/15),按季归还贷款本息,还款来源为销售收入。并由中原市万利房地产有限公司提供600万元的担保。同时,用金蝶卷烟厂的一套价值560万元的卷烟生产设备作为抵押。

案例分析:

2011年该银行进行贷款五级分类时,将该技术改造贷款分为正常类。依据如下:

(1)借款人按约使用贷款,并能按期偿还贷款本息。

(2)借款人2010年年末的财务报表资料表明,该企业财务状况良好,销售收入和经营利润稳中有升,现金净流量为正值足以偿还贷款本息。

(3)经过技术改造,借款人的产品质量有所提高,产、销量稳中有升。管理层在严格产品质量管理的同时,积极开拓销售市场。市场占有率从去年同期的31%上升到36%。

(4)在管理、行业、市场竞争和经济环境方面不存在影响借款人未来还款能力的不利因素。

参考分类理由:借款人的财务状况良好,现金净流量为正值,有充足的还款来源,还款情况正常,没有理由怀疑贷款本息不能按时足额偿还。

(三)基础设施项目贷款

基础设施项目贷款是指商业银行对各级政府举办的以基础设施、市政工程等社会生产服务项目为对象提供的中长期贷款。按基础设施贷款的回收途径划分,可分为收益性基础设施贷款和非收益性基础设施贷款。

广义基础设施是指保证社会经济活动正常进行的公共服务系统,涵盖为社会生产和居民生活提供服务的各种工程设施,包括公路、铁路、港口、机场、通信、水电气暖等公用设施,以及科教、文卫、体育、休闲等社会基础设施。

小贴士

基础设施项目的主要特点如下。

(1)基础设施投资原理与基本建设重点项目一样,都属于国家投资职能和再分配职能。但有两点差异:

① 项目目标不同,基建项目立足企业扩大再生产,而基础设施项目着眼于扩大社会生产。

② 举办层次不同,国有企业经过改制改组,大型以上国有企业全部集中到中央和省区两级政府管理,相应的基本建设重点工程也大多由省以上政府统一规划;而基础设施项目的范围要大得多,省市县都在抓,各级政府都有积极性。

(2)基础设施项目一次投资大、收益率低、回收期限长,另一方面也具有竞争有限、市场风险较低、现金流稳定的优点。

(3)基础设施项目需要政府统筹规划,还款来源包括收益性基础设施项目的经营收入、财政补助或预算内后续资金投入。

(4)基础设施的负债主体一般是政府独资(或控股)的城市建设投资公司,以政府投资承诺、国有资产或土地收入为抵押申请贷款,即所谓政府融资平台。

（四）土地开发储备贷款

土地开发储备贷款是商业银行对省市政府批准成立,依法受托从事建设用地开发、整理、收购及储备等土地经营单位发放的中短期贷款。按土地入市阶段,又分为一级土地开发贷款和土地储备贷款。

土地一级开发是政府在一级市场上征购农村土地或拆迁城市土地,委托经过授权的土地开发商加以整理和基础设施配套,使其具备二级市场转让条件。土地一级开发贷款是为支持土地整理和基础设施基本配套投资而发放的贷款。

土地收购储备是政府设立专职土地流转中心,代理政府对完成一级开发的土地进行收购、整理、储备,然后通过公开市场转让的过程。土地储备贷款是面向土地收储事业法人,为支持其收购、储备行为在土地收购环节提供的贷款。

✿小贴士

土地开发储备项目的主要特点如下。

（1）项目投资对象具有良好的增值性、流通性、变现性;

（2）投资回收期主要取决于土地一级开发周期,一般不超过一年;

（3）还款来源主要依靠土地增值收入,无须考虑市场风险和经营效益。

由于土地开发储备对象特殊,市场流通属于政府垄断,土地经营需要政府特许授权,因此土地开发储备项目贷款与其他项目贷款要求条件也有所不同。

（1）土地开发储备的借款人须为直辖市、副省级城市、省会城市或经济较发达省辖市政府授权的企业或事业法人单位;

（2）区域经济发展良好,财政收入稳定,政府负债水平合理,土地市场化程度较高,房地产市场环境良好,土地存量适中,土地收购、整理、储备和出让等行为规范;

（3）贷款项目符合上级政府批准的城市规划和土地利用总体规划,并已列入当地政府的年度土地储备计划;

（4）用于收购、整理和储备的土地应为可出让的商品住宅、商业设施,园区工业项目及配套等经营性用地;

（5）贷款项目属于征购农村土地的,需按国家有关法规履行报批程序,并完成签约、付款,办妥征地和地籍变更手续;

（6）贷款项目应与宗地区位、编号相对应,地段位置一流,规划合理,公建配套齐全,具备开发建设条件,有较大增值潜力,市场前景良好。

（五）商用房地产开发项目贷款

房地产开发项目按市场目标,分为民用和商用房地产开发。民用住宅包括普通商品房、限价房和经济适用房等;商用房地产是指写字楼、商厦、酒店、公寓、会馆、会展中心、影视和休闲场所等以经营为目的房屋建筑。按照建设目的和商业银行贷款管理分类,一般房地产贷款归类流动资金贷款,商用房地产按固定资产贷款管理。

商用房地产是同时具有地产、商业和投资三种特性的综合性项目,既可以利用其良好的增值性和变现能力,作为抵押品融通资金,又可以作为营业场所获取经营收益,还可以坐享土地自然增值带来的资产溢价收益。近年来在一线城市,房地产市场已经形成开发、金融与营销分工协作的利益共同体。商业银行对商业房地产与一般房地产一样,原则上采取支持政策,并根据"业主、合规、地段、功能、规模、担保"六因素综合评价,按照风险最小化原则选择介入方式。

✎ 专栏 7-2

房地产开发贷款的风险管理

从降低房地产开发贷款风险的角度出发,中国人民银行和中国银行业监督管理委员会要求商业银行对房地产开发贷款进行风险管理,主要措施如下。

（1）对未取得《国有土地使用证》、《建设用地规划许可证》、《建设工程规划许可证》和《建设工程施工许可证》的项目,不得发放任何形式的贷款。

（2）对申请贷款的房地产开发企业,应要求其自有资金不低于开发项目总投资的35%。严格落实房地产开发企业贷款的担保、抵押,确保其真实、合法、有效。

（3）房地产开发项目,应符合国家房地产发展总体方向,有效满足当地城市规划和房地产市场的需求,保证项目的合法性和可行性。

（4）对申请贷款的房地产开发企业进行深入调查审核,对成立不满3年且开发项目较少的专业性、集团性的房地产开发企业的贷款应审慎发放,对经营管理存在问题、不具备相应资金实力或有不良经营记录的房地产开发企业的贷款发放应严格限制。

（5）在房地产开发企业的自筹资金得到保证后,可根据项目的进度和进展状况,分期发放贷款,并对其资金使用情况进行监控,以防止其挪用贷款转作其他项目或其他用途。

（六）科技开发项目贷款

科技开发项目贷款是商业银行对项目承担单位新技术、新产品研制开发,科技成果产业化及推广应用提供的贷款。科技开发贷款包括科研贷款、技术开发贷款、火炬计划贷款、计算机技术开发贷款、军转民技术开发贷款和科技成果推广贷款。

科技开发项目一般属于高风险投资,原则上不属于商业银行贷款范围。在银行改制前,对这类贷款需要当作任务去完成。目前实际上仅作为信贷产品线的保留项目,只对两类情况开放:一是列入国家重大科技专项,或863计划、火炬计划、星火计划,有财政资金或专项基金打头的项目;二是大型企业一揽子授信内的科技推广项目。

（七）企业并购项目贷款

企业并购贷款是商业银行向并购方企业提供的、用于收购被并购企业股权或资产支付对价款项的贷款。并购贷款适用于优势企业通过受让现有股权、认购新增股权,或收购资产、承接债务等方式以实现合并,或实际控制已设立并持续经营的目标企业的交易行为。企业并购贷款分为企业兼并项目贷款和企业收购项目贷款。

相关链接 7-2

上海银监局：上海银行业并购贷款超百亿

自银监会发布《商业银行并购贷款风险管理指引》以来，上海银行业稳步推进并购贷款业务的发展。上海银监局统计数据显示，截至 2010 年 6 月末，上海银行业共完成 33 笔并购贷款业务，贷款总额超过 100 亿元。目前，企业对并购贷款需求大，银行提供的并购贷款种类渐趋丰富。

上海银监局表示，目前，上海银行业开展的并购贷款业务，有力地促进了上海经济结构的升级。上海银监局指出，通过并购贷款，一是大力支持了新能源等新兴行业的大力发展；二是支持龙头企业做大做强；三是帮助企业有效整合了整个上、下游产业链；四是助推国内企业的国际化步伐。

（资料来源：证券日报，2010 年 9 月 9 日，http://zqrb.ccstock.cn/html/2010-09/09/content_216371.htm）

七、固定资产贷款风险分析

一般固定资产贷款和项目融资由于项目周期长，存在着建设期风险和经营期风险，包括政策风险、筹资风险、完工风险、产品市场风险、超支风险、原材料风险、营运风险、汇率风险、环保风险和其他相关风险。

为防范信贷风险，银行应以偿债能力分析为核心，充分识别和评估金融风险，重点从项目技术可行性、财务可行性和还款来源可靠性等方面评估信贷风险，充分考虑政策变化、市场波动等不确定因素对项目的影响，审慎预测项目的未来收益和现金流。

八、固定资产贷款对商业银行经营的意义

固定资产贷款是商业银行的主要资产业务和信贷品种之一，开办时间早、业务规模大，也是商业银行的主要盈利来源。银行发放固定资产贷款，通过信用的形式提供固定资产更新改造过程中的资金需求，在支持国家建设、促进经济发展方面发挥着重要作用。

相关链接 7-3

固定资产贷款的相关规定

（1）固定资产贷款原则上采用担保贷款方式，其中中长期固定资产贷款一般采用抵押或质押贷款方式，项目融资一般以项目资产设定抵押或合法收费权作为质押。

（2）固定资产贷款按国家和银行的有关规定合理定价。利率档次按照提款时借据约定期限或合同约定确定。利率档次、利率浮动、计息方法、结息时间、加息、贴息、罚息等执行有关制度规定。

（3）申请固定资产贷款的项目，原则上银行都要进行项目评估。

项目评估指银行对借款人提供固定资产贷款的项目，从借款人的信誉和能力、项目

建设的必要性、技术上的先进性和可行性、财务效益、银行综合收益及风险等方面进行深入、全面的论证评价,提出明确的评估结论,为信贷决策提供参考依据。

项目评估应撰写评估报告,并就贷与不贷,贷款发放条件及用款条件,以及客户授信额度、贷款金额、利率、币种、总期限、提款有限期、担保、用款计划、还款计划、贷款的风险程度提出明确调查结论和意见。

第二节 固定资产贷款流程

一、企业投资项目核准程序

投资项目属于《政府核准的投资项目目录》,需经过下列核准程序。

(一)编制项目申请报告

项目申请报告应由具备相应工程咨询资格的机构编制。其中,由国务院投资主管部门核准的项目,其《项目申请报告》应由具备甲级工程咨询资质的机构编制。

(二)申报

企业投资建设应由地方政府投资主管部门核准的项目,须按照地方政府的有关规定,向相应的项目核准机关提交项目申请报告。项目申报单位报送项目申请报告,需附报以下文件:

(1)城市规划主管部门出具的城市规划意见;

(2)国土资源主管部门出具的项目用地预审意见;

(3)环境保护主管部门出具的环境影响评价文件的审批意见;

(4)根据有关法律法规应提交的其他文件。

(三)受理

项目核准机关收到申报材料,经审核认为符合要求的,予以正式受理,并向项目申报单位出具受理通知书。

(四)委托评估

项目核准机关受理核准申请后,如有必要可委托有资格的咨询机构进行评估。接受委托的咨询机构应在项目核准机关规定的时间内提出评估报告,并对评估结论承担责任。咨询机构在进行评估时,可要求项目申报单位就有关问题进行说明。

(五)行业主管部门审核

项目核准机关在进行核准审查时,如涉及其他行业主管部门的职能,应征求相关部门的意见。相关部门应在规定时间内提出书面审核意见;逾期没有反馈书面审核意见的,视为同意。

（六）征求公众意见和专家评议

对于可能会对公众利益造成重大影响的项目，项目核准机关在进行核准审查时应以适当方式征求公众意见。对于特别重大的项目，可以实行专家评议制度。

（七）核准决定

对同意核准的项目，项目核准机关应向项目申报单位出具项目核准文件，同时抄送相关部门和下级项目核准机关；对不同意核准的项目，应向项目申报单位出具不予核准决定书，说明不予核准的理由，并抄送相关部门和下级项目核准机关。经国务院核准同意的项目，由国务院投资主管部门出具项目核准文件。

二、企业投资项目备案程序

投资项目不属于政府核准的投资项目，实行备案制，备案程序如下。

（1）项目申请人提交备案报告，填写《企业投资项目备案申请表》，备案报告内容包括：项目申请人的基本情况；项目的行业属性、产品名称、生产规模、投资总额、工程项目内容；项目耗用原料及其来源，水电等能源消耗和供给；生态环境影响分析。

（2）投资主管部门审查备案材料后，做出是否同意备案的决定，并抄送相关行政主管部门。

（3）项目申请人凭备案文件向有关部门申请办理土地使用、环境保护、资源利用、城市规划、安全生产、进口减免税等方面的手续。

（4）项目备案后，应企业要求，投资主管部门可以组织有关行政主管或专业机构进行投资项目初步设计咨询性会审。

三、借款人提交借款申请

借款人向银行提交借款申请书以及银行要求的相关资料，包括营业执照、公司章程、近三年财务报告、项目立项及批复文件、项目经济效益分析、用还款计划等。

借款人申请办理固定资产贷款应提供以下基本资料：

（1）固定资产贷款申请书（见表7-3）。

（2）借款人基本情况、资格证明文件、贷款卡、授权书等。

（3）董事会成员的主要负责人、财务负责人的名单和签字样本，董事会决议等。

（4）税务部门年检合格的税务登记证明。

（5）经有权机构审计或核准的近三年和最近一期的财务报表和报告。

（6）建设项目材料，包括项目提出的有关背景材料，自筹资金和其他建设资金、生产资金筹措方案以及落实资金来源的证明材料，项目建议书及批准文件，可行性研究报告及批准文件，项目概算资料，项目前期准备完成情况报告及有关资料，建设项目规划许可证。

（7）担保材料，包括保证人的证明文件、财务资料、担保的承诺文件、抵（质）押物清单及权属证明。

（8）银行需要的其他资料。

表 7-3　固定资产贷款申请书

申请人（全称）			法定代表人		
住所（地址）			联系电话		
项目名称			项目性质		
基本存款账户行			基本存款账号		
在农发行开立何种账户			账号		
贷款证（卡）号		信用等级		评定年度	
项目投资总额	人民币（大写）：				

	项目	金额	资金来源渠道		金额	计划投入日期
项目投资构成	土建工程		资本金	国家资国		
	生产设备			企业资本		
	附属设备			个人资本		
	安装费用		其他自筹资金	财政借款		
	建设期利息			其他单位借款		
	其他费用					
	流动资金					
	合　计					

申请借款金额	人民币（大写）：				
借款期限	个月，自　　年　　月起至　　年　　月止				

借款用途	

	日　期	金　额		日　期	金　额
用款计划	年　　月		还款计划	年　　月	
	年　　月			年　　月	
	年　　月			年　　月	
	年　　月			年　　月	
	年　　月			年　　月	
	年　　月			年　　月	

续表

	项　目	批准单位及文号	批准日期		项　目	批准单位及文号	批准量
立项批准情况	项目建议书			建设条件	新增土地		
	项目可行报告				建筑面积		
	项目扩充计划				增加用电		
	项目投资计划				增加用水		
	环保报告				三废治理		
	开工批准文件						

计划开工时间		计划竣工时间		计划投产时间	

担保情况	保证	保证人全称		信用等级	
		基本存款账户行		基本存款账号	
		保证人全称		信用等级	
		基本存款账户行		基本存款账号	
	抵押	抵押人全称		是否设定其他担保	
		主要抵押物		现值	权属证明
		抵押人全称		是否设定其他担保	
		主要抵押物		现值	权属证明
	质押	出质人全称			
		质押物名称		现值	权属证明
		出质人全称			
		质押物名称		现值	权属证明

申请人(公章)	担保人意见:	担保人意见:	银行受理意见:
法定代表人(负责人)或授权代理人: 年　月　日	担保人(公章) 法定代表人(负责人)或授权代理人: 年　月　日	担保人(公章) 法定代表人(负责人)或授权代理人: 年　月　日	客户经理: 客户部门负责人: 年　月　日

✎ **专栏 7-3**

固定资产贷款的贷款对象

固定资产贷款的贷款对象为经工商行政管理机关（或主管机关）核准登记的具有贷款资格的企（事）业法人和其他经济组织。

借款人申请固定资产贷款应具备以下基本条件：

（1）项目和产品符合国家产业、国土、环保、资源、城市规划政策和银行信贷政策。

（2）项目融资借款人控股股东信用状况良好，无不良信用记录，一般固定资产贷款借款人有稳定的经济收入，能按期偿还本息，无不良信用记录。

（3）持有人民银行核准发放并经过年检的贷款卡，以及技术监督部门颁发的组织机构代码。

（4）除不需要经工商行政管理机关核准登记的事业法人外，应当经过工商行政管理机关办理《营业执照》年检手续。

（5）使用政府投资的项目，持有政府有权部门批准的文件；需政府有权部门核准的项目，持有有权部门核准的证明文件；需备案的，持有向有权部门备案的证明文件；需主管部门同意的投资项目，持有主管部门批准文件；按照国家规定应取得环境保护许可的，需取得环保部门批准文件；涉及用地的，需取得土地主管部门的批准文件；按规定取得的其他批准文件。

（6）须有符合规定比例的项目资本金。

（7）项目资金来源明确并有保证。

（8）能够提供合法、有效、足值的担保。

（9）申请外汇固定资产贷款，须提供有效的外汇贷款用途证明和有关部门的批件，且符合有关外汇管理规定。

（10）新建项目实行项目法人制。

四、固定资产贷款受理与调查

银行经营机构受理客户固定资产贷款申请后，对固定资产贷款项目进行贷前尽职调查。银行进行贷前的调查和评估，对借款人的信用等级以及借款的合法性、安全性、盈利性等情况进行调查，核实抵押物、质物、保证人情况，形成评估意见。

经营机构完成对固定资产贷款的尽职调查后，应结合调查内容和项目的相关材料，出具独立项目贷款调查报告，并连同其他送审材料按规定程序一并送审。

尽职调查的主要内容包括：

（1）借款人及项目发起人等相关关系人的情况；

（2）贷款项目的情况；

（3）贷款担保情况；

（4）需要调查的其他内容。

尽职调查人员应当确保尽职调查报告内容的真实性、完整性和有效性。

五、固定资产贷款审查与审批

银行授信审查审批部门负责固定资产贷款审查。授信审查审批部门按相关规定对固定资产贷款进行审查,对审查中不明事项,应要求经营机构进一步补充相关资料或解释说明。授信审查审批部门审查后,填写固定资产贷款审批表(见表7-4),提出审查意见,提交有权审批人审批。

表 7-4 固定资产贷款审批表

借款人名称				贷款类型		
借款人地址				信用等级		
币种与金额		贷款利率		贷款用途		
贷款期限		提款有效期		宽限期	贷款方式	
基本要素审查	借款人及担保资料是否齐备		是□否□	遗漏资料或事项:		
	信贷业务内部调查、分析材料是否齐备合格		是□否□			
主体资格审查	借款人主体资格是否合法		是□否□	存在问题:		
	贷款项目是否符合贷款条件		是□否□			
	担保人是否具备担保资格,抵(质)押物是否足值		是□否□			
信贷政策审查	项目来源和程序是否合法		是□否□	存在问题:		
	项目建设是否符合产业政策		是□否□			
	贷款用途、期限、方式、价格等是否符合本行信贷政策		是□否□			
信贷风险审查	授信审批意见:					
	内部评级意见:					
表决意见(√)	同意		不同意		再议	
	理由:					
	限制性条款及其他建议:					

贷款人应落实具体的责任部门和岗位,对固定资产贷款进行全面的风险评价,并形成风险评价报告。

贷款人应按照审贷分离、分级审批的原则,规范固定资产贷款审批流程,明确贷款审批权限,确保审批人员按照授权独立审批贷款。

六、固定资产贷款合同签订

贷款经有权审批人最终审批同意后,经营机构根据审批内容和要求,填写借款合同、担保合同等相关法律文件各要素,并经银行放款部门审核通过后,与借款人及相关当事人签订借款合同、担保合同等相关法律文件。借款人与银行签订借款合同后,需落实第三方保证、抵押、质押等担保,办理有关担保登记、公证或抵押物保险、质物交存银行等手续。

七、固定资产贷款发放

贷款发放支付实贷实付原则。所谓实贷实付,是指企业申请借款用途与实际使用、申请支付款项与商务合同完全一致,总之就是杜绝贷款挪用。

(1)银行内部设立独立于信贷经营、审批专责部门和岗位,负责贷款发放和提款条件审核。

(2)按照账户监督约定,设立专门的贷款发放账户,与企业营运资金实现隔离。专门(或专用)账户只办理单项固定资产贷款的发放支付。

(3)明确划分项目贷款受托支付和自主支付条件与范围:

① 贷款资金支付单笔金额超过 500 万元或超过项目总投资 5% 的,采用银行受托支付方式。即根据企业提款申请和支付委托,审核有关商务合同、发票、运单等支付凭证,审查无误后直接将贷款资金支付给商务合同约定用途的企业交易对手,即先审后付;

② 限额以下小额支付可根据企业提款申请,先发放至企业账户,由企业在规定范围内自主支付。银行定期检查或不定期抽查企业相关支付凭证,即先付后审。发现有违约情形者,可按事先约定取消自主支付或停止贷款发放。

综 合 实 训

一、单项选择题

1. 固定资产贷款是银行为解决企业( )的资金需求而发放的贷款。

    A. 固定资产投资活动   B. 流动资金需要

    C. 生产急需   D. 经营周转

2. 中期固定资产贷款的期限是( )。

    A. 1 年以上   B. 1~5 年   C. 5~8 年   D. 5 年以上

3. 固定资产贷款一般期限较长,大都为中期或长期贷款且大部分采取( )还款方式。

    A. 固定一次偿还   B. 分期偿还

    C. 等额本息   D. 等额本金

4. ( )是用于基础设施、市政工程、服务设施和以外延扩大生产能力或工程效益为主的新建或扩建工程等基本建设项目的贷款。

    A. 项目贷款   B. 技术改造贷款

    C. 基本建设贷款   D. 科技开发贷款

5. 固定资产贷款原则上采用( )贷款方式。

    A. 信用   B. 担保   C. 留置   D. 其他

6. 长期固定资产贷款指贷款期限在( )的固定资产贷款。

    A. 5 年以上(含 5 年)   B. 5 年以上(不含 5 年)

    C. 8 年以上   D. 10 年以上

7. 5 年以上固定资产贷款原则上采取（　　）方式。

    A. 固定利率   B. 浮动利率

    C. 由银行和客户协商确定   D. 其他

二、多项选择题

1. 固定资产贷款根据项目运作方式和还款来源不同分为（　　）。

    A. 一般固定资产贷款   B. 特殊固定资产贷款

    C. 项目融资   D. 房地产开发贷款

2. 固定资产贷款的产品特征是（　　）。

    A. 贷款金额较大   B. 期限较长

    C. 分期偿还   D. 提供担保

3. 固定资产贷款期限主要根据借款人的（　　），由借贷双方协商确定。

    A. 生产经营周期   B. 项目建设需要

    C. 还款能力   D. 银行的信贷资金平衡能力

4. 固定资产贷款用于借款人（　　）等固定资产投资项目。

    A. 新建   B. 改造   C. 开发   D. 购置

5. 借款人申请固定资产贷款时，应提供保证人的（　　）等担保材料。

    A. 证明文件   B. 财务资料

    C. 担保的承诺文件   D. 抵（质）押物清单及权属证明

6. 银行经营固定资产贷款的流程包括（　　）。

    A. 受理与调查   B. 审查与审批   C. 合同签订   D. 贷款发放

7. 固定资产贷款风险主要有（　　）。

    A. 政策风险   B. 完工风险   C. 原材料风险   D. 汇率风险

三、判断题

1. 项目融资指银行以对融资项目专门成立的项目法人为借款人，以项目自身的现金流和收益为主要还款来源。（　　）

2. 基本建设项目贷款期限一般不超过 8 年，最长不超过 15 年。（　　）

3. 固定资产贷款的贷款对象为经工商行政管理机关（或主管机关）核准登记的具有贷款资格的企（事）业法人和其他经济组织。（　　）

4. 固定资产贷款的利率一般采用固定利率方式。（　　）

5. 申请固定资产贷款的项目和产品必须符合国家产业、国土、环保、资源、城市规划政策和银行信贷政策。（　　）

四、实训课堂

实训内容：资料搜集与分析。

实训过程：

1. 学生分小组，登录各个银行网站。

银行网站参考：中国工商银行网站、中国银行网站、中国农业银行网站、中国建设银行网站、交通银行网站、北京银行网站、华夏银行网站、光大银行网站、招商银行网站、上海浦发银行网站等。

2. 资料搜集：每个小组登录至少三家银行网站，查询这些银行都有哪些固定资产贷款业务，主推的固定资产贷款业务是什么，办理条件、办理流程以及与其他银行相比业务特色是什么。

3. 小组 PPT 展示。

实训考核：

1. 展示状态，对业务的熟悉程度。

2. 资料搜集能力。

3. 资料分析能力。

第八章

票据融资

学习目标

1. 掌握商业汇票的一般规定和类型。
2. 能够向客户说明商业汇票的业务流程。
3. 了解商业汇票贴现对银行的经营意义。

技能要求

1. 能够与客户进行初步沟通，了解客户需求。
2. 能够按照商业汇票的相关规定解答客户咨询，并为客户办理商业汇票贴现业务。

引例

北京A公司与太原B公司有商业往来。北京A公司从太原B公司处购买煤炭，双方约定付款方式为银行承兑汇票。太原B公司在发货后，北京A公司于2012年2月1日开出银行承兑汇票2 000万元整，收款人为太原B公司，太原B公司拿到银行承兑汇票，付款期限6个月。

2012年4月1日，太原B公司需要周转资金，想把北京A公司签发的银行承兑汇票进行贴现。

商业汇票贴现是指持票人在需要资金时，将其未到期的票据经过背书转让给银行，银行根据票面金额以及贴现率计算出从贴现日至到期日这段时间的贴现利息，并从票面金额中扣除，余额部分支付给客户。

第一节 票据融资概述

一、票据的概念

票据是由出票人签发、约定自己或者委托付款人在见票时或指定的日期向收款人或持票人无条件支付一定货币的有价证券。广义的票据有汇票、本票、支票、提单、存单、股票、债券等。我国《票据法》规定的票据仅指汇票、本票和支票。

🕊️**小贴士**

票据的起源和发展

商业票据产生于企业商品交易赊购赊销的需要,商品买方向卖方出具承诺在未来某一日期支付该项交易对价的书面凭证,即为早期票据,从而无须现金支付即期取得了所需物品。

卖方基于对买方的信用赋予延期付款的便利,同时提前实现了商品销售。以后为了满足票据持有人(卖方)结算、变现的需要,对票据逐步加以背书转让、贴现融资等功能。随着市场经济不断发展,票据现已成为企业不可或缺的支付结算和资金融通工具。

二、票据的种类

(1) 按出票人不同分为银行汇票、商业汇票。

银行汇票是指由出票银行签发的,由其在见票时按照实际结算金额无条件付给收款人或者持票人的票据。银行汇票的出票银行为银行汇票的付款人。多用于办理异地转账结算和支取现金,尤其在见票时,按照实际结算金额无条件支付给收款人或持票人的票据。银行汇票有使用灵活、票随人到、兑现性强等特点,适用于先收款后发货或钱货两清的商品交易。

商业汇票是出票人签发的,委托付款人在指定付款日期无条件支付确定金额给收款人或持票人的票据。商业汇票的签发是伴随商业信用行为的,因此,商业汇票的出票人必须与付款人具有真实的贸易关系和真实的委托付款关系。

🕊️**小贴士**

商业汇票的期限及票面要素

(1) 商业汇票的付款期限最长不得超过 6 个月。

(2) 商业汇票的提示付款期限,自汇票到期日起 10 日。持票人应在提示付款期内通过开户银行委托收款或直接向付款人提示付款;超过提示付款期限的银行承兑汇票,持票人开户银行不予受理;超过提示付款期限的商业承兑汇票,在向承兑人做出说明后,可向承兑人请求付款。对异地委托收款的,持票人可匡算邮程,提前通过开户银行委托收款。超过提示付款期,开户银行不予受理。

商业汇票必须记载下列内容:表明"商业承兑汇票"或"银行承兑汇票"字样;无条件支付的委托;确定的金额;付款人名称;收款人名称;出票日期;出票人签章。

(2) 商业汇票按照承兑人的不同,分为商业承兑汇票和银行承兑汇票两种。

商业承兑汇票是由付款人签发并承兑,或由收款人签发交由付款人承兑付款的票据。

银行承兑汇票是在承兑银行开立存款账户的存款人即承兑申请人签发,由开户银行承兑付款的票据。从法律角度看,商业汇票承兑人承担第一付款人的责任。

专栏 8-1

银行承兑汇票票据行为

在票据生命周期内,根据票据相关当事人市场活动对票据的用途,票据行为包括出票、承兑、背书、贴现、质押、付款。

1. 银行承兑汇票的出票

银行承兑汇票是由出票人签发,由银行承兑的,由银行在指定日期无条件支付确定的金额给收款人或者持票人的票据。出票人将签发好的银行承兑汇票交给收款人后,出票行为即告完成。

2. 银行承兑汇票的承兑

承兑是以出票行为的成立为前提,承兑行为必须在有效的汇票上进行才能生效。承兑是一种要式法律行为,必须依据票据法的规定做成并交付,才能生效。承兑是持票人行使票据权利的一个重要程序,持票人只有在付款人做出承兑后,其付款请求权才能得以确定。

银行承兑汇票的承兑是银行做出的,表示其于到期日支付汇票金额的票据行为。在实务中,银行承兑汇票的承兑文句(即"承兑"字样)已经印在汇票的正面,如"本汇票已经承兑到期无条件付款"、"本汇票已经承兑,到期日由本行付款"等,无须承兑人另行记载,承兑人只需在承兑人签章处签章并在承兑日期栏填明承兑日期即可。

3. 银行承兑汇票的背书

背书是一种票据行为,是票据权利转移的重要方式。

背书按目的可以分为两类:

一是转让背书,即以转让票据权利为目的的背书。

二是非转让背书,即以设立委托收款或票据质押为目的的背书。

背书应当记载在票据的背面或者粘单上,而不得记载在票据的正面。背书栏不敷背书的,可以使用统一格式的粘单,黏附于票据凭证上规定的粘接处。粘单上的第一记载人,应当在票据和粘单粘贴处签章。如果背书记载在票据的正面,背书无效。

如出票人在票据正面记载"不得转让"字样的,票据不得转让(丧失流通性)。其直接后手再背书转让的,出票人对其直接后手的被背书人不承担保证责任,对被背书人提示付款或委托收款的票据,银行不予以受理。票据背书人在票据背书人栏记载"不得转让"字样,其后手再背书转让的,记载"不得转让"字样的背书人对其后手的被背书人不承担保证责任。

4. 银行承兑汇票的贴现

银行承兑汇票贴现是一种融资行为,持有银行承兑汇票的企业的贴现申请人由于资金需要,将未到期的银行承兑汇票转让于银行,银行按一定利率扣除自贴现日至到期日的利息后将票面余额付给持票人的一种融资行为。

5. 银行承兑汇票的提示付款

提示付款是指票据的持票人在票据的付款期限内向票据付款人提示票据,要求票据付款人偿付票据金额的行为。银行承兑汇票的持票人应当自汇票到期日起 10 日内通过开户银行委托收款或直接向付款人提示付款。

6. 银行承兑汇票的付款

银行承兑汇票的付款是指银行在持票人提示付款时按票据上的记载事项向持票人支付票据金额的行为。承兑银行的出票人于汇票到期日未能足额交存票款的,承兑银行除凭票向持票人无条件支付票款外,对出票人尚未支付的汇票金额按照每天万分之五计收利息。

持票人委托的收款银行的责任,限于按照汇票上记载事项将汇票金额转入持票人账户。付款人委托的付款银行的责任,限于按照汇票上记载事项从付款人账户支付汇票金额。

(3) 按付款时间不同分为即期汇票、远期汇票。

(4) 按有无附属单据分为光票、跟单汇票。

三、票据的当事人

出票人——签发票据并将票据交付给对方的人,通常为第一手商品交易买方,是票据的主债务人。持票人或收款人提示票据要求付款或承兑时,出票人应该立即付款或承兑。

付款人——指支付给持票人或收款人票面金额的人。在第一手交易中,票据签发人即付款人。票据经过背书后,付款人是出票人的债务人。

收款人——指收取票面金额的人。在第一手交易中,收款人是商品的卖方。经过背书后,收款人是出票人的债权人,有权要求付款人或出票人付款或承兑。

承兑人—— 票据是远期票据时,收款人或持票人向付款人要求付款人同意到期付款,该付款人就是承兑人。

背书人——指在票据上背书转让给其他人的人。背书是在票据的背面填写转让要素并签字盖章,票据可以多次背书转让。接受了背书票据的人称为被背书人。

持票人——持有票据的人。只有持票人才有权要求付款或承兑。通常持票人即为收款人。

保证人——以自己的名义对票据付款加以保证的人。保证人可以为出票人、背书人、承兑人或参加承兑人提供担保。

四、票据的融资功能

票据不同于一般结算支付工具的最大特点,是以交易双方及与银行间的信用关系为基础,支持商品交易在价值形式、货币形态进行时空转换。这使票据同时成为反映债权债务关系的书面凭证,代表一定数量货币请求权的有价证券,可以在一定范围和条件下流通,具有部分货币职能。于是票据升格为兼具支付结算和资金融通两大功能的金融工具。

票据融资是企业将未到期票据转让给商业银行,银行按票面金额扣除贴现利息后将余额支付给收款人的一项银行授信业务,称为票据贴现。票据一经贴现便归贴现银行所有,贴现银行到期可凭票直接向承兑银行收取票款。票据贴现对于企业是为了促进商品交易,加快资金周转,提前收回投资于商业信用的垫支资本;对于商业银行(或专业贴现公司)来说,是与商业信用相结合的授信放款业务的一个种类。在我国,商业票据主要是指银行承兑汇票和商业承兑汇票。

相关链接 8-1

小额票据贴现年投放近 35 亿资金

日前,上海市小额票据贴现中心成立一周年暨上海农商银行贴现业务客户推介会召开。一年来,上海农商银行共办理单张票面 100 万元以下小额票据近 12 000 张,向 840 户中小微企业投放了近 35 亿元的小额票据贴现融资,成为企业小额票据贴现业务首选渠道。

上海市小额票据贴现中心的成立旨在解决小额票据贴现难问题,缓解中小企业资金压力。近年来,票据在经济活动中的运用越来越广泛,但小额票据、小银行承兑票据贴现难的问题一直未能有效解决,很大程度上加剧了中小微企业的资金紧张度。

据市中小企业办调查,今年三季度,44%的中小企业收到银行承兑票据作为回款,企业收到的银行承兑票据占回款的比例显著上升,在个别行业更是占到了 80%以上。

这些票据以单张 20 万元以下居多,占比 51%。为缓解资金压力,约 1/3 的企业希望通过票据贴现融通资金。同时,受成本因素、风险因素、管理因素和机制等制约,小额票据、小银行承兑票据贴现业务成为商业银行不愿接手的"烫手山芋"。

为此,2013 年 10 月,市经信委授牌上海农商银行发起成立了"上海市小额票据贴现中心",成为服务中小微企业融资的又一次有益探索和尝试。

上海农商银行不仅实现了确保额度及所有对公经营网点对符合条件的小额票据"来单必收"的承诺,更是直面市场需求,承担起本地法人金融机构的社会责任,用创新来满足需求,用机制来化解矛盾。在"量"升的同时,注重服务的"质",实现了对中小微企业的全方位组合式服务。

(资料来源:新民晚报,2014 年 11 月 25 日,http//xmwb. xinmin. cn/html/2014-11/25/content-2-21-3. htm)

五、商业汇票的主要贷款品种

商业汇票贴现是指持票人将未到期的商业汇票转让给银行,银行在按贴现率扣除贴现利息后将余额票款付给持票人的一种授信业务。商业汇票持有人在资金暂时不足的情况下,可以凭承兑的商业汇票向银行办理贴现,以提前取得贷款。

票据是市场经济不断发展的产物,现已成为资金融通和结算过程中必不可少的工具。在国内,银行承兑汇票和商业承兑汇票被广泛使用,是买方向卖方进行支付的一种常用方式。过去,票据作为支付手段的功能得到了充分运用和强调,近年来,票据的融资功能也日益被企业和银行所推崇。

(一) 银行承兑汇票的主要贷款品种

1. 敞口保证金银行承兑汇票

敞口保证金银行承兑汇票指保证金本金不足以覆盖票面金额等额的银行承兑汇票。对于银行来说,该业务属于授信业务,企业要向银行提交流动资金贷款时相应的申请文件。

❖ 案例 8-1

企业向银行申请签发一张票面金额为 1 000 万元、期限为 6 个月、保证金比例为 30% 的银行承兑汇票,表示企业以 300 万元作为保证金,向银行融资 700 万元,即银行等同于向企业发放期限为 6 个月、金额为 700 万元的流动资金贷款。

相对于全额保证金银行承兑汇票,部分商业银行会根据敞口金额收取一定比例的敞口承诺费,因此敞口保证金银行承兑汇票手续费偏高,具体收费标准因行因企业而异。

2. 银行承兑汇票贴现融资

银行承兑汇票贴现是指持票人在需要资金时,将其未到期的票据,经过背书转让给银行,银行根据票面金额以及贴现率,计算出从贴现日至到期日这段时间的贴现利息,并从票面金额中扣除,余额部分支付给客户。

票据到期时,银行持票据向票据载明的支付人索取票面金额的款项。对于企业来说,贴现融资可以满足公司将银行承兑汇票快速变现的需求,手续方便,可以有效降低手续费支出,融资成本低,有利于企业培植自身良好的商业信用;对银行来说,相当于作了一笔贷款,且事先扣除了利息,在银行资金紧张时,还可向央行再贴现,或申请他行转贴现融资。

贴现是票据融资中最为普遍和广泛的融资行为,银行结合市场的需要推出了多种不同的票据融资方案。主要包括以下几种。

(1) 买方付息贴现

根据贴现利息付息人的不同,可分为卖方付息贴现和买方付息贴现。卖方付息贴现即通常所说的贴现。买方付息贴现是票据持有人(卖方)将未到期的银行承兑汇票转让给银行,银行向买方收取贴现利息后,按票面金额将全款支付给持票人的一种票据业务。买方必须提供由其签章的承诺函,表明由其承担贴现利息。在实际操作中,也有买方、卖方、银行签订三方合作协议的情况。

买方付息贴现的付款效果同现金付款一样,买方可以获得较好的商业折扣,卖方可以获得票面全款,相对于贷款融资,可以有效降低买方的融资成本,在会计处理上也更加规范。传统的卖方付息贴现方式下,关联企业之间结算,往往贴现利息仍由买方承担,买方私下将贴现利息转给卖方;而买方付息贴现则是通过银行扣划贴现利息并出具利息凭证,会计手续规范。

❖ **案例8-2**

买方付息票据操作

西安延长炼化有限公司为陕西省规模较大的炼化公司,年销售规模超过30亿元,公司大量采购成品油。公司的主要原油供应商是北京新兴石油有限公司。由于公司大量从银行贷款,以获得现金采购原油,因此财务费用一直较高,公司希望降低财务费用。

案例分析:

某银行经过分析后认为,必须采取新的银行工具才能打动客户,因为:一是西安延长炼化有限公司在银行有大量的闲置额度,新加入竞争的银行同样提供贷款融资,没有任何的竞争优势。二是由于北京新兴石油有限公司非常强势,不愿意承担贴现利息,因此不会接受使用传统票据的。经过银行向西安延长炼化有限公司营销,西安延长炼化有限公司说服北京新兴石油有限公司接受买方付息票据。

在某银行西安开发区支行开户的西安延长炼化有限公司向原油销售商北京新兴石油有限公司购买价值1 000万元的原油,选择使用某银行的买方付息票据尝试。终于,该银行通过买方付息票据成功切入该公司。

延长石油采取以下两种方式办理货款支付。

(1)传统现金支付方式:西安延长炼化有限公司先向银行借款,金额1 000万元,期限6个月,利率5.04%(以5.04%为半年期基准贷款利率),然后以现金方式支付。西安延长炼化有限公司的资金成本为贷款利息25.2万元。

(2)买方付息银行承兑汇票方式:西安延长炼化有限公司向北京新兴石油有限公司签发商业承兑汇票1 000万元,期限6个月,贴现利率为3.5%。西安延长炼化有限公司的成本为贴现利息17.5万元。

两种方式比较:西安延长炼化有限公司的成本可以轻松下降7.7万元,有效降低了资金成本,提高了对原油价格波动的承受能力,增强了企业竞争力。

企业选择不同的支付方式,财务费用大相径庭,银行客户经理应当担任企业的财务顾问,辅导、培训企业正确合理使用银行产品,最大限度地降低财务费用,合理安排现金流出,控制企业的销售回款风险。客户经理必须认真学习买方付息票据产品,该产品对于特大型客户非常适用。我们帮助客户节省了财务费用,客户就会给我们源源不断的回报。

(案例来源:立金银行培训,http://blog.sina.com.cn/s/blog_53a3ba910100079k.html)

(2)"先贴后查"银行承兑汇票贴现

"先贴后查"银行承兑汇票贴现是持票人将持有未到期的银行承兑汇票转让给银行,银行在核定的额度内,在票据"照票"核实前,先按票据金额扣除贴现日至汇票到期前一日的利息后付给持票人的一种授信业务。

这种模式可以节约时间成本,简化办理手续,提高业务效率,企业及时获得资金融通。该业务通常针对银行的重点客户,适用于信用程度高、管理规范的客户。

(3)代理贴现

代理贴现是指贴现申请人通过与其代理人、银行签订三方协议,委托其代理人在贴现银行代办票据贴现手续,贴现银行审核无误后,直接将贴现款项划付给贴现申请人的一种票据贴现业务。

该融资方案降低了票据异地传送费用,在买方付息贴现业务项下,买方代理持票人(卖方)办理贴现,买方可以有效地控制贴现利息成本,同时买方可以获得同现金付款一样的商业折扣。从买方的利益角度出发,将代理贴现业务与买方付息贴现捆绑,降低了财务费用。

(4)银行承兑汇票包买

银行承兑汇票包买是指银行根据包买申请人(持票人)的申请,无追索权地买入其持有的、由符合同业授信管理规定银行承兑的、以人民币计价的远期银行汇票的一种授信业务。

银行承兑汇票包买的特点如下。

① 买方的最终付款风险转由银行承担,在基础交易真实合法的基础上,银行对已支付的贴现款项无追索权。

② 卖方远期应收票据变为即期的现金收入,财务状况得到实质改善。

③ 卖方资金周转率提高,便利资金周转。

3. 银行承兑汇票质押贷款

银行承兑汇票质押贷款是银行根据以银行承兑汇票为质押物的融资方式,借款人向贷款人提供可转移的财产作为按期归还贷款的担保,在借款不能按期还款时,贷款人有权依法处分该质押财产,并从处分质押财产中优先得到偿还。

❖ **案例 8-3**

银行承兑汇票票据操作

河北新长钢铁销售有限公司注册资本 3 000 万元,年销售规模达到 15 亿元,为河北本地的特大型钢铁经销商,每年收到大量银行承兑汇票。公司下游在河北的井陉、藁城等地有大量的村镇用户,这些用户在当地的石家庄农信社、村镇银行大量签发银行承兑汇票。河北新长钢铁销售有限公司每年收到下游客户支付的石家庄农信社承兑的银行承兑汇票超过 3 亿元。

河北新长钢铁销售有限公司为了刺激销售、扩大钢铁销售市场,对于收取的银行承兑汇票的要求不严。但是,河北新长钢铁销售有限公司上游为河北钢铁集团,该集团要求不收取城市商业银行及农村信用社、村镇银行的银行承兑汇票。

案例分析:

某银行了解到:河北新长钢铁销售有限公司对每年收到的 3 亿元石家庄农信社承兑的银行承兑汇票非常头疼,无法背书转让给河北钢铁集团,当地的银行又不给办理贴现,只能高成本转给当地的一些地下钱庄，采取隐性贴现方式，获取现金。

某银行发现了其中的商机，立即为河北新长钢铁销售有限公司申请银行承兑汇票额度6亿元，保证金比例50%；敞口担保方式：石家庄农信社承兑的银行承兑汇票提供抵押。考虑到河北新长钢铁销售有限公司票据量极大，这种操作模式可以大幅沉淀存款。

某银行提供如下服务：

（1）河北新长钢铁销售有限公司缴存3亿元存单将收到一笔银行承兑汇票，期限1个月，金额1 000万元，汇票号码：000005，交付给某银行，银行提供短变长业务。

（2）银行对质押的银行承兑汇票完成票据真伪鉴别，并完成票据查询手续后，确定提供1个月变6个月服务，并商议托收回来资金存为存款期限为3个月定期存款及7天通知存款。

（3）银行与上海绿新钢铁销售有限公司签订《银行承兑汇票质押协议》及《银行承兑协议》。银行为客户办理期限6个月、金额1 000万元的银行承兑汇票，汇票号码：000006。

（4）银行承兑汇票（汇票号码：000005）到期，银行办理托收，将托收回来的1 000万元资金按照先3个月定期存款后7天通知存款办理存款。

（5）银行承兑汇票（汇票号码：000006）到期，银行扣划1 000万元资金兑付票据，其余的利息划付给上海绿新钢铁销售有限公司。

（案例来源：立金银行培训，http://blog.sina.com.cn/s/blog_53a3ba910100079k.html）

（二）商业承兑汇票保贴贷款品种

商业承兑汇票保贴是指对符合银行规定条件的企业，以书函的形式承诺为其签发或持有的商业承兑汇票办理贴现，即给予保贴额度的一种授信行为。

商业承兑汇票保贴是银行对企业发放的授信额度，可在额度内循环使用。申请保贴额度的企业既可以是票据的承兑人，也可以是票据的持票人或贴现申请人。企业在取得了银行保贴额度的授信后，可以在签发或持有的商业承兑汇票后加具银行保贴函，由银行保证贴现，当持票人向银行提交票据要求贴现时，由银行扣除利息后向其融通资金。

六、商业汇票产品的相关规定

（一）商业汇票的使用范围

商业汇票必须是在银行开立存款账户的法人以及其他组织之间使用，且必须具有真实的交易关系或债权债务关系。出票人不得签发无对价的商业汇票，用以骗取银行或者其他票据当事人的资金。

异地、同城或同一票据交换区域都可以使用商业汇票。

（二）商业汇票的背书转让

商业汇票在付款期限内可以背书转让，但其转让背书必须是连续的。被背书人作为后手应对其直接前手背书的真实性负责。商业汇票一律记名,要填明收款人名称,背书转让时,由收款人或背书人填明被背书人的名称和背书日期。商业汇票出票人在商业汇票上注明"不得转让"字样的,以及持票人填明"委托收款"的商业汇票不得转让。

商业汇票的持票人可以持未到期的商业汇票连同贴现凭证向银行申请贴现;贴现银行可持未到期的商业票据向其他银行转贴现,也可向人民银行申请再贴现。贴现、转贴现的期限最长不超过 6 个月,再贴现期限最长不超过 4 个月。

（三）商业汇票的承兑

（1）提示承兑。商业汇票可以在出票时向付款人提示承兑后使用,也可以在出票后先使用,然后再向付款人提示承兑。出票定日付款或出票后定期付款的商业汇票,持票人应在汇票到期日前向付款人提示承兑;见票后定期付款的汇票,持票人应当自见票日起 1 个月内向付款人提示承兑。

（2）承兑。付款人应自收到提示承兑的汇票之日起 3 日内承兑,或出具证明拒绝承兑。银行承兑汇票的承兑银行,应按票面金额向出票人收取 5‰的手续费。

七、票据贴现融资的特点

（一）企业可以提前获得资金

企业收到票据至票据到期兑现之日,往往是少则几十天,多则 300 天,资金在这段时间处于闲置状态。企业如果能充分利用票据贴现融资,远比申请贷款手续简便,而且融资成本很低。票据贴现只需带上相应的票据到银行办理有关手续即可,一般在 3 个营业日内就能办妥,对于企业来说,这是"用明天的钱赚后天的钱",这种融资方式值得中小企业广泛、积极地利用。

对于中国众多的中小企业来说,在普通贷款中往往因为资本金规模不够,或无法找到合适的担保人而贷不到钱,因此,票据贴现无须担保、不受资产规模限制的特性对他们来说就更为适用。

（二）票据贴现利率低

票据贴现能为票据持有人快速变现手中未到期的商业票据,手续方便、融资成本低,是受广大中小企业欢迎的一项银行业务。贴现利率在人民银行规定的范围内,由中小企业和贴现银行协商确定。企业票据贴现的利率通常大大低于到银行进行商业贷款的利率,融资成本下降了,企业利用贷款获得的利润自然就高了。

八、商业承兑汇票贴现存在的主要风险

（1）承兑风险,票据到期企业无法兑付,迫使银行垫款而出现信用风险。
（2）假票、克隆票识别难而出现的技术风险。
（3）银行结算制度还不完善,遇到无理拒付而出现道德风险。
这些情况严重制约了商业承兑汇票市场的发展。

相关链接 8-2

操作、合规风险正在积聚，票据监管容不得含糊

"票据业务的操作风险和合规风险正在积聚、加大。""监管必须加强，容不得有任何的含糊和犹豫。"11 月 27 日，原中国工商银行行长杨凯生在其参与撰写的《中国票据市场投资报告 2014—2015》发布会上如此对记者表示。这是国内首份票据市场研究报告。

杨凯生认为，几个因素叠加导致了票据业务的风险正在加大。一方面，受金融脱媒和利率市场化加速推进等因素的影响，银行的资金成本正在不断抬高，票据业务的利率风险也随之不断加大；另一方面，影子银行快速发展，票据市场参与主体迅速增多，各类机构在票据审验、保管等基础工作上的水平参差不齐，"甚至连'票据必须具有真实的交易背景'这项基本要求也不一定能落实到位"。

尽管直言票据市场的风险，但杨凯生并未否定票据市场发展的意义。"无论什么人、什么样的机构从事票据业务都要依法合规开展，到底该不该给它戴一顶影子银行的帽子是其次，关键是依法合规的监管，要规范，要有序，要避免对正常的金融秩序的冲击。"

他同时认为，随着中国经济进入"新常态"，未来一定时期内金融机构信贷总量增速将放缓，"票据贴现规模的增长也将进一步趋于平稳"。

（资料来源：21 世纪经济报道，2014 年 11 月 28 日，http://epaper.21jingji.com/html/2014-11/28/content_19436.htm）

第二节 商业汇票贴现办理流程

商业汇票贴现是指持票人在需要资金时，将其未到期的票据，经过背书转让给银行，银行根据票面金额以及贴现率，计算出从贴现日至到期日这段时间的贴现利息，并从票面金额中扣除，余额部分支付给客户。票据到期时，银行持票据向票据载明的支付人索取票面金额的款项。

对于企业来说，贴现融资可以满足公司将银行承兑汇票快速变现的需求，手续方便，可以有效降低手续费支出，融资成本低，有利于企业培植自身良好的商业信用；对银行来说，相当于作了一笔贷款，且事先扣除了利息，在银行资金紧张时，还可向央行再贴现，或申请他行转贴现融资。

企业向银行办理商业汇票贴现通常经过以下操作程序：企业申请→银行受理调查→照票核实→贴现审批→签订协议→款项入账。

一、企业申请

（一）票据贴现的申办条件

（1）按照《中华人民共和国票据法》规定签发的有效汇票，基本要素齐全。

（2）单张汇票金额不超过 1 000 万元。

（3）汇票的签发和取得必须遵循诚实守信的原则，并以真实合法的交易关系和债务关系为基础。

（4）承兑行具有银行认可的承兑人资格。

（5）承兑人及贴现申请人资信良好。

（6）汇票是以合法的商品交易为基础。

（7）汇票的出票、背书、承兑、保证等符合我国法律法规的规定。

（二）贴现申请人所需提供的资料

（1）贴现申请书（见表 8-1）。

表 8-1　银行承兑汇票贴现申请书

贴现申请人全称：	经济性质： 账号：			
收款人全称： 账号：	付款人全称： 账号：			
汇票签发人全称：	汇票承兑银行：			
交易合同号：	增值税发票号：			
承兑协议编号：				
汇票具体内容				
汇票编号	汇票金额	贴现金额	汇票签发日	汇票到期日
			年　月　日	年　月　日
背书转让顺序：杭州知行装饰公司——深圳东港材料行——中国票据网				
交易合同主要内容摘录：				
所购商品的市场销售或生产耗用情况：				
贴现贷款的保证单位或抵（质）押物名称：				
贴现贷款用途：				
汇票承兑行与付款人的业务关系： 长期银企合作关系（　），背书转让关系（　），初次结算（　），其他（　）				
贴现申请人保证： 1. 所提供的资料、数据绝对真实。 2. 票据到期日，如付款单位不能按期承付，由本单位全额承付，或在本单位账户上扣除。 3. 上述保证具有法律效力，在诉讼时放弃抗辩权。				

以上申请请予审核办理。

此致

贴现申请单位（盖章）：

法定代表人签字：

经办人（签章）：

年　月　日

（2）未到期的承兑汇票,贴现申请人的企业法人资格证明文件及有关法律文件。

（3）经年审合格的企业（法人）营业执照（复印件）。

（4）企业法人代表证明书或授权委托书,董事会决议及公司章程。

（5）贴现申请人与出票人之间的商品交易合同及合同项下的增值税专用发票复印件。

（6）贴现申请人的近期财务报表。

二、银行受理调查

银行首先检查企业提交资料是否备齐,调查申请人的业务情况、资金头寸、贷存比例等情况,确定受理意向。调查重点是票据和商品交易的真实性、合法性以及了解、审查企业财务报表（资产负债表、现金流量表、损益表）,测算企业信用等级与风险度,以备贴现票据托收退回时的票款追偿。

调查重点：

（1）贴现的票据、《贴现申请书》、《担保协议书》和《贴现凭证》上面的账号、合同号、日期、金额、利率和印鉴等要素应填写齐全,保持一致。

（2）贴现票据上各类要素应填写齐全、规范,背书必须连续,背书上的企业公章（或财务专用章）、法人代表（或授权委托代理人）签章应齐全、清晰。

（3）贴现的票据上没有"不得转让"或"质押"字样。

（4）贴现期限最长不超过 6 个月。

（5）贴现的票据必须经购货单位承兑。

出于控制风险的原因,银行一般受理银行承兑汇票的贴现,对商业承兑汇票的贴现持谨慎态度。前几年我国银行票据市场呈现出以银行承兑汇票为主的单边市场,商业承兑汇票贴现仅在上海有办理,其他省市比例较小。

三、照票核实

所谓"照票",是银行查询核实商业汇票的真伪。银行会计部门对票面进行审查,看票面填制是否合规、有效,要素是否完整,如有背书是否连续,从而做出该票据是否符合贴现条件的结论性意见。

如银行一时无法确认汇票的真实性,还要通过银行联行查询,要求对方承兑银行确认汇票真伪。目前我国还没有一个全国统一的银行查询系统,对方银行收到此类照票单,有时只能回复"确有签发过此汇票,真假请自辨"。如是同城汇票,银行会派双人赴承兑银行照票。如进行异地核查,则会增加银行贴现成本。

四、贴现审批

银行逐级审批,并计算实付贴现金额。计算分式为

$$实付贴现金额 = 票面金额 - 贴现利息$$

其中

$$贴现利息 = 票面金额 \times 贴现天数 \times (贴现月利率/30)$$

贴现利率一般低于银行流动资金贷款利率。

五、签订协议

银行审批通过后,双方签订银行承兑汇票贴现协议(见图 8-1),经贴现申请人和银行法定代表人签字生效。提供贴现担保或经背书转让的,按担保方式不同要签署相应的担保合同。明确各方的权利与义务。

编号:(　　)_____字第_____号

贴现申请人(下称甲方):_____

法定代表人(或授权代理人):_____

开户银行:_____

账号:_____

企业(法人)营业执照号码:_____

贴现人(下称乙方):中国银行_____行

法定代表人(或授权代理人):_____

地址:_____

甲方因经营周转需要,以其持有的未到期银行承兑汇票_____张向乙方申请贴现,双方就贴现事宜达成协议如下:

一、汇票内容。

二、申请贴现金额为人民币(大写)_____(小写)_____元。

三、本协议项下贴现资金只能用于_____,未经乙方书面同意,不得挪作他用,如甲方未按约定用途使用本协议项下贴现资金,乙方有权对挪用部分每日按挪用金额的万分之_____计收利息,并停止对其办理商业汇票贴现业务。

四、贴现期限从本协议生效之日起至票据到期日止,承兑人在异地的,另加 3 天划款日期。

五、贴现利率为_____。

六、甲方声明和保证

1. 甲方是依据中华人民共和国法律登记注册且已在乙方开立往来账户的企业法人或其他组织,具备所有进行经营活动必要的民事权利能力和民事行为能力,并已得到充分和合法授权签署和履行本协议。

2. 甲方自愿将本协议项下的银行承兑汇票向乙方贴现,并保证该银行承兑汇票的取得具有真实的交易关系存在,并且其取得行为是合法的、善意的;乙方一经贴现,即拥有有关该汇票的一切票据权利。

3. 甲方保证其在票据上的签章真实、有效。

4. 汇票不论何种原因而不能按时收到汇票款项,乙方有向甲方追索未付的汇票金额及延误收款期间的利息和有关费用的权利。

5. 汇票不论何种原因而遭退票,乙方在退票之日即可从甲方账户中扣收未付的汇票金额及延误收款期间的利息和有关费用,并将剩余未付款项按逾期贷款的规定处理。

6. 甲方保证按乙方的要求提供所需的用款情况、财务报告等资料,并对其准确性、真实性和有效性承担责任。

7. 无论何种原因导致甲方或承兑人将要或已丧失付款能力的,乙方有权提前向甲方收回汇票金额及利息和费用。

七、本协议如需公证,公证费用由甲方支付。

八、本协议在下列条件实现时生效:

1. 本协议经双方法定代表或授权代理人签字并加盖单位印章;

图 8-1　银行承兑汇票贴现协议

2. 乙方经审查同意并且实际办理了本协议下的汇票贴现业务。

九、本协议一式三份,甲方执一份,乙方执两份,均具有同等效力。

贴现申请人(公章): _____

法定代表人

或授权代理人: _____

_____年_____月_____日

贴现人(公章): _____

法定代表人

或授权代理人: _____

_____年_____月_____日

图 8-1 (续)

六、款项入账

企业将商业汇票背书转让银行,银行会计部门复核所有单据准确无误后,办理贴现划付手续。

综 合 实 训

一、单项选择题

1. 商业汇票是( )签发的,委托付款人在指定付款日期无条件支付确定金额给收款人或持票人的票据。

  A. 出票人   B. 银行   C. 付款人   D. 收款人

2. 商业汇票的付款期限最长不得超过( )。

  A. 1 个月   B. 3 个月   C. 6 个月   D. 1 年

3. 银行承兑汇票是由( )出票,向开户银行申请并经银行审查同意承兑后,保证在指定日期无条件支付确定的金额给收款人或持票人的票据。

  A. 在承兑银行开立存款账户的存款人   B. 出票人

  C. 银行   D. 收款人

4. 银行承兑企业签发的商业汇票意味着( )对购货企业承付货款提供了担保。

  A. 银行   B. 收款人   C. 担保人   D. 付款人

5. 相对于贷款,银行承兑汇票成本( )。

  A. 相同   B. 低

  C. 高   D. 具体情况具体分析

6. ( )是持票人将持有未到期的银行承兑汇票转让给银行,银行在核定的额度内,在票据"照票"核实前,先按票据金额扣除贴现日至汇票到期前一日的利息后付给持票人的一种授信业务。

  A. 买方付息贴现   B. "先贴后查"银行承兑汇票贴现

  C. 代理贴现   D. 银行承兑汇票包买

7. (　　)是指贴现申请人通过与其代理人、银行签订三方协议,委托其代理人在贴现银行代办票据贴现手续,贴现银行审核无误后,直接将贴现款项划付给贴现申请人的一种票据贴现业务。

    A. 买方付息贴现　　　　　　　　　　B. "先贴后查"银行承兑汇票贴现

    C. 代理贴现　　　　　　　　　　　　D. 银行承兑汇票包买

二、多项选择题

1. 商业汇票按照承兑人的不同,分为(　　)。

    A. 商业承兑汇票　　　　　　　　　　B. 银行汇票

    C. 银行本票　　　　　　　　　　　　D. 银行承兑汇票

2. 商业承兑汇票可以(　　)。

    A. 转贴现　　　　B. 贴现　　　　C. 再贴现　　　　D. 背书转让

3. 银行承兑汇票贴现对银行来说,相当于作了一笔贷款,且事先扣除了利息,在银行资金紧张时,还可向央行(　　),或申请他行(　　)融资。

    A. 贴现　　　　B. 再贴现　　　　C. 转贴现　　　　D. 再贷款

4. 贴现是票据融资中最为普遍和广泛的融资行为,银行结合市场的需要推出了多种不同的票据融资方案,主要包括(　　)。

    A. 买方付息贴现　　　　　　　　　　B. "先贴后查"银行承兑汇票贴现

    C. 代理贴现　　　　　　　　　　　　D. 银行承兑汇票包买

5. 根据贴现利息付息人的不同,可分为(　　)。

    A. 买方付息贴现　　　　　　　　　　B. "先贴后查"银行承兑汇票贴现

    C. 代理贴现　　　　　　　　　　　　D. 卖方付息贴现

6. (　　)可以使用商业汇票。

    A. 异地　　　　　　　　　　　　　　B. 同一票据交换区域

    C. 同城　　　　　　　　　　　　　　D. 只能同城

7. 贴现、转贴现的期限最长不超过(　　),再贴现期限最长不超过(　　)。

    A. 6 个月,4 个月　　　　　　　　　　B. 4 个月,6 个月

    C. 6 个月,3 个月　　　　　　　　　　D. 3 个月,6 个月

三、判断题

1. 超过提示付款期限的银行承兑汇票,持票人开户银行不予受理。(　　)

2. 客户签发商业承兑汇票,银行既收取售票工本费,还收取手续费。(　　)

3. 商业承兑汇票到期日,如付款人账户不足支付,付款人银行支付款项。(　　)

4. 一旦商银行承兑汇票到期购货方无力支付货款,银行必须无条件替企业垫付资金。(　　)

5. 商业汇票在付款期限内可以背书转让,但其转让背书必须是连续的。(　　)

四、实训课堂

实训内容: 资料搜集与分析。

实训过程:

1. 学生分小组,登录各个银行网站。

银行网站参考：中国工商银行网站、中国银行网站、中国农业银行网站、中国建设银行网站、交通银行网站、北京银行网站、华夏银行网站、光大银行网站、招商银行网站、上海浦发银行网站等。

2. 资料搜集：每个小组至少登录三家银行网站，查询这些银行都有哪些票据融资业务，主推的票据融资业务是什么，办理条件、办理流程以及与其他银行相比业务特色是什么。

3. 小组 PPT 展示。

实训考核：

1. 展示状态，对业务的熟悉程度。

2. 资料搜集能力。

3. 资料分析能力。

第九章

贸 易 融 资

学习目标

1. 了解贸易融资的含义、特点。
2. 掌握贸易融资的分类以及具体的信用证产品及汇款项下的贸易融资。
3. 理解进口信用证项下的贸易融资以及出口信用证项下的贸易融资。

技能要求

1. 能准确熟练地区分进口项下贸易融资产品及出口信用证项下贸易融资产品。
2. 根据企业特点，能够向企业推荐适合企业使用的贸易融资品种，并办理相关业务。

引例

"三言两语"看懂国内贸易融资工具

国内信用证卖方押汇是指卖方发货后，银行凭单证相符单据向企业提供的短期资金融通。当企业在即期或延期国内信用证项下办理交单后，并有资金周转需要时，可以向银行申请卖方押汇业务。

对企业来说，国内信用证卖方押汇能帮助企业加快资金周转，在买方支付货款前可提前得到偿付，增加当期现金流，操作手续也比流动资金贷款等更简便。

通常供应商作为商品卖方，在资金比较紧张的状况下，希望通过买方进行融资的企业。具体情况包括：

(1) 卖方流动资金有限，依靠快速的资金周转开展业务；

(2) 卖方在发货后，收款前遇到临时资金周转困难；

(3) 卖方在发货后，收款前遇到新的投资机会，且预期收益率高于押汇利率。

国内商业发票贴现：

国内商业发票贴现业务是指卖方将其与买方订立的货物销售、服务或工程合同项下产生的应收账款转让给银行，由银行为卖方提供贸易融资、应收账款催收、销售分户账管理等服务。为企业提供了融资便利，可加快卖方资金周转速度。

对国内商业发票贴现有需求的企业主要包括两类：

(1) 适用于以赊销(O/A)为付款方式，且付款期限不超过180天(含)的国内货物贸易、服务贸易和工程类业务；

(2) 流动资金有限，需改善资金状况的企业。

(资料来源：青岛财经日报，2014年11月10日，http://epaper.qdcaijing.com/cjrb/html/2014-11/10/content_183741.htm)

第一节　贸易融资概述

一、贸易融资的概念

贸易融资(trade financing)是银行的业务之一。它是指银行对进口商或出口商提供的与进出口贸易结算相关的短期融资或信用便利。境外贸易融资业务是指在办理进口开证业务时,利用国外代理行提供的融资额度和融资条件,延长信用证项下付款期限的融资方式。

贸易融资是在商品交易中,银行运用结构性短期融资工具,基于商品交易(如原油、金属、谷物等)中的存货、预付款、应收账款等资产的融资。贸易融资中的借款人,除了商品销售收入可作为还款来源外,没有其他生产经营活动,在资产负债表上没有实质的资产,没有独立的还款能力。贸易融资保理商提供无追索权的贸易融资,手续方便,简单易行,基本上解决了出口商信用销售和在途占用的短期资金问题。

相关链接 9-1

广发银行贸易融资产品概览

无论你是在供应链的核心企业,还是上下游的配套企业,广发银行"贸融通"的供应链融资都可以为你提供应需而变的融资解决方案。广发"贸融通"关注于贸易供应链的整合和价值链的管理,通过对现金流、物流、信息流的管理和控制,将贸易环节中资金、商品、信息进行一体化整合管理,形成供应链融资新理念。"贸融通"产品系列如下。

1. 出口贸易融资产品

装运前融资,打包放款,出口押汇,出口信用保险项下押汇,出口国际保理,福费廷,出口退税账户托管贷款。

2. 进口贸易融资产品

进口押汇,进口代付,进口全程货权质押授信业务,提货担保,保函和备用信用证。

3. 应收账款类融资产品

应收账款质押融资,国内保理,国内信用险项下应收账款融资。

4. 存货类融资产品

动产质押授信,仓单质押授信,动产抵押授信。

5. 预付货款类融资产品

厂商银、厂厂银三方合作授信,厂商银储四方合作授信。

6. 特色融资产品

应收账款池融资,租赁保理,国内信用证。

(资料来源:金融频道,2014 年 12 月 8 日. http://finance. dbw. cn/system/2014/12/08/056184705. shtml)

二、贸易融资的特点

贸易融资具有高流动性、短期性和重复性的特点，强调操作控制，淡化财务分析和准入控制，有利于形成银行与企业之间长期、稳定的合作关系。贸易融资还能实施资金流和物流的控制，有利于风险的动态把握，避开企业经营不稳定的弱点。

我国中小企业融资往往具有金额小、次数多、周转速度快等特点，而贸易融资恰能满足这些要求。相对而言，贸易融资无论从风险度、银行准入门槛、审批流程度方面都较普通的流动资金贷款有优势。

1. 贸易融资准入门槛较低

这有效解决了中小企业因财务指标达不到银行标准而无法融资的问题。

调查企业的规模、净资产、负债率、盈利能力及担保方式等情况是传统银行流动资金贷款过程中的必要环节，很多中小企业因为达不到银行评级授信的要求而无法从银行获得融资。而贸易融资进入门槛较低，在贸易融资过程中，银行关注的重心是每笔具体的业务交易，重点考察贷款企业单笔贸易的真实背景及进出口企业的历史信誉状况，无须套用传统的评价体系。

在这一过程中，担保原则被弱化，银行通过资金的封闭运作，确保每笔真实业务发生后的资金回笼，以控制风险。对于一些因财务指标达不到银行标准而难以获得贷款的中小企业来说，贸易融资的推出意味着他们可以通过真实交易的单笔业务获得贷款，通过不断的滚动循环来获取企业发展所需要的资金，融资难的问题在一定程度上自然就缓解了。

2. 贸易融资审批流程相对简单

企业可以较为快速地获取所需资金。中小企业由于受资金规模的限制，资金链始终处于较为紧张的状态，融资的时效性要求较强，而传统的流动资金贷款要求银行对贷款企业的基本情况、财务指标、发展前景、融资情况、信用记录、可抵押物或可担保单位等各个当面做出严谨的调查，审批流程繁杂冗长，经常发生等银行审批完毕企业已经不需要融资的情况。

近年来，国内各银行纷纷开始重视贸易融资，对贸易融资流程进行重新整合，简化流程，只要调查清楚企业单笔贸易背景，并结合企业历史信用记录，落实相关要求后就可以放款，满足了中小企业融资的失效性要求。

3. 贸易融资比一般贷款风险低，能有效降低银行风险

中小企业流动资金贷款具有风险高、成本高、收益少的特点，很容易产生资金挪用风险；而贸易融资业务则注重贸易背景的真实性和贸易的连续性，通过对企业信用记录、交易对手、客户违约成本、金融工具的组合应用、银行的贷后管理和操作手续等情况的审查，确定企业在贸易过程中所产生的销售收入（贸易融资的第一还款来源），融资额度核定由贸易额扣除自有资金比例确定，期限限定与贸易周期匹配，资金不会被挪用，风险相对较小。

三、常见的国际贸易融资方式

传统贸易融资主要分为出口贸易融资和进口贸易融资。随着全球经济化趋势的加强以及电子商务的兴起,许多创新产品不断涌现,一些传统产品也进行了业务创新。目前市场上常见的贸易融资方式有以下几种。

1. 出口信贷

出口信贷是一种传统的国际贸易融资方式,它是一国政府为支持和扩大本国大型设备等产品的出口,增强国际竞争力,对出口产品给予利息补贴,提供出口信用保险及信贷担保,鼓励本国的银行或非银行金融机构对本国的出口商或外国的进口商(或其银行)提供利率较低的贷款,以解决本国出口商资金周转的困难,或满足国外进口商对本国出口商支付货款需要的一种国际信贷方式。出口信贷分为出口买方信贷和出口卖方信贷。

2. 授信开证

授信开证是指银行为客户在授信额度内减免保证金对外开立信用证。

3. 进口押汇

进口押汇是指开证行在收到信用证项下全套相符单据时,向开证申请人提供的,用以支付该信用证款项的短期资金融通。进口押汇通常是与信托收据配套操作的。也就是说,开证行凭开证申请人签发给银行的信托收据释放信用证项下单据给申请人,申请人在未付款的情况下先行办理提货、报关、存仓、保险和销售,并以货物销售后回笼的资金支付银行为其垫付的信用证金额和相关利息。

开证行与开证申请人由于信托收据形成信托关系,银行保留单证项下货物销售收入的受益权,开证申请人拥有单证法律上的所有权,能够处分单证项下的货物。

4. 提货担保

提货担保是指在信用证结算的进口贸易中,当货物先于货运单据到达目的地时,开证行应进口商的申请,为其向承运人或其代理人出具的承担由于先行放货引起的赔偿责任的保证性文件。

5. 出口押汇

出口押汇是指信用证的受益人在货物装运后,将全套货运单据质押给所在地银行,该行扣除利息及有关费用后,将货款预先支付给受益人,而后向开证行索偿以收回货款的一种贸易融资方式。

6. 打包放款

打包放款是指出口商收到进口商所在地银行开立的未议付的有效信用证后,以信用证正本向银行申请,从而取得信用证项下出口商品生产、采购、装运所需的短期人民币周转资金融通。

7. 外汇票据贴现

外汇票据贴现是银行为外汇票据持票人办理的票据融资行为,银行在外汇票据到期前,从票面金额中扣除贴现利息后,将余额支付外汇票据持票人。

8．国际保理融资业务

国际保理融资业务是指在国际贸易中承兑交单（D/A）、赊销方式（O/A）下，银行（或出口保理商）通过代理行（或进口保理商）以有条件放弃追索权的方式对出口商的应收账款进行核准和购买，从而使出口商获得出口后收回货款的保证。

9．福费廷

福费廷也称票据包买或票据买断，是指银行（或包买人）对国际贸易延期付款方式中出口商持有的远期承兑汇票或本票进行无追索权的贴现（即买断）。

10．限额内透支

限额内透支是指银行根据客户的资信情况和抵（质）押、担保情况，为客户在其银行往来账户上核定一个透支额度，允许客户根据资金需求在限额内透支，并可以用正常经营中的销售收入自动冲减透支余额。

11．进口代付

进口代付是指开证行根据与国外银行（多为其海外分支机构）签订的融资协议，在开立信用证前与开证申请人签订《进口信用证项下代付协议》，到单位凭开证申请人提交的《信托收据》放单，电告国外银行付款。开证申请人在代付到期日支付代付的本息。

12．假远期信用证

假远期信用证是指开证行开立的规定汇票为远期，开证/付款行即期付款，且贴现费用由开证申请人负担的融资方式。

13．出口托收押汇

出口托收押汇是指采用托收结算方式的出口商在提交单据后，委托银行代向进口商收取款项的同时，要求托收行先预支部分或全部货款，待托收款项收妥后归还银行垫款的融资方式。

14．出口保理押汇

出口保理押汇是指出口商在获得进口保理商信用额度后，发货并将发票及80%单据提交出口保理商（银行）代其收款时，银行以预付款方式为其提供不超过80%发票金额的融资方式。

15．进口托收押汇

进口托收押汇是指代收行在收到出口商通过托收行寄来的全套托收单据后，根据进口商提交的押汇申请、信托收据以及代收行与进口商签订的《进口托收押汇协议》，先行对外支付并放单，进口商凭单提货，用销售后的货款归还给代收行押汇本息。

四、国际贸易融资对银行的积极意义

（一）市场潜力大

根据商务部的统计，2013年我国进出口总值为25.83万亿元人民币，折合4.16万亿美元，同比增长7.6％，比2012年提高1.4个百分点，该年我国超过美国首次位列全球货

物贸易第一。围绕企业日益活跃的进出口贸易提供专业化的贸易融资和贸易结算服务，能深化对企业的金融服务，进而带动银行资产、负债和中间业务的发展。

（二）风险资本占用少

根据《巴塞尔协议》和中国银监会的有关规定，贸易融资业务风险权重低、资本占用少。《巴塞尔协议》将"有货物自行清偿的跟单信用证"的风险系数确定为一般信贷业务的0.2；中国银监会规定，与贸易相关的短期或有负债的风险资本占用为20%，出口信用保险项下融资的风险资本为零。在目前资本强约束的经营环境下，大力发展贸易融资业务，能为银行创造新的利润增长点，实现银行收入最大化。

（三）对中间业务收入贡献大

中间业务与资产业务、负债业务一起被称为现代商业银行业务的三大支柱，中间业务的发展是商业银行现代化的重要标志。国内各商业银行都把大力发展中间业务、提高中间业务收入列入重要发展内容。

据统计，股份制商业银行近50%的中间收入是国际业务带来的。而贸易融资业务能促进国际贸易结算业务的开展，进而拉动中间业务的快速增长。贸易融资以其在风险资本占用和交叉销售等方面的优势，正日渐成为各家银行竞相发展的业务重点之一，已成为各银行竞争的重要领域。

民生银行、深圳发展银行、招商银行等积极开展贸易融资业务创新，不断推出融资新品种，大力开发贸易融资业务市场；日益活跃的外贸银行凭借先进的理念和丰富的贸易融资运营经验更想在此领域大显身手；工、农、中、建四大行也认识到贸易融资对于优化信贷结构、加快业务转型、强化核心竞争力等方面的重要意义，积极适应市场和客户需求，不断进行贸易融资业务创新。

相关链接 9-2

银监会"改口"，贸易融资去向几何

近期，银监会向部分银行下发《关于规范大宗商品融资的通知》征求意见稿，拟规范相关融资活动，防范虚假贸易，推动商品贸易融资健康发展。政策出台的背景，直接与青岛港和"德正系"的骗贷事件、铁矿石贸易融资风险上升，以及迄今仍不断出现的"类钢贸"事件相关。对于仓单质押登记系统，监管与业内有共识。

银监会统计部副主任叶燕斐等曾在《动产抵（质）押登记公司及押品管理公司的监管》报告中建议，在人民银行征信中心现有动产权益登记系统的基础上，将其可登记公示的内容扩展到应收账款、存货、设备及其他动产。

同时，银监会拟要求银行借鉴期货交易所仓库准入管理制度和等级评定制度，严把仓库准入关，对拟开展融资业务的仓库的总资产、净资产、仓储设施、仓单管理系统等制定标准，从源头上控制不规范操作的风险。

（资料来源：华经国研，2014年11月21日，http://www.huayan.china.com/）

第二节　信用证项下贸易融资

一、进口信用证项下贸易融资

（一）授信开证

1. 授信开证的概念

授信开立信用证是指在未向客户收取全额保证金的情况下，为其开立进口信用证的业务。适用于具有进出口经营权限的在银行已授信客户，用于满足客户在进口信用证项下的短期资金融通需求。

2. 授信开证的特点

（1）开立信用证相当于为出口商提供了商业信用以外的有条件付款承诺，增强了进口商的信誉，进口商可据此争取到合理的货物价位。

（2）变商业信用为银行信用，银行的介入可以使贸易本身更有保证。

（3）通过单据要求寄附加条款，有效控制货权、装期等。

（4）可以满足进口商在进口信用证项下的短期资金融通需求。

（5）授信开证可适当减免保证金，在开证后到付款前有效减少进口商自有资金占压，加快资金周转，从而提高资金使用效率，增加资金使用效益。

🕊️ **小贴士**

授信开证适用什么样的客户

（1）进出口双方初次交易，对彼此信用不了解，商定以信用证方式结算。

（2）进出口双方希望对彼此的行为进行一定的约定以提高贸易的可信度。

（3）交易处于卖方市场，且出口商坚持采用信用证方式结算。

（4）进出口双方流动资金不充裕，有使用贸易融资的打算。

3. 授信开证的办理流程

信用证申请人要办理授信开证，应首先根据开证银行的要求提供必要的资料，向开证银行申请相应的授信额度，这些资料通常包括公司章程、财务报表等，用以证明申请人的资质及还款能力。

除部分信誉卓著的申请人外，多数申请人还会被要求办理相应的抵押/质押等担保手续；申请人在授信额度内向开证银行申请开立信用证时，可根据银行的有关规定免交或缴存相应比例的保证金；信用证到单后，申请人于付款前备足资金支付信用证款项。

🕊️ **小贴士**

授信开证关注点

（1）进口商须有足额授信额度，履约记录良好，按规定比例缴纳保证金并提供相应担保。

（2）贸易合同如有溢短装条款，对金额上浮部分需落实担保措施。

（3）付款期限应与进口货物的销售周期或生产加工周期相匹配。

（二）提货担保

1. 提货担保的概念

提货担保业务是指银行应开证申请人的要求，在货物先于物权凭证到达目的地时，为其向承运人或承运人的代理人出具承担先行放货责任的保证性文件的行为。

2. 提货担保的特点

（1）它是银行对船公司所作出的一种保证行为，即如果进口方最终不能提供正本提单，银行应承担相应的担保责任。

（2）做出担保的银行通常是信用证的开证行。

（3）担保的对象仅限于信用证项下的提货。

（4）提货担保项下银行的担保责任具有无限责任的特点，当提货担保项下发生索赔时，由于赔偿责任包括但不仅限于货物本身，开证行赔付的金额可能比单据金额要多。

（5）担保期具有不确定性，担保责任在以正本提单换回提货担保时解除。

3. 办理流程

办理提货担保业务的前提应该是信用证要求全套正本提单交开证行或虽不是全套正本但是提单以开证行为收货人，须经开证行背书后方可向船公司提货。

（1）开证申请人需以自身名义向开证行申请办理提货担保业务，申请时应向银行提交如下文件：

① 提货担保申请书（见图 9-1）。申请书中申请人应承诺如来单中存在任何不符点或因先行提货发生任何贸易纠纷，不得向银行提出拒付该笔提货担保相应的信用证款项或其他对银行不利的主张和要求，并在收到正本提单后及时换回提货担保书退还开证行。

致：××银行

信用证号：　XUT17456 发票金额 USD1880000.00 开证日期：2007 年 10 月 20 日

船名：　　CCNI ARICA V.723E　提单号：TE06107E

货名：　　　HAMBURG SUD（汉堡南美航运公司）

数量：　　RO1231000 套（1000SETS）、RO1221000 套（1000SETS）、RO1451000 套（1000SETS）、RO1681000 套（1000SETS）

发票号码/唛头：　　TIEX071030 /　　　N/M

以上有关货物之记载以正本提单为准。

兹因上述货物的正本提单未到，我公司特请贵行向 HAMBURG SUD 船公司签发《担保提货保函》，以便我公司先行提货。为此，我公司已将上述货款全额存入在贵行的保证金专户，并保证如下：

1. 因按我公司要求提取贵行保函项下的货物而产生的任何性质的责任性损坏或损失，均由我公司负责赔偿，贵行无须为此承担任何责任。

2. 如因提取上述货物而引起对贵行的诉讼，我公司将随时提供足够的应诉费用，并保证无条件地承担由此而引起的一切责任和风险，赔偿贵行由此产生的一切直接和间接损失，前述责任、风险和费用

图 9-1　提货担保申请书

包括但不限于赔偿责任、诉讼费用、律师费、进行诉讼的差旅费等。

3. 如果因此而使该船或属于该船东的其他船舶和财产遭到羁留和扣押，或是受到羁留和扣押威胁，我公司将负责获取保释或采取其他所需的安全措施使羁留或扣押不致发生，或把已被羁留或扣押的船只或财产保释出来。无论其羁留或扣押是否合法，由此产生的损失、损坏或费用均由我公司负责赔偿。

4. 在收到上述货物之单据时，无论其有无不符点，我公司放弃拒付的权利，贵行有权在规定时间内对外付款/承兑。

5. 一旦正本提单收到，我公司保证立即将其交给船公司以换回担保提货保函并交给贵行注销或由贵行直接交给船公司以换回担保提单保函注销。

签字：

申请人（公章）：

图 9-1 （续）

② 信用证项下正本提单的复印件。

③ 信用证项下商业发票正本或复印件。

④ 承运公司或其代理发出的到货通知或其他能够表明货物已经或即将到港的证明。

⑤ 开证银行要求的其他文件。

（2）开证行收到申请人要求办理提货担保的申请后应仔细审核申请人所提供的各种文件，落实有效担保措施，必要时可要求申请人缴存相应的保证金，然后为申请人出具提货担保书。

（3）申请人凭提货担保向船公司提货。

（4）开证行收到正本提单后凭申请人的付款或承兑放单给申请人。

（5）申请人用正本提单向船公司换回正本提货担保书退还开证行。

（6）开证行解除提货担保项下的担保责任，将保证金（如有）退还申请人。

（三）进口押汇

1. 进口押汇的概念

进口押汇是指开证行应开证申请人的要求，与其达成信用证项下单据及货物所有权归开证行所有的协议后，开证行以信托收据的方式向其释放单据并先行对外付款的行为。具体地说就是银行收到信用证项下单据后，在进口商暂时不付款的情况下由进口商以银行名义办理提货和销售、处理货物。在此前提下，银行向其交单并先行对外付款，再由进口商在双方约定的到期日偿还银行本息。

进口押汇是开证行给申请人的一种短期融资，其特点是专款专用，即只能用于信用证项下的付款。

🕊️ **小贴士**

进口押汇与进口代收押汇的区别

进口代收押汇是指代收行在收到出口商通过托收行寄来的全套托收单据后，根据进口商提交的押汇申请，先行对外支付并放单，进口商凭单提货，用销售后的货款归还代收行押汇本息的资金融通方式。

（1）对于银行或外贸企业而言，进口代收押汇的优点和进口押汇相比，大体一致。但银行自身的风险却远远超过进口押汇。

因为进口押汇是建立在银行负有第一性付款责任的信用证业务基础上，如果单单相符、单证一致，即使开证申请人不付款，开证行也必须履行对外付款的义务。这样，如果剔除汇率风险和利息两个因素，进口押汇并没有给开证行带来更大的风险。

而进口托收则属于商业信用，无论进口商是否付款，代收行都没有责任。但如果为进口商续做进口代收押汇，进口商无疑将原本给予出口商的商业信用转给了代收行，从而加大了代收行的风险。作为代收行，应当根据进口商的资信情况、业务情况、抵（质）押/担保情况，为其核定一个押汇额度，供其周转使用，做到拓展业务和防范风险的有机结合。

（2）进口代收押汇的风险与信用证下进口押汇的风险点基本一致，相当于有指定用途的短期流动资金贷款。一般来说，出口商愿意以托收方式结算，证明对进口商的资信和实力有一定信任度。银行必须把握贸易真实性，另外进口货物须为适销商品或已有既定下家，同时一定要选择信誉好而且有长期往来的进口商，防范进口商违约风险。

2. 办理流程

申请人如需向开证行申请办理进口押汇，首先应与开证行签订进口押汇协议或总协议，对双方在进口押汇业务下的权利和义务进行明确。

（1）申请人就某一特定单据申请办理进口押汇时应向开证行提交以下文件：

① 进口押汇申请书（见图 9-2）。

授信/贸易融资协议编号：	业务编号：	
申请单位名称：		法定代表人：
L/C NO.：	即期	
开证金额：	来单金额：	
货物描述：（货名、数量、规格、标记、运输工具、起运地、起运日期、合同号等）		
开证保证金：	申请押汇金额： 期限：	
收款人名称：	账号：	
申请理由及还款计划：		

招商银行：

我公司在此保证：

1. 遵守已与贵行签订的《授信协议》/《国际贸易融资协议》（如有）。

2. 一旦贵行履行信用证开证行的职责，根据本申请书对外支付了（或由贵行委托的第三方支付了）信用证项下相关款项，该款项即构成贵行对本公司的押汇款项，本公司有义务按照本申请书确定的期限和利率向贵行承担按期足额清偿有关押汇本息的责任。

3. 遵守已签署给贵行《开立信用证承诺书》。

4. 销售货款从贵行指定的账户回笼，贵行有权随时扣还押汇款，若不能定期归还全部押汇本息，贵行除有权按规定加收逾期利息外，并可主动从我公司的任何账户内扣收押汇本息及逾期利息、复息

图 9-2　进口押汇申请书

及采取其他贵行认为必要的追偿措施；贵行因采取追偿措施而支付的律师费、诉讼费、差旅费等所有费用，均由我公司承担，贵行可主动从我公司的任何账户内扣除。

5. 随时向贵行提供上述信用证项下货物的销售情况及我公司的经营、财务状况及贵行所需要的其他材料，并配合贵行的调查、审查和监督。发生影响我公司偿债能力的重大事项时，立即书面通知贵行，并积极配合贵行落实本申请书项下有关押汇本息及其他一切费用安全偿还的保障措施。在此情况下，贵行有权采取从我公司账户扣款、处分担保物及其他措施收回(含提前收回)有关押汇本息和费用。

6. 我公司承诺按照下述规定向贵行提供本申请书项下押汇本息、逾期利息及其他费用偿还的担保(以下根据实际情况在( )中打"√"选择)：

( )6.1 向我公司在贵行开立的保证金账户中存入 币 元的保证金,该资金自进入该账户之日起视为特定化和移交贵行占有,未经贵行许可我公司不得动用；及/或

( )6.2 以我公司拥有合法所有权或处分权的 作为质物,按照贵行要求办妥质押手续；及/或

( )6.3 由贵行认可的银行提供保函/备用信用证。

在上述担保手续未办妥的前提下,我公司确认贵行有权拒绝向我司发放押汇款。

(注：本申请书代主合同时,应选择适用本条并在本条前的( )中打"√"选择；本申请书非代主合同适用时,该条不适用,相应担保适用《授信协议》/《国际贸易融资协议》项下担保)

7. 我公司同意本申请书项下押汇利率按下列标准执行。

8. 押汇一旦逾期,贵行有权就逾期金额以押汇利率上浮50%的标准向我公司计收逾期利息。

9. 因本申请书项下业务发生纠纷,在已与贵行签订《授信协议》/《国际贸易融资协议》的情况下,按该协议约定处理；如未签订《授信协议》/《国际贸易融资协议》,我公司应先与贵行协商解决,协商不成的,可通过以下途径解决(以下三者仅选其一在( )中打"√"选择)：

( )9.1 向贵行所在地法院起诉。

( )9.2 向 仲裁委员会申请仲裁。

( )9.3 提交(如选择本项,请在以下二者中择一,在( )中打"√"选择)

( )9.3.1 中国国际经济贸易仲裁委员会。

( )9.3.2 中国国际经济贸易仲裁委员会 分会。

按照金融争议仲裁规则予以仲裁解决。

(注：本申请书代主合同时,应选择适用本条并在( )中打"√"选择；本申请书非代主合同适用时,本条不适用)

申请单位：　　　　　　　　银行确认：招商银行
(盖章)　　　　　　　　　　　　(盖章)

法定代表人或授权代理人：　　主要负责人或授权代理人：
(签字/盖章)　　　　　　　　　(签字/盖章)

(注：本申请书代主合同时,银行确认栏应签章；本申请书不代主合同时,无须在银行确认栏签章)

日期：

图 9-2 (续)

② 进口押汇协议。

③ 信托收据。

④ 开证行要求的其他材料。

(2) 开证行对申请人提交的材料进行审核,落实有效担保措施,必要时可要求申请人

缴存保证金。

（3）开证行对押汇款项进行发放处理并使用该款项进行信用证项下的付汇。

（4）押汇到期时，申请人向开证行归还本息。

（四）信用证代付及买方远期信用证

1. 定义

信用证代付业务是指即期信用证项下单到后或远期信用证付款日前，开证行申请人如有融资需求，应即时提出申请，在开证申请人承担贴现利息的前提下，开证行指定或授权其代理行（偿付行）向受益人（或议付行）代为偿付。待融资到期日，再由开证申请人偿付信用证项下的款项、利息及相关银行费用。

买方远期信用证是指开证银行应开证申请人的要求开出远期信用证，由开证行或指定的偿付行即期或按信用证约定的提前付款期限，先行将信用证项下款项支付给受益人（或议付行），待付款到期日，再由开证申请人偿付信用证项下款项、利息及相关银行费用。

🕊 **小贴士**

同进口押汇一样，进口信用证代付与买方远期信用证也都是开证行给开证申请人的一种融资，都具有专款专用的特点，所不同的是进口信用证代付是开证行以自己的信用向代付行要求的一种融资，以解决自身的资金问题，即代付行通过开证行向开证申请人提供的间接融资，这种融资最终的借款人是开证申请人。

2. 办理流程

（1）进口代付业务的办理流程

第一，信用证申请人到银行申请办理进口代付业务前应首先与开证行签订进口代付协议，对代付业务各方当事人的责任和义务做出明确规定，并于付款日前向开证行提出代付申请，提交以下材料：

① 进口代付业务申请书；

② 信托收据；

③ 进口合同；

④ 开证行要求的其他单据。

第二，开证行对付款人提交的材料进行审核，落实有效担保措施，必要时应要求其缴存保证金。

第三，开证行向选定的代付进行询价，并就融资价格分别与代付行、申请人达成一致。

第四，代付行向议付行付款。

第五，融资到期日，申请人备足资金偿还开证行和代付行的融资本息。

（2）买方远期信用证的办理流程

第一，信用证申请人与受益人双方在开证前就开立买方远期信用证的付款期限和融资条件达成一致。

第二，申请人向开证行申请开立买方远期信用证，并提交以下材料：

① 买方远期信用证开证申请书；

② 进口合同；

③ 开立买方远期信用证承诺书；

④ 银行要求的其他资料。

第三，开证行对申请人资信情况、偿债能力、贸易背景及所提交的材料进行审核，落实有效担保措施，必要时可要求其缴存保证金。

第四，开证行对外开出信用证，并在信用证中对信用证项下所产生的各项应付款项的承担方及各方的责任义务做出明确规定。

第五，开证行收到信用证项下单据后，按照信用证的规定对外付款。

第六，融资到期日，申请人归还开证行融资款项。

二、出口信用证项下贸易融资

（一）打包贷款

1．打包贷款的概念

打包贷款是指银行以信用证的受益人收到的信用证项下的预期收汇款项作为还款保障，为解决出口商装船前，因支付收购款、组织生产、货物运输等资金需要而发放给受益人的短期贷款。

银行为企业办理打包贷款业务，目的是为解决出口信用证项下受益人需要完成的生产、运输等所需资金问题。因此，打包贷款业务的申请人应该是信用证的受益人或信用证的实际提货商，理论上也具有专款专用的性质，并且有确定的还款来源。

2．打包放款的特点

打包放款包括根据预支信用证提供的打包放款和以其他信用证为抵押发放的贷款。它具有以下特点：

（1）打包放款的发放时间是出口商接受信用证之后，发货和交单之前。

（2）打包放款的目的是向出口商提供备货、发货的周转资金。

（3）打包放款的金额是信用证的部分金额，通常为总贷款的 70%～80%，不超过 90%，融资具体金额由打包放款银行根据出口商资信、清偿能力、抵押品以及在银行的业务来确定。

（4）打包放款的期限不超过打包放款银行向开证行寄单收款之日。银行提供打包放款的实质是以抵押正本信用证为前提，承担了议付义务，议付行收到出口商交来的单据后应立即寄开证行，收到开证行支付的货款后即可扣除贷款本息，然后将余额付给出口商。因此，打包放款的期限一般是自信用证抵押之日至收到开证行支付货款之日。

相关链接 9-3

用信用证打包放款解决的"两难"问题

出口商 A 向英国 B 公司出口一批金额为 1 000 万美元的家具，就如何结算存在分歧。出口商 A 因需要资金购置原材料，要求英国 B 公司预付货款然后才交货，特别是有鉴于本公司与英国 B 公司以往无贸易往来,相互间不了解,出口商 A 更担心货到付款,对方不履约,钱货两空;而英国 B 公司则担心预付货款后,出口商 A 不履行合同规定交货,则要求在出口商 A 交货之后才付货款,但这样做显然不能满足出口商 A 的资金需求。

为解决上述难题,一家出口地银行建议出口商 A 采用信用证方式进行结算,同时为出口商 A 在收到信用证时向本行申请了打包放款,及时融通了资金。

(资料来源:徐莉芳.国际结算与信贷[M].上海:上海立信出版社,2004)

3. 办理流程

(1)信用证受益人收到信用证后以信用证作抵押,向银行申请打包贷款,申请时需提交以下材料:

① 打包贷款申请书(见图 9-3)。

第　联　　　　　　　　　编号:

申请日期　　　　　　　年　月　日

××银行股份有限公司　　　　　分行:

本单位现向贵行提交国内正本国内信用证及其修改正本(如有)以及有关通知书及电文,申请贵行的打包贷款融资,请贵行核实审查批准。

□ 本项申请是根据本单位与贵行签订的编号为　　　　　　的《国内信用证融资主协议》而提出。本申请书项下的国内信用证打包贷款业务在各方面均须遵守《国内信用证融资主协议》的条款和条件以及本申请书中承诺的条款和条件,并且:

□ 占用贵行授予本单位的国内信用证融资额度_____;

□ 其他担保:_____。

本单位申请贷款的金额为人民币(大写)　　　　　　　　　　贷款期限

1. 信用证编号:

2. 信用证(币种、金额):

3. 信用证的有效期:

4. 开证行:

5. 最迟装运期:

6. 基础交易合同号:

7. 基础交易货物及数量:

8. 担保人/抵、质押品:

9. 与买方合作时间:

本单位在此郑重保证:

1. 我单位保证将借款用于以上信用证下备货,不挪作他用。

2. 在货物发运以后,立即将上述信用证项下全套正本单据交贵行。

3. 我单位保证对所交单据的货权拥有完整的、自主的所有权,没有将此单据的所有权以任何方式(质押、抵押)给其他债权人。

4. 若信用证修改,必须事先征求贵行同意。如信用证减额,立即归还减额部分的打包贷款。

5. 不论单据因何种原因遭付款人拒付、迟付、少付和退货或付款人因倒闭或发生其他危及贵行资金安全的事由不能正常付款,我单位保证在规定的期限内,按以下方式予以偿还:

图 9-3　信用证打包贷款申请书

（1）我单位授权贵行在任何时候，从本单位设在贵行的任何账户中扣除贷款本息。

（2）其他信用证项下收妥之货款。

（3）其他营业收入。

贷款金额和期限以及其他详细约定，以本申请对应的银行受理审批通知记载为准，我单位予以接受。

本申请书与国内信用证融资主协议的内容构成本单位办理本申请书项下国内信用证业务不可分割的组成部分。

申请人签章

有权人（签章）　　年　　月　　日

本申请书一式两联，第一联银行留存，第二联客户留存

图 9-3　（续）

② 出口信用证原件。

③ 销售合同。

④ 银行规定的其他文件。

（2）受理银行对打包贷款申请人的资信状况、贸易背景及所提交的材料进行审核，落实有效担保措施。

（3）对符合放款条件的企业，银行完成款项的发放。

（4）企业按照信用证规定发货后向银行交单。

（5）信用证项下单据收汇后，收汇款首先用于偿还融资款项，余款入企业账户。

（二）出口押汇

1. 出口押汇的定义

出口押汇业务是指出口地银行有追索权地对信用证（不包括备用信用证）项下出口单据（包括即期单据和远期未承兑/承诺付款单据）向出口商提供的融资。

出口贴现业务是指出口地银行有追索权地对信用证（不包括备用信用证）项下已经开展（保兑）银行承兑/承诺付款的远期单据进行的融资。

出口押汇的作用是使出口商在向银行提交了信用证项下的相符单据后即可在国外开证行付款前先行从议付银行得到款项，加速资金周转。

小贴士

托收项下的出口押汇与信用证项下的出口押汇的区别

出口托收押汇是指采用托收结算方式的出口商在提交单据时要求托收银行以出口商的汇票和货运单据作抵押，预先支付部分或全部货款，待收回汇票款项后再将款项归还给托收行的一种资金融通方式。

托收项下出口押汇与信用证项下的出口押汇的根本区别在于后者有开证行的付款保证，属银行信用；而前者没有银行信用保证，付款与否完全取决于付款人（即进口商），属商业信用。对押汇银行而言，做托收出口押汇风险较大。因此，银行一般不太愿意做托收出口押汇，或对托收出口押汇的要求很严格，还要收取较高的押汇利息和手续费用。

因此,银行更情愿做信用证项下的出口押汇。正是由于托收出口押汇的风险大,安全收汇系数小,押汇银行针对托收出口押汇除了押汇期限要求适当延长外,押汇利率一般稍高于信用证出口押汇,押汇额度一般也稍低于信用证出口押汇,实际收汇时间超过押汇期限时,押汇银行还有权向出口商追收差额押汇利息。

2. 出口押汇的特点

(1)出口押汇的申请人应为跟单信用证的受益人。

(2)出口押汇是出口地银行对出口商的保留追索权的融资。

(3)出口押汇的融资期限通常比较短。

3. 出口押汇的办理流程

信用证受益人如需向议付行申请办理出口押汇,首先应与银行签订出口押汇协议或总协议,对双方在出口押汇业务下的权利和义务进行明确。

(1)申请人就某一特定单据申请办理出口押汇时应向押汇银行提交以下材料:

① 出口押汇申请书(见图9-4)。

银行业务编号:

致:中国民生银行股份有限公司

本公司已依法办妥一切必要的出口手续,兹向贵行按如下条件申请叙做出口押汇业务(请在□中画"√"):

押汇币种及金额:	币种:	（大写）:	（小写）:	
押汇期限:				
押汇利率:				
结息方式				
申请押汇品种	□ 信用证项下出口押汇	信用证号:		
		业务编号:		
		发票编号:		
	□ 跟单托收项下出口押汇	□承兑交单(D/A)　□付款交单(D/P)		
		业务编号:		
		发票编号:		

本公司同意按照本申请书背面所列的条款和条件,将本申请书项下所有单据及其所代表的货物质押予贵行,作为贵行向本公司提供本申请书项下融资的担保。

本项申请是根据本公司与贵行签订的编号为　　　　　　的《贸易融资主协议》而提出,本申请书项下的出口押汇业务在各方面均须遵守该主协议的条款和条件以及本申请书背面所列的条款和条件,并且:

占用贵行授予本公司的贸易融资额度＿＿＿＿＿＿＿＿＿＿＿＿＿＿

其他担保: ＿＿＿＿＿＿＿＿＿＿＿＿＿＿＿＿＿＿＿＿＿＿＿＿＿

图 9-4　出口押汇申请书

本项申请为信用证项下正点单据出口押汇,不占用贵行授予本公司的授信额度。

本公司承诺按本申请书背面所列的条款和条件履行有关义务,如押汇期间届满时本申请项下的押汇本息及相关费用未获全额清偿,贵行有权按照在本申请书约定的押汇利率的基础上加收　　　%确定的逾期利率对逾期款项计收逾期利息和复利。

本公司确认已仔细阅读并完全理解和接受本申请书背面的各条款和条件。本公司申请叙做本申请书项下的出口押汇业务是自愿的,本公司在本申请书项下的全部意思表示真实。

（申请人公章）

有权人（签字或盖章）：

公司联系人：联系电话：_____年____月____日

以下由银行签章确认：

我行同意按上述条件为贵司办理该笔押汇业务。　　　　　　　　日期：

注：本申请书一式两联,一联银行留存,一联申请人留存。

文本编码：CMBC-HT083(2)（贸易 2007）

图 9-4 （续）

② 信用证项下单据。

③ 银行要求的其他材料。

（2）银行对押汇申请人的资信状况、贸易背景及所提交的材料进行审核,并根据审核结果确定融资比例,落实有效担保措施。

（3）银行对押汇款项进行发放处理。

（4）收到信用证项下贷款时,该款项首先被用于偿还押汇本息,余额入押汇申请人账户;如押汇到期仍未收到开证行付款,押汇申请人应以自有资金偿还银行押汇本息。

相关链接 9-4

中国银行业贸易融资发展方向

未来中国银行业的贸易融资,将在全面覆盖大中小客户的基础上,呈现三个主要发展方向。

第一是交易银行业务。

这个方向体现为银行贸易融资业务与现金管理业务的融合。比如,国内股份制 A 银行已经把供应链融资升级为供应链金融,涵盖贸易融资、支付结算、公司理财、现金管理等业务。这个方向还体现为部门职能的整合。

比如,国内股份制 G 银行,已经把贸易融资、贸易结算和资产托管职责并成一个大部——GTS 环球交易服务部。又比如,国内股份制 P 银行,已经把贸易融资中心、贸易服务中心和现金管理部并成一个大部——贸易与现金管理部。

显然,部门整合会进一步促进业务融合。至于为什么会出现交易银行业务的融合,则与这几类业务都基于银行的支付结算传统优势息息相关,这个融合很好地契合了企业现金循环不同阶段的需求,从而会明显提高银行与客户的黏性。

第二是投资银行业务。

传统的银行贸易融资业务,资金往往由客户的开户银行提供,如押汇、贴现、一级福费廷。如果资金由第三方银行提供,则自然转化为贸易融资的二级市场业务,如代付、转贴现和二级福费廷等。而如果资金由非银行金融机构提供,那么,实际上,就是投资银行业务,银行在其中只是扮演中间人或直接或间接担保人的角色。

这一类业务往往单笔金额较大,集合了贸易融资和投资银行的各自业务优点,对客户来说是贸易融资业务,对于银行来说是投资银行业务。

第三是互联网贸易融资业务。

互联网金融无疑是 2013 年中国金融业的一个焦点,其对贸易融资业务有重大影响,原因是互联网技术可以支持对贸易融资流程中包括交易、融资、结算、存款、仓储和物流等海量信息的全面捕捉、系统分析、实时跟踪和友好互动,从而支持授信技术创新和产品服务创新。

这主要体现为:自偿性授信技术和大数据授信技术的交叉运用、电商供应链融资的线下整合和银行供应链融资的线上升级。比如,多家银行开始考虑引进大数据授信技术解决中小企业贸易融资成本和效率问题,而多家电商则直接谋求与银行建立战略合作关系,完善电商供应链金融的自偿性。

比如,阿里金融推出菜鸟网络利用智能云计算和物联网技术以整合线下物流,京东商城自建线下物流并与多家银行开展电商供应链金融合作的同时,于今年 12 月推出"京保贝"自营供应链融资品牌,苏宁云商今年初改名之后开始布局"物流云"项目,以线上线下结合的智能物流,支持打造包括供应链融资在内的大金融品牌。

又比如,多家银行加快推进在线供应链金融系统的研发,没有推出的陆续推出,已经推出的开始升级以保持行业优势,乃至推出可视化、全流程、平台式的在线供应链金融系统。

此外,中国外贸转型升级背景下的服务贸易融资和"美丽中国"生态文明建设下的环境贸易融资(注:国际商会 2013 年春季里斯本年会上曾有专门议题讨论,引发现场热烈讨论),可能也是贸易融资未来发展的重要方向。前者如今年银行业的一大焦点话题的转口贸易融资在规范中强劲发展和近年饱受追捧的租赁保理融资。

(资料来源:中国外汇网,2014 年 11 月 11 日,http://www.chinaforex.com.cn/)

第三节　托收项下贸易融资

一、进口代收押汇

(一)进口代收押汇的定义

进口代收押汇是指银行叙做的进口代收项下进口押汇业务,即银行应代收付款人要求,与其达成进口代收项下单据及货物所有权归银行所有的协议后,银行以信托收据的方式向其释放单据并先行对外付款的行为。

同进口信用证项下的押汇一样,进口代付押汇也是进口方银行提供给进口商的一项融资,由于其用途仅限于该笔代收的付款,因此也具有专款专用的特征。

(二)进口代收押汇的办理流程

付款人在申请办理代收项下押汇前应首先与银行签订押汇协议,协议中对进口代收项下押汇各方的权利和义务做出明确的规定。

(1)代收付款人在付款日前向代收行申请办理代收项下押汇,需提交以下材料:

① 进口代收押汇申请书;

② 还款计划;

③ 借款借据;

④ 信托收据;

⑤ 银行要求的其他文件。

(2)代收行对付款人的资信情况、偿债能力、贸易背景以及所提交的材料进行审核,落实有效担保措施,必要时可要求其缴存保证金。

(3)代收行对押汇款项进行发放处理并使用该款项进行进口代收项下的付汇。

(4)押汇到期时,付款人向代收行归还本息。

小贴士

进口代收押汇业务风险点

银行办理进口代收押汇业务所面临的风险主要表现在以下方面:

(1)对客户信用风险审查不严,担保的合法有效性落实不足;

(2)代收单据中提供的运输单据不是全套物权凭证;

(3)押汇用途不符合规定,押汇期限过长或金额过大;

(4)押汇申请人经营状况和财务情况发生变化导致押汇款项难以归还。

二、进口代收代付

(一)进口代收代付的定义

进口代收项下代付是指在银行叙做的进口代收业务项下,应代收付款人的申请,与其达成进口代收项下单据及货物所有权归代收行所有的协议后,代收行以信托收据的方式向其释放单据,并委托其他银行代为支付进口货款,到期后由客户偿还融资本息以及相关费用的行为。

同进口信用证代付一样,代收代付是代付行通过代收行向付款人提供的融资,代付行承担的是代收行的信用风险,而代收行承担的是付款人的风险。

（二）进口代收代付的办理流程

（1）进口代收付款人向银行申请办理代收项下代付业务前应首先与代收行签订进口代收代付协议,对代付业务各方当事人的责任和义务做出明确规定,并于付款日前向代收行提出代付申请,提交以下材料:

① 代收项下代付申请书;

② 信托收据;

③ 进口合同;

④ 代收行要求的其他单据。

（2）代收行对付款人的资信情况、偿债能力、贸易背景以及所提交的材料进行审核,落实有效担保措施,必要时应要求其缴存保证金。

（3）代收行向选定的代付行进行询价,并就融资价格分别与代付行、付款人达成一致。

（4）代付行向托收行付款。

（5）融资到期日,付款人备足资金偿还代收行和代付行的融资本息。

🕊️ 小贴士

进口代收代付业务风险点

银行办理进口代收项下代付业务所面临的风险主要表现在以下方面:

（1）对客户信用风险审查不严,担保的合法有效性落实不足;

（2）代收单据中提供的运输单据不是全套物权凭证;

（3）融资用途不符合规定,融资期限过长或全额过大;

（4）融资申请人经营状况和财务情况发生变化导致融资款项难以归还;

（5）作为代付银行,还会面临代收行的信用风险。

三、出口托收押汇/贴现

（一）出口托收押汇/贴现的定义

出口托收押汇是指采用托收结算方式的出口商在提交单据,委托银行代向进口商收取款项的同时,要求托收行先预支部分或全部货款,待托收款项收妥后归还银行垫款的融资方式。

出口托收贴现业务是指银行有追索权地对出口跟单托收项下已经承兑的远期票据进行的融资。

出口托收押汇/贴现业务是出口方银行为出口商提供的一种融资方式,使其可以在进口商付款前从托收行有偿地得到部分或全部货款,加速资金周转。与信用证项下押汇/贴现不同的是,信用证押汇如果是单证相符,就有了开证行的付款保证,属于银行信用担保;而出口托收押汇属于商业信用担保,出口款项能否收回,完全取决于付款人的信用状况。

（二）出口托收押汇/贴现的办理流程

出口商向托收行申请办理出口托收项下押汇/贴现,首先应与银行签订出口押汇/贴现协议,对双方在出口押汇/贴现业务下的权利和义务进行明确。

（1）出口商就某一特定单据申请办理出口押汇/贴现时应向押汇银行提交以下文件：

① 出口押汇/贴现申请书；

② 托收单据；

③ 银行要求的其他材料。

（2）银行对押汇申请人的资信状况、贸易背景及所提交的材料进行审核,并根据审核结果确定融资比例,落实有效担保措施。

（3）银行对押汇款项进行发放处理。

（4）收到托收项下货款时,该款项首先被用于偿还押汇本息,余额入押汇申请人账户；如押汇到期仍未收到代收行付款,押汇申请人应以自有资金偿还银行押汇本息。

🕊 小贴士

出口托收押汇业务风险点

银行办理托收项下出口押汇/贴现业务所面临的风险主要表现在以下几方面：

（1）进口商的信用风险。如果市场行情发生变化,影响了进口商预期的盈利水平甚至导致亏损,进口商会拒绝办理付款赎单手续,影响出口商收回货款。

（2）进口商所在国的国家风险。如果进口商所在国家或地区发生暴乱、政变或经济形势等情况,可能造成进口商所在国家或地区实行短期外汇管制政策,从而影响货款的收回。

（3）对出口商的信用风险审核不严,担保的合法有效性落实不足。在托收业务中,出口商的资信和履约能力直接关系到货款能否按期收回。出口商的信用风险主要表现为制作假单据骗取银行资金,发运货物以次充好,不符合合同规定而导致银行垫款的风险。

（4）用于办理押汇/贴现业务的单据并不具备真实贸易背景。如果贸易背景不真实,融资款项没有确定的还款来源,银行就可能面临融资款项无法收回或被欺骗的风险。

（5）融资期限与融资金额不合理。托收押汇/贴现的融资期限与融资金额应与相应的单据相匹配。如果融资期限过短,融资到期时相应单据下的款项尚未收回,银行可能面临融资无法收回的风险；如果融资金额过大,超过了相应单据下的款项所能覆盖的风险总额,银行同样可能面临融资款项无法收回的风险。

（6）出口商经营状况和财务情况发生变化导致融资款项难以归还。

（7）进口商银行的风险。在实务中,有时进口商银行不按托收行指示或国际惯例行事,在进口商未办理付款或承兑手续的情况下就释放单据,使托收行失去了对货权的控制,并最终影响银行出口押汇资金的安全。

第四节　汇款项下贸易融资

一、进口 T/T 融资

（一）进口 T/T 融资的概念

进口 T/T 融资是指采用汇款方式结算的、进口合同规定货到付款的国际贸易项下进口货物到港后，根据申请人的书面申请，银行为其支付给国外出口商的部分或全部应付货款提供的短期资金融通，并按约定利率和期限由申请人还本付息的业务。

同进口业务的其他融资品种一样，进口 T/T 融资也是银行为进口商提供的一种资金融通，有很强的目的性，具有专款专用的特点。

（二）进口 T/T 融资的办理流程

（1）进口商向银行申请办理进口 T/T 融资业务，首先应与银行签订融资协议。申请时同时提交以下资料：

① 进口 T/T 融资业务申请书（见图 9-5）。

编号：

中国工商银行股份有限公司广州环城支行：

因资金周转需要，我公司对在贵行办理的进口结算业务（合同编号：　　　　发票编号：　　　　　　　　　；金额：USD　　　）无法按时对外付款，现依照我公司与贵行签订的《进口 T/T 融资协议》/《进口 T/T 融资代付协议》/《进口 T/T 融资总协议》/《进口 T/T 融资代付总协议》（合同编号：　　　　　　），特请求贵行按照以下条件予以办理进口融资：

融资金额：（小写）：USD

（大写）：

融资期限：　　（天）起始日：　　　　　　到期日：

融资利率：

我公司承诺：

一、本笔融资仅用于上述货物的货款支付。

二、在规定的融资到期日归还融资本息。如不能按期全部偿还，贵行有权从我公司在贵行开立的任何账户中或我公司的任何应收账款中主动扣收融资本息和罚息（罚息率为：　　　）。

三、赔偿因我公司违约使贵行遭受的其他损失。

四、贵行融资对外付款后我公司不以任何理由对抗贵行债权，并保证不以基础贸易合同纠纷危害贵行债权。

五、严格遵守我公司与贵行签订的《进口 T/T 融资协议》/《进口 T/T 融资代付协议》/《进口 T/T 融资总协议》/《进口 T/T 融资代付总协议》（合同编号：　　　　　　）中的约定内容。

六、本申请书经我公司盖章并由授权代表签字后生效。

七、本申请书如有争议，本公司同意将按照《进口 T/T 融资协议》/《进口 T/T 融资代付协议》/《进口 T/T 融资总协议》/《进口 T/T 融资代付总协议》（合同编号：　　　　　　）约定的解决方式执行。

申请单位（公章或授权章）：

法定代表人或有权签字人（签字）：＿＿＿＿＿＿＿＿＿＿＿

　　年　　　月　　　日

图 9-5　进口 T/T 融资业务申请书

② 汇出汇款业务申请书。

③ 进口 T/T 融资应提交的付汇单据,包括贸易合同、报关单正本、商业发票、汇票(如有)及国家外汇管理政策所要求的其他材料。

④ 借据。

⑤ 银行要求的其他资料。

(2)银行对进口商的资信情况、偿债能力、贸易背景以及所提交的材料进行审核,落实有效担保措施,必要时可要求其缴存保证金。

(3)银行对融资款项发放处理并使用该款项进行 T/T 项下的付汇。

(4)融资到期时,进口商以自有资金归还银行本息。

二、出口发票融资

(一)出口发票融资的概念

出口发票融资是指汇款结算方式的国际贸易中,银行在未获得货权凭证时,凭出口商出具的列明货款让渡条款的商业发票,以货物的应收账款为第一还款来源,向出口商提供的贸易融资业务。

(二)出口发票融资的办理流程

出口商向银行申请办理出口发票融资,首先应与银行签订融资协议,对双方在出口发票融资业务下的权利和义务进行明确。

(1)出口商就某一特定单据申请办理出口发票融资时应向押汇银行提交以下文件。

① 出口发票融资申请书(见图 9-6)。

中国工商银行分(支)行:
我单位向贵行申请叙做出口发票融资业务。基本情况如下:
进口商名称注册所在地:
贸易合同号出口货物名称:
单价/总价付款方式:
付款期限:
商业发票编号:
货运单据编号:
本次申请的出口发票融资金额为:
    出口发票融资期限为:　　　　　　天
出口发票融资利率为:

并承诺如下:
我单位保证按已签署的《出口发票融资业务总协议》规定承担义务和责任,融资的金额、期限和利率以贵行最后审批的为准。
申请单位:
(公章或授权章)
法定代表人或授权人签名:
    年　　月　　日

图 9-6　出口发票融资业务申请书

② 贸易合同。

③ 注明了让渡条款的商业发票。

④ 正本货运单据或能证明货物已经出口的其他文件。

⑤ 银行要求的其他材料。

（2）银行对出口商的资信状况、贸易背景及所提交的材料进行审核，并根据审核结果确定融资比例，落实有效担保措施。

（3）银行在确保收汇款会首先收入银行账户后对融资款项进行发放处理。

（4）收到融资单据项下货款时，该款项首先被用于偿还融资本息，余额入出口商账户；如融资到期仍未收到进口商付款，出口商应以自有资金偿还银行融资本息。

综 合 实 训

一、单项选择题

1. （　　）是指银行对进口商或出口商提供的与进出口贸易结算相关的短期融资或信用便利。

    A. 流动资金贷款　　　　　　　　　B. 固定资产贷款

    C. 项目贷款　　　　　　　　　　　D. 贸易融资

2. （　　）是指在未向客户收取全额保证金的情况下，为其开立进口信用证的业务。

    A. 进口押汇　　　　　　　　　　　B. 出口押汇

    C. 打包贷款　　　　　　　　　　　D. 授信开立信用证

3. （　　）是指银行应开证申请人的要求，在货物先于物权凭证到达目的地时，为其向承运人或承运人的代理人出具承担先行放货责任的保证性文件的行为。

    A. 进口押汇　　　　　　　　　　　B. 提货担保

    C. 打包贷款　　　　　　　　　　　D. 授信开立信用证

4. （　　）是指开证行应开证申请人的要求，与其达成信用证项下单据及货物所有权归开证行所有的协议后，开证行以信托收据的方式向其释放单据并先行对外付款的行为。

    A. 进口押汇　　　　　　　　　　　B. 提货担保

    C. 打包贷款　　　　　　　　　　　D. 授信开立信用证

5. （　　）是指银行以信用证的受益人收到的信用证项下的预期收汇款项作为还款保障，为解决出口商装船前，因支付收购款、组织生产、货物运输等资金需要而发放给受益人的短期贷款。

    A. 进口押汇　　　　　　　　　　　B. 提货担保

    C. 打包贷款　　　　　　　　　　　D. 授信开立信用证

6. （　　）是指出口地银行有追索权地对信用证（不包括备用信用证）项下出口单据（包括即期单据和远期未承兑/承诺付款单据）向出口商提供的融资。

    A. 进口押汇　　　　　　　　　　　B. 出口押汇

    C. 打包贷款　　　　　　　　　　　D. 授信开立信用证

7. （　　）是指采用汇款方式结算的、进口合同规定货到付款的国际贸易项下进口货物到港后,根据申请人的书面申请,银行为其支付给国外出口商的部分或全部应付货款提供的短期资金融通,并按约定利率和期限由申请人还本付息的业务。

A. 进口押汇   B. 出口押汇

C. 打包贷款   D. 进口 T/T 融资

二、多项选择题

1. 以下选项哪些是正确的?( )

A. 贸易融资具有高流动性、短期性和重复性的特点,强调操作控制,淡化财务分析和准入控制

B. 贸易融资准入门槛较低,这有效解决了中小企业因财务指标达不到银行标准而无法融资的问题

C. 贸易融资审批流程相对简单,企业可以较为快速地获取所需资金

D. 贸易融资比一般贷款风险低,能有效降低银行风险

2. ( )被称为现代商业银行业务的三大支柱。

A. 中间业务   B. 资产业务

C. 负债业务   D. 以上都不对

3. 打包放款的特点有( )。

A. 打包放款的发放时间是出口商接受信用证之后,发货和交单之前

B. 打包放款的目的是向出口商提供备货、发货的周转资金

C. 打包放款的金额是信用证的部分金额,通常为总贷款的 60%,不超过 70%

D. 打包放款的期限不超过打包放款银行向开证行寄单收款之日

4. 出口押汇的特点有( )。

A. 出口押汇的申请人应为跟单信用证的受益人

B. 出口押汇是出口地银行对出口商的保留追索权的融资

C. 出口押汇的融资期限通常比较短

D. 出口押汇的融资期限通常比较长

三、判断题

1. 贸易融资具有高流动性、短期性和重复性的特点,强调操作控制,淡化财务分析和准入控制,有利于形成银行与企业之间长期、稳定的合作关系。( )

2. 我国中小企业融资往往具有金额小、次数多、周转速度快等特点,而流动资金贷款恰能满足这些要求。( )

3. 贸易融资审批流程相对简单,企业可以较为快速地获取所需资金。( )

4. 根据《巴塞尔协议》和中国银监会的有关规定,贸易融资业务风险权重高,资本占用大。( )

5. 授信开证变商业信用为银行信用,银行的介入可以使贸易本身更有保证。( )

6. 授信开证的进口商不需要有授信额度,只要履约记录良好,按规定比例缴纳保证金并提供相应担保即可开证。( )

7. 进口押汇是开证行给申请人的一种短期融资,其特点是专款专用,即只能用于信

用证项下的付款。（　　）

四、实训课堂

实训内容：贸易融资产品流程展示。

实训角色：客户经理、大堂经理、客户。

实训背景：客户为某贸易公司的部门经理，因出口贸易资金短缺到银行融资。

实训过程：

1. 学生分小组、分角色展示。

2. 客户咨询目前银行的贸易融资品种，向银行介绍企业状况。

3. 银行客户经理介绍银行贸易融资的业务品种有哪些、每种产品的特色、什么时间能够给企业提供融资

4. 小组流程展示。

实训考核：

1. 展示状态，对业务的熟悉程度。

2. 对于业务的推销能力。

第十章

银 行 保 函

学习目标

1. 了解银行保函的基本概念以及保函的特点。
2. 掌握融资类保函及非融资类保函的业务品种。

技能要求

1. 能准确熟练地对银行保函产品分类。
2. 熟练掌握各个保函的特点,能够根据企业的具体特点,为企业推荐适合企业的银行保函产品,并为企业办理保函业务。

引例

搭建全球服务网络　中国银行保函业务助力中国建筑业扬帆海外

随着中资企业加快实施"走出去"战略,企业的本土化经营管理水平不断提高。越来越多的中资企业在海外雇用当地员工,利用当地资源,建立制造中心、销售网络和研发中心,力争在制造、经营管理、品牌、研发、人才等方面实现本土化。

在此大趋势下,中资企业对资金本土化的需求也日渐增强,越来越多中资企业在境外开展业务时希望加强与金融机构的合作。

作为中国国际化和多元化程度最高的商业银行,中国银行充分发挥全球网络优势,通过海内外分行联动等多种方式,满足"走出去"企业的多元化金融需求。

为支持中国建筑等大型企业在非洲市场承包工程项目,中行巴黎分行依托中银集团整体优势,发挥海内外一体化联动,为中国建筑等大型企业提供保函业务支持。

"近年来中国建筑在海外承包工程项目的金额越来越大,申请开立的保函金额也较大,巴黎分行与总行及国内分支机构紧密配合、高效联动,实施'点对点服务',为中国建筑拓展海外承包工程市场发挥了积极作用。"上述中行巴黎分行人士称。

此外,为帮助中国建筑最大程度降低汇率风险,中行巴黎分行设计了多款金融产品和解决方案。以保函业务为例,当前非洲很多国家建筑工程的业主方要求采用当地币种开立保函。对企业来说,存在较大的汇率风险,需要金融机构的介入来帮助企业规避汇率风险。很多非洲当地银行对中资企业不了解,很难给予当地币种授信额度。

中行巴黎分行利用在非洲的影响以及与当地代理行良好的合作关系,协调非洲当地银行提供当地币种授信,从而顺利开立了当地币种保函,满足了业主方的要求。

(资料来源:凤凰财经网,2014 年 11 月 29 日,http://finance.ifeng.com/a/20141129/13316150-0.shtml)

第一节　银行保函概述

一、银行保函的含义

银行保函(letter of guarantee,UG, bank guarantee)又称银行保证书,是指银行作为担保人,向受益人开立的保证文件,旨在保证被保证人一定要向受益人履行某种义务;否则,将由担保人负责支付由此给受益人造成的损失。

银行保函是为适应国际间经济贸易联系的增强,各国货物、资金、技术和劳务的交流日益频繁而出现的一种金融结算工具。由于国际经济合作中的某些交易期限较长,因而所涉及资金的风险都比较大,如国际信贷、项目融资、基础设施建设招标、机械设备安装、工程承包以及补偿贸易等。虽然在一般的经济合同当中均规定了当事人各方的权利义务,但合同约束只限于商业信用,而履约往往取决于交易双方的信誉,因此保障不够得力。

为保障双方能按期履约,常常需要一个第三者作为担保人,并以其资信和实力向受益人保证,申请人可以履行交易合同项下的责任义务。由于银行具备雄厚的资金实力、较高的信誉及较强的经营能力,因而常常作为第三方实施担保。银行保函自出现以来,已得到迅速广泛的应用,目前已经成为与汇款、托收、信用证并列的主流国际结算工具。

🕊 小贴士

银行保函的手续费

银行保函手续费不是统一的,对于不同的银行、不同的保函形式保函的收费是不同的。比如工商银行开具非融资类人民币保函应根据保函风险度按季收取保函金额 $0.5‰\sim3‰$ 的手续费。

履约保函和预付款保函最低手续费 300 元,投标保函最低手续费 100 元,其他类保函最低手续费 100 元。对于优质客户,经分行审批,可减收手续费。所以说不能确认具体数额,应具体情况具体分析。

二、银行保函的功能

银行保函的功能主要体现在以下两个方面。

(1) 保证合同项下的价款支付,这是保函之所以能成为国际结算方式之一的基本原因。

例如,买卖合同及劳务承包合同项下的付款保函、逾期付款保函,补偿贸易合同项下的补偿贸易保函,租赁合同项下的租金保付保函,借贷合同项下的贷款归还保函,票据保付保函以及其他诸如费用、佣金、关税等的保付保函,都是用来保证合同项下的付款责任方按期向另一方支付一定的合同价款,保证合同价款与所交易的货物、劳务、技术的交换。

(2) 保证在违约情况发生时,受害方可以得到合理的补偿。比如履约保函、投标保函、预付款保函、质量保函、维修保函等都是保证合同项下除付款义务以外的其他义务的正常履行。

可见,银行保函的适用范围和担保职能十分广泛,它不仅可用来充当各种商务支付的保证手段,以解决各种交易(不仅仅是买卖合同)中的合同以及费用支付问题,又可以用来作为对履约责任人履行其合同义务的制约手段和对违约受害方的补偿保证工具。

可以说,在任何一种交易过程或商务活动中,倘若一方对另一方的资信、履约能力产生怀疑而寻求银行作为第三者介入并担保时,都可以使用银行保函。

三、银行保函的基本当事人

(一) 委托人

委托人(principal)或申请人(applicant),即向担保行申请开立保函的一方,一般为债务人,可以是进口商、投标人或承租人等。委托人的责任如下:

(1) 在担保行按照保函规定向受益人付款后,委托人必须立即偿还担保行垫付之款。

(2) 负担保函项下一切费用及利息。

(3) 担保人认为需要时,应预支部分或全部押金。

(二) 受益人

受益人(beneficiary),即接受保函并有权按保函规定出具索款通知或连同其他单据向担保行索取款项的一方,一般为债权人,如出口商、贷款银行等。受益人按照保函规定,提交相符的索款声明,或连同有关单据,有权向担保行索偿,并取得付款。

(三) 担保行

担保行(guarantor bank),即接受申请人的申请,向受益人开立保函的银行。担保行的责任、权利如下:

(1) 一经接受开立保函申请书,就有责任按照申请书开出保函。

(2) 一经开出保函就有责任按照保函承诺条件对受益人付款。

(3) 如果委托人不能立即偿还担保行已付之款,则担保行有权处置押金、抵押品、担保品。如果处置后仍不足抵偿,则担保行有权向委托人追索不足部分。

上述三者为银行保函的基本当事人,在不同的开立方式中,还可能存在下列当事人。

通知行(advising bank),是指接受担保人的委托将保函通知给受益人的银行。一般是受益人所在地并与担保行有业务往来的银行,通常是担保行的联行或代理行。由于通知行与担保行有业务往来,又在受益人所在地,因此可以起到保证保函真实性的作用,减少银行保函业务中的风险,提高效率。

反担保行(counter guarantee bank),是指接受申请人的委托向担保行出具不可撤销反担保,承诺在申请人违约且无法付款时,负责赔偿担保行所做出的全部支付者,是与申请人有经济业务往来的其他银行。有了反担保行,担保行就有了向除申请人以外的另一方追索其所付款项的选择,而反担保行也有权向申请人索偿。

转开行(reissuing bank),是指接受原担保行的要求,向受益人开立以原担保行为申请人及反担保行以自身为担保行的保函的银行。它一般是受益人所在地银行。转开行有权拒绝担保人要其转开保函的要求,并及时通知担保人,以便担保人选择其他的转开行。但是,一旦转开行接受担保人的要求,就应及时向受益人开出保函。

保函一经开出,转开行就成为担保人,承担起担保人的责任和义务,而原担保人就变为反担保人。转开行付款后,有权凭反担保保函向反担保人(即原担保人)索偿。

保兑行(confirming bank),是指根据担保行的要求,在保函上加具保兑,承诺当担保行无力赔偿时,代其履行付款责任的银行,也称第二担保行。

当担保人的资信较差或属外汇短缺国家的银行时,受益人往往会要求在担保人的保函上由一家国际大银行承担付款责任,一旦担保人未能按规定付款,保兑行就必须代其履行付款义务。保兑行付款后,有权凭担保函及担保人要求其加具保兑的书面指示向担保行索赔。

相关链接 10-1

保函助力企业投融资

2014年5月,农业银行山东分行与秘鲁国际银行合作,为某大型矿产品批发企业联合办理了2亿元的人民币保函业务。6月,中国银行青海省分行与中行首尔分行联动合作,叙做了青海省首笔融资性保函及海外直贷业务,金额752万美元,为企业融资开辟了新渠道。7月,工行浙江开化支行为浙江东阁科技有限公司开出金额为222.34万元、期限为半年的履约保函。据悉,履约保函业务是工行2014年重点推广产品之一。

无论是进出口贸易、海外项目建设还是境外投融资项目,都离不开银行保函业务的支持。特别是大型工程及投融资项目,对银行保函的要求更高。换句话说,保函对于企业的帮助,并不只是代为履行相关责任义务,同时还能为企业化解损失、节约财务成本。

2012年,某大型企业拟"出海"收购境外游艇公司,并购过程中亚须某国有商业银行提供融资支持。银行为之设计保函产品方案,先后为该项目开立总额达5.3亿美元的涉外保函,配合企业顺利完成并购,节约财务成本近1 000万元。

值得一提的是,除了保函之外,跟单信用证作为国际结算和担保的重要形式,在国际金融、国际租赁和国际贸易及经济合作中应用同样十分广泛。此间,一些企业往往将两者混同,事实上它们有明显不同。

保函和跟单信用证,虽然都是由银行或其他实力雄厚的非银行金融机构应某项交易合同项下的当事人(申请人)的请求或指示,向交易的另一方(受益人)出立的书面文件,承诺对提交的在表面上符合其条款规定的书面索赔声明或其他单据予以付款,但不同的是,跟单信用证要求受益人提交的单据是包括运输单据在内的商业单据,而保函要求的单据实际上是受益人出具的关于委托人违约的声明或证明。

这一区别使两者适用范围有了很大差异,保函可适用于各种经济交易,为契约的一方向另一方提供担保。另外,如果委托人没有违约,保函的担保人就不必为承担赔偿责任而付款。跟单信用证的开证行则必须先行付款。

（资料来源：上海金融新闻网,2014 年 8 月 12 月,http://www.shfinancialnews.com/xww/2009jrb/node 5019/node 5051/node 5062/uscrobjectlai132542.html）

四、各当事人之间的关系

银行保函各当事人之间的关系如图 10-1 所示。

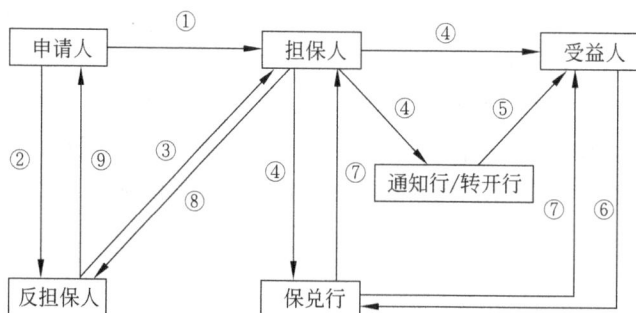

图 10-1　保函各当事人之间的关系

图 10-1 中各数字代表当事人之间的关系,其包括如下内容。

① 申请人向担保人提出开立保函的申请。

② 申请人选择反担保人。

③ 反担保人向担保人出具不可撤销的反担保。

④ 有时,担保人根据受益人的要求,必须找一家国际公认的大银行为其出具的保函加以保兑;有时,担保人将其保函寄给通知行,请其通知受益人;有时,担保人将其保函寄给转开行,请其重新开立以受益人为抬头的保函。

⑤ 通知行/转开行/保兑行将保函通知/转发受益人。

⑥ 受益人在发现保函申请人违约时,或担保付款条件成立,向担保人/保兑行或转开行（担保人）索偿,担保人赔付。

⑦ 保兑行赔付后,向担保人索偿,担保人再赔付给保兑行。

⑧ 担保人赔付后向反担保人索偿,反担保人赔付。

⑨ 反担保人赔付后向申请人索偿,申请人赔付。

图 10-1 中所示的各当事人关系及银行保函业务流程是当事人比较全的情况。在实际业务当中,根据银行保函的用途和实际交易的需要,银行保函的开立方式也有多种,在一些比较简单的开立方式中,由于不涉及某些当事人,因此图 10-1 中的某些步骤就可以省略。

五、银行保函的分类

银行保函根据担保银行承担风险的不同及管理的需要,可分为融资类保函和非融资类保函两大类。

融资性保函又称"融资保函"或"融资类保函",是指担保银行应借款人的申请而向贷款人出具的、保证借款人履行借贷资金偿还义务的书面文件。该保函主要包括借款保函、银行授信额度保函、有价证券保付保函、融资租赁担保、延期付款担保等。

非融资保函是指在规定范围内,以客户提供符合条件的反担保条件为基础,银行为客户的贸易或工程投标等非融资性经营活动开具担保文书提供信用担保。非融资性保函包括投标担保、预付款担保、履约担保、关税保函、即期付款保函、经营租赁保函等。

进一步分类如表 10-1 所示。

表 10-1 银行保函的分类及释义

类 别	保函种类	简 单 释 义
融资类	借款保函	担保借款人(申请人)向贷款人(受益人)按贷款合同的规定偿还贷款本息
	授信额度保函	担保申请授信额度和在授信额度项下的偿还义务的履行。一般是母公司为海外的子公司申请
	有价证券保付保函	为企业债券本息的偿还或可转债提供的担保
	融资租赁保函	为融资租赁合同项上的租金支付提供的担保
	延期付款保函	为延期支付的货款及其利息提供的担保
非融资类	投标保函	多用于公开招标的工程函包和物资采购合同项下,根据标书要求的担保
	预付款保函	申请人一旦在基础交易项下违约,银行承担向受益人返还预付款的保证责任
	履约保函	对保函申请人诚信、善意、及时履行基础交易中约定义务的保证
	关税保函	为进出口物品缴纳关税提供的担保
	即期付款保函	保证申请人因购买商品、技术、专利或劳动合同项下的付款责任而出具的类同信用证性质的保函
	经营租赁保函	对经营租赁合同项下的租金支付提供的担保

(一)融资类保函

1. 借款保函

借款保函指银行应借款人要求向贷款行所作出的一种旨在保证借款人按照借款合约的规定按期向贷款方归还所借款项本息的付款保证承诺。

2. 授信额度保函

授信额度保函是指担保申请授信额度和在授信额度项下的偿还义务的履行,一般是母公司为海外子公司申请。

3. 有价证券保付保函

有价证券保付保函是指为企业债券本息的偿还或可转债提供担保。

4. 融资租赁保函

融资租赁保函指承租人根据租赁协议的规定,请求银行向出租人所出具的一种旨在保证承租人按期向出租人支付租金的付款保证承诺。

5. 延期付款保函

延期付款保函(deferred payment guarantee)属于广义上的付款保函,即对延期支付或远期支付的合同价款及利息所作出的担保。

(二) 非融资类保函

1. 投标保函

投标保函指银行应投标人申请向招标人做出的保证承诺,保证在投标人报价的有效期内投标人将遵守其诺言,不撤标、不改标、不更改原报价条件,并且在其一旦中标后,将按照招标文件的规定在一定时间内与招标人签订合同。

小贴士

招标中信贷证明及投标保函额度的规定

《招标投标法实施条例》第二十六条规定:投标保证金不得超过招标项目估算价的2%;七部委30号令《工程建设项目施工招标投标办法》第三十七条规定:投标保证金的形式有投标保证金除现金外可以是银行出具的银行保函、保兑支票、银行汇票或现金支票。其中提到的银行保函,就是指投标保函。我国涉外工程只规定提供投标银行保函,其额度与国内相同。

2. 预付款保函

预付款保函又称还款保函或定金保函,指银行应供货方或劳务承包方申请向买方或业主方保证,如申请人未能履约或未能全部按合同规定使用预付款,则银行负责返还保函规定金额的预付款。

3. 履约保函

履约保函指银行应供货方或劳务承包方的请求而向买方或业主方做出的一种履约保证承诺。

小贴士

履约保函的分类

银行履约保函可分为以下两种形式。

(1) 无条件(unconditional 或 on demand)银行保函。银行见票即付,不需业主提供任何证据。业主在任何时候提出声明,认为承包商违约,而且提出的索赔日期和金额在保函有效期的限额之内,银行即无条件履行保证,进行支付,承包商不能要求银行止付。当然业主也要承担由此行动引起的争端、仲裁或法律程序裁决的法律后果。

对银行而言,它们愿意承担这种保函,既不承担风险,又不卷入合同双方的争端。

（2）有条件（conditional）银行保函。银行在支付之前，业主必须提出理由，指出承包商执行合同失败、不能履行其业务或违约，并由业主或监理工程师出示证据，提供所受损失的计算数据等。

世界银行贷款项目一般规定，银行履约保函金额为合同总价的 10%。

4. 关税保函

关税保函（guarantee for the customs duties）是指担保银行应进口商（含加工贸易企业）的申请而向海关出具的、保证进口商履行缴纳关税义务的书面文件。

5. 即期付款保函

即期付款保函是指应买方或业主申请向卖方或承包方出具的，保证合同项下货款支付或承包工程进度款支付的书面保证文件。

6. 经营租赁保函

经营租赁保函是保证人应承租人的要求向出租人开立的保证承租人按照合同的规定支付租金，否则将由保证人进行赔付的书面保证文件。

第二节　银行保函流程

银行保函流程大体分为保函申请→银行调查→银行审查→银行审批。

（1）申请人提交办理保函申请书，并按银行提出的条件和要求提供下列资料：

① 营业执照副本、法人代码证副本、税务登记证副本和法定代表人证明文件等；

② 对外担保主合同、协议或标书及有关交易背景资料；

③ 担保涉及的事项按规定须事先获得有关部门批准或核准的，须提供有关部门的批准或核准文件；

④ 经会计（审计）师事务所审计的上两年财务报表及当期财务报表；

⑤ 反担保措施证明文件；

⑥ 银行要求的其他资料。

（2）银行进行调查、审查。

银行收到申请和有关资料后，对申请人的合法性、财务状况的真实性、交易背景的真实性等进行调查，了解借款人的履约、偿付能力，对申请人进行授信评级，向申请人做出正式答复。

（3）审批同意后，签订《保函协议书》或《贷款承诺协议书》，申请人存入相应比例的保证金，办理抵质押或反担保手续，银行出具保函或贷款承诺书。

银行同意开立保函后，与申请人签订"开立担保协议"，约定担保种类、用途、金额、费率、担保有效期，付款条件，双方的权利、义务，违约责任和双方认为需要约定的其他事项；对于需提供反担保的，还应按银行要求办理反担保手续。

反担保程序如下。

（1）项目方向银行提出申请，填写担保业务申请书，并按银行提出的条件和要求提供下列资料：

①项目方的营业执照副本、法人代码证副本、税务登记证副本和法定代表人证明文件等；

②对外担保主合同、协议或标书及有关交易背景资料；

③担保涉及的事项按规定须事先获得有关部门批准或核准的，须提供有关部门的批准或核准文件；

④项目方经会计(审计)师事务所审计的上两年财务报表及当期财务报表；

⑤反担保措施证明文件；

⑥银行要求的其他资料。

(2) 银行收到申请和有关资料后，对申请人的合法性、财务状况的真实性、交易背景的真实性等进行调查，了解借款人的履约、偿付能力，向申请人做出正式答复。

(3) 银行同意开立保函后，与申请人签订"开立担保协议"，约定担保种类、用途、金额、费率、担保有效期，付款条件，双方的权利、义务，违约责任和双方认为需要约定的其他事项；对于需提供反担保的，还应按银行要求办理反担保手续。

(4) 项目方须知。项目方应加强与银行的联系，在确认需要银行提供担保，决定担保项下的各项金融条件以前，应与银行及时进行沟通。项目方在当地银行取得开立保函授信额度后，与银行签订"开立担保协议书"，凭银行"开立担保协议书"及其营业执照副本、法人代码证副本、税务登记证副本和法定代表人证明文件、项目相关批文、可行性研究报告等与投资方签订"项目融资协议书"，投资方提供担保函样本，经担保行确认后，开出担保确认函。

投资方将以上相关资料报董事会审批，经董事会核查无误后，在 15 个工作日内通知项目方法人在指定地点签订"国际借款合同"，办理过款手续，分批过款至项目方开立担保函银行账户，项目方根据双方约定，按到位资金全额开出正式"银行担保函"，并支付一次性综合费用。

综 合 实 训

一、单项选择题

1. (　　) 又称银行保证书，是指银行作为担保人，向受益人开立的保证文件，旨在保证被保证人一定要向受益人履行某种义务；否则，将由担保人负责支付由此给受益人造成的损失。

　　A. 银行保函　　　　　　　　　　B. 固定资产贷款

　　C. 项目贷款　　　　　　　　　　D. 贸易融资

2. (　　) 即接受保函并有权按保函规定出具索款通知或连同其他单据向担保行索取款项的一方，一般为债权人，如出口商、贷款银行等。

　　A. 委托人　　　B. 受益人　　　C. 担保行　　　D. 通知行

3. (　　) 是指接受申请人的委托向担保行出具不可撤销反担保，承诺在申请人违约且无法付款时，负责赔偿担保行所做出的全部支付者，是与申请人有经济业务往来的其他银行。

　　A. 委托人　　　B. 反担保行　　　C. 担保行　　　D. 通知行

4.（　　）指承租人根据租赁协议的规定,请求银行向出租人所出具的一种旨在保证承租人按期向出租人支付租金的付款保证承诺。

  A. 借款保函　　　　　　　　　　　B. 银行授信额度保函

  C. 延期付款担保　　　　　　　　　D. 融资租赁保函

二、多项选择题

1. 银行保函的功能是(　　)。

  A. 保证合同项下的价款支付

  B. 为企业提供短期款项融资

  C. 银行作为保函的第一付款方

  D. 保证在违约情况发生时,受害方可以得到合理的补偿

2. 银行保函的基本当事人有(　　)。

  A. 委托人　　　　B. 受益人　　　　C. 担保行　　　　D. 通知行

3. 银行保函委托人的责任有(　　)。

  A. 在担保行按照保函规定向受益人付款后,委托人必须立即偿还担保行垫付之款

  B. 一经接受开立保函申请书,就有责任按照申请书开出保函

  C. 负担保函项下一切费用及利息

  D. 担保人如果认为需要,应预支部分或全部押金

4. 银行保函担保行的责任、权利为(　　)。

  A. 一经接受开立保函申请书,就有责任按照申请书开出保函

  B. 一经开出保函就有责任按照保函承诺条件对受益人付款

  C. 如果委托人不能立即偿还担保行已付之款,则担保行有权处置押金、抵押品、担保品。如果处置后仍不足抵偿,则担保行有权向委托人追索不足部分

  D. 担保人如果认为需要,应预支部分或全部押金

5. 以下属于融资类保函的是(　　)。

  A. 借款保函　　　　　　　　　　　B. 银行授信额度保函

  C. 延期付款担保　　　　　　　　　D. 经营租赁保函

6. 以下属于非融资类保函的是(　　)。

  A. 履约担保　　　　　　　　　　　B. 银行授信额度保函

  C. 预付款担保　　　　　　　　　　D. 投标担保

三、判断题

1. 银行保函的适用范围和担保职能十分广泛,它不仅可用来充当各种商务支付的保证手段,以解决各种交易(不仅仅是买卖合同)中的合同以及费用支付问题,又可以用来作为对履约责任人履行其合同义务的制约手段和对违约受害方的补偿保证工具。(　　)

2. 如果委托人不能立即偿还担保行已付之款,则通知行有权处置押金、抵押品、担保品。如果处置后仍不足抵偿,则担保行有权向委托人追索不足部分。(　　)

3. 由于通知行与担保行有业务往来,又在受益人所在地,因此可以起到保证保函真

实性的作用,减少银行保函业务中的风险,提高效率。(   )

4. 一旦转开行接受担保人的要求,就应及时向受益人开出保函。保函一经开出,转开行就成为担保人,承担起担保人的责任和义务,而原担保人就变为反担保人。(   )

四、实训课堂

实训内容:保函业务流程展示。

实训角色:客户经理、大堂经理、客户。

实训背景:客户为某贸易公司的部门经理,因投标需要,需要到银行办理投标保函。

实训过程:

1. 学生分小组、分角色展示。

2. 客户咨询目前银行的保函业务品种,向银行介绍企业状况。

3. 银行客户经理介绍银行保函的业务品种及每种产品的特色。

4. 为客户办理银行保函业务。

5. 小组流程展示。

实训考核:

1. 展示状态,对业务的熟悉程度。

2. 对于业务的推销能力。

附:

参考格式一

预收款退款保函

(受益人):

(委托人)系我行客户,其结算保证金存款户账号_____。该单位已于_____年_____月_____日与你方协商,该单位预收你方备料款_____元,用于_____工程项下_____等用途,我行已接受该单位委托,愿保证该单位预收款专款专用,如该单位不按指定用途使用上述预收款项,我行将按照你方要求将预收款退还你方。我行担保额度随上述工程的工程价款结算逐步递减。

除本保函固定条款中规定的终止保函效力的条件外,当出现下列情况时,担保银行也可撤销本保函:_____。

担保银行(盖章)_____

法定代表人(签字)_____

_____年_____月_____日

参考格式二

分期付款(租赁)保函

(受益人):

(委托人)系我行客户,其结算保证金存款户账号_____。该单位已于_____年_____月_____日与你方签订_____合同,编号_____,金额

_____元。我行已接受该单位委托,愿保证该单位按上述合同的约定分期付款(支付租金)。如该单位不履行合同,按期不支付规定款项,我行愿承担担保责任,按合同规定代为支付款项(或租金)。我行担保额度随委托人向贵单位付款而相应递减。

除本保函固定条款中规定的终止保函效力的条件外,当出现下列情况时,担保银行也可撤销保函:_____。

担保银行(盖章)_____

法定代表人(签字)_____

_____年_____月_____日

(本保函格式适用于分期付款担保和租赁担保)

参考格式三

履约类保函

(受益人):

(委托人)系我行客户,其结算保证金存款户账号_____。该单位已于_____年_____月_____日与你方签订_____合同或向_____工程投标,编号_____。我行已接受该单位委托,愿对该单位履行上述合同(投标书)约定的义务提供担保。如该单位不履行合同,且不主动支付违约金,我行愿承担担保责任,按合同的规定,代为支付违约金_____万元。我行担保额度随合同逐步履行而相应递减。

除本保函固定条款中规定的终止保函效力的条件外,当出现下列情况时,担保银行也可撤销本保函:_____。

担保银行(盖章)_____

法定代表人(签字)_____

_____年_____月_____日

(本保函格式适用于工程投标担保、工程承包担保、工程维修担保)

国际工程履约保函格式(银行)

致:_____

_____公司,该公司执行_____国家法律,注册办公地址为_____(以下简称 NPOG)。

鉴于:

(1) 甲方(NPOG)和乙方(承包商)就_____达成协议,并签订本"合同",承包商同意完成合同规定的内容。

(2) 合同明确规定了此条款,即由_____银行(以下简称"担保人")及时递交给 NPOG 该保函。_____银行不可撤销和无条件地向 NPOG 担保以下内容:_____。

参考格式四

借 款 保 函

（受益人）：

（委托人）系我行客户，其结算保证金存款户账号＿＿＿＿＿＿＿＿＿＿＿＿＿。该单位已于＿＿＿＿＿＿年＿＿＿＿＿＿月＿＿＿＿＿＿日与你方签订借款合同，编号＿＿＿＿＿＿，金额＿＿＿＿＿＿万元。我行已接受该单位委托，愿承担该单位上述合同项下＿＿＿＿＿＿万元的担保。如该单位不能按期偿还借款本息，我行愿承担担保责任，按合同规定代为偿还借款本息。我行担保额度随委托人偿还借款本息而逐步递减。

除本保函固定条款中规定的终止保函效力的条件外，当出现下列情况时，担保银行也可撤销本保函：＿＿＿＿＿＿。

担保银行（盖章）＿＿＿＿＿＿＿＿＿

法定代表人（签字）＿＿＿＿＿＿＿＿＿

＿＿＿＿＿＿年＿＿＿＿＿＿月＿＿＿＿＿＿日

参考格式五

引进国外设备信用证结算保函

（受益人）：

（委托人）系我行客户，其结算保证金存款户账号＿＿＿＿＿＿＿＿＿＿＿＿＿。该单位已同＿＿＿＿＿＿＿＿＿＿＿＿（外商）签订引进＿＿＿＿＿＿（设备）合同，合同编号＿＿＿＿＿＿，金额＿＿＿＿＿＿（外汇），并已向贵行申请开立信用证，我行已接受该单位委托，愿对该单位向贵行支付上述信用证项下的人民币提供担保。当贵行对外付汇后，该单位不能支付等值的人民币时，我行保证按期代为支付。

附本保函固定条款中规定的终止保函效力的条件外，当出现下列情况时，担保银行也可撤销本保函：＿＿＿＿＿＿。

省级分行签章＿＿＿＿＿＿＿

＿＿＿＿＿＿年＿＿＿＿＿＿月＿＿＿＿＿＿日

担保银行（盖章）＿＿＿＿＿＿＿＿＿

法定代表人（签字）＿＿＿＿＿＿＿＿＿

＿＿＿＿＿＿年＿＿＿＿＿＿月＿＿＿＿＿＿日

参考格式六

不可撤销反担保函

致：中国人民建设银行＿＿＿＿＿＿行

＿＿＿＿＿＿＿＿＿＿＿＿＿与贵行于＿＿＿＿＿＿年＿＿＿＿＿＿月＿＿＿＿＿＿日签订了《担保协议书》

（编号 _____），约定由贵行为 _____ 提供担保，额度 _____ 万元。为此，本单位愿无条件及不可撤销地保证：

1．若上述担保的委托单位（即 _____）不能按照协议的规定如数存入保证金，使贵行不能从委托人保证金存款户中足额对保函受益人支付款项时，由我单位代为支付，或在贵行先垫付资金后，由我单位承担对贵行的补偿责任。

2．当贵行凭本保函和有关付款凭证索款时，我单位将在五日之内无条件地履行本保函所载明的义务，支付本金、利息、手续费、税款及因延期付款而发生的各项费用。

3．如我单位不能在五日内按期付款，贵行有权从我单位在银行开立的任何账户中扣款，这些账户为：开户银行 _____，账号 _____。

4．此项保函是本单位的连续性义务，不受任何争议、索赔和法律程序的损害。

本保函的担保责任将随本单位已付款金额而相应递减。

5．本保函自即日起生效，至被担保人的债务履行完毕后失效。

反担保单位（公章）_____

法定代表人（签字）_____

_____ 年 _____ 月 _____ 日

个人贷款管理暂行办法

第一章 总 则

第一条 为规范银行业金融机构个人贷款业务行为,加强个人贷款业务审慎经营管理,促进个人贷款业务健康发展,依据《中华人民共和国银行业监督管理法》《中华人民共和国商业银行法》等法律法规,制定本办法。

第二条 中华人民共和国境内经中国银行业监督管理委员会批准设立的银行业金融机构(以下简称贷款人)经营个人贷款业务,应遵守本办法。

第三条 本办法所称个人贷款,是指贷款人向符合条件的自然人发放的用于个人消费、生产经营等用途的本外币贷款。

第四条 个人贷款应当遵循依法合规、审慎经营、平等自愿、公平诚信的原则。

第五条 贷款人应建立有效的个人贷款全流程管理机制,制订贷款管理制度及每一贷款品种的操作规程,明确相应贷款对象和范围,实施差别风险管理,建立贷款各操作环节的考核和问责机制。

第六条 贷款人应按区域、品种、客户群等维度建立个人贷款风险限额管理制度。

第七条 个人贷款用途应符合法律法规规定和国家有关政策,贷款人不得发放无指定用途的个人贷款。

贷款人应加强贷款资金支付管理,有效防范个人贷款业务风险。

第八条 个人贷款的期限和利率应符合国家相关规定。

第九条 贷款人应建立借款人合理的收入偿债比例控制机制,结合借款人收入、负债、支出、贷款用途、担保情况等因素,合理确定贷款金额和期限,控制借款人每期还款额不超过其还款能力。

第十条 中国银行业监督管理委员会依照本办法对个人贷款业务实施监督管理。

第二章 受理与调查

第十一条 个人贷款申请应具备以下条件:

(一)借款人为具有完全民事行为能力的中华人民共和国公民或符合国家有关规定的境外自然人;

(二)贷款用途明确合法;

(三)贷款申请数额、期限和币种合理;

（四）借款人具备还款意愿和还款能力；

（五）借款人信用状况良好，无重大不良信用记录；

（六）贷款人要求的其他条件。

第十二条 贷款人应要求借款人以书面形式提出个人贷款申请，并要求借款人提供能够证明其符合贷款条件的相关资料。

第十三条 贷款人受理借款人贷款申请后，应履行尽职调查职责，对个人贷款申请内容和相关情况的真实性、准确性、完整性进行调查核实，形成调查评价意见。

第十四条 贷款调查包括但不限于以下内容：

（一）借款人基本情况；

（二）借款人收入情况；

（三）借款用途；

（四）借款人还款来源、还款能力及还款方式；

（五）保证人担保意愿、担保能力或抵（质）押物价值及变现能力。

第十五条 贷款调查应以实地调查为主、间接调查为辅，采取现场核实、电话查问以及信息咨询等途径和方法。

第十六条 贷款人在不损害借款人合法权益和风险可控的前提下，可将贷款调查中的部分特定事项审慎委托第三方代为办理，但必须明确第三方的资质条件。

贷款人不得将贷款调查的全部事项委托第三方完成。

第十七条 贷款人应建立并严格执行贷款面谈制度。

通过电子银行渠道发放低风险质押贷款的，贷款人至少应当采取有效措施确定借款人真实身份。

第三章 风险评价与审批

第十八条 贷款审查应对贷款调查内容的合法性、合理性、准确性进行全面审查，重点关注调查人的尽职情况和借款人的偿还能力、诚信状况、担保情况、抵（质）押比率、风险程度等。

第十九条 贷款风险评价应以分析借款人现金收入为基础，采取定量和定性分析方法，全面、动态地进行贷款审查和风险评估。

贷款人应建立和完善借款人信用记录和评价体系。

第二十条 贷款人应根据审慎性原则，完善授权管理制度，规范审批操作流程，明确贷款审批权限，实行审贷分离和授权审批，确保贷款审批人员按照授权独立审批贷款。

第二十一条 对未获批准的个人贷款申请，贷款人应告知借款人。

第二十二条 贷款人应根据重大经济形势变化、违约率明显上升等异常情况，对贷款审批环节进行评价分析，及时、有针对性地调整审批政策，加强相关贷款的管理。

第四章　协议与发放

第二十三条　贷款人应与借款人签订书面借款合同,需担保的应同时签订担保合同。贷款人应要求借款人当面签订借款合同及其他相关文件,但电子银行渠道办理的贷款除外。

第二十四条　借款合同应符合《中华人民共和国合同法》的规定,明确约定各方当事人的诚信承诺和贷款资金的用途、支付对象(范围)、支付金额、支付条件、支付方式等。

借款合同应设立相关条款,明确借款人不履行合同或怠于履行合同时应当承担的违约责任。

第二十五条　贷款人应建立健全合同管理制度,有效防范个人贷款法律风险。

借款合同采用格式条款的,应当维护借款人的合法权益,并予以公示。

第二十六条　贷款人应依照《中华人民共和国物权法》、《中华人民共和国担保法》等法律法规的相关规定,规范担保流程与操作。

按合同约定办理抵押物登记的,贷款人应当参与。贷款人委托第三方办理的,应对抵押物登记情况予以核实。

以保证方式担保的个人贷款,贷款人应由不少于两名信贷人员完成。

第二十七条　贷款人应加强对贷款的发放管理,遵循审贷与放贷分离的原则,设立独立的放款管理部门或岗位,负责落实放款条件、发放满足约定条件的个人贷款。

第二十八条　借款合同生效后,贷款人应按合同约定及时发放贷款。

第五章　支付管理

第二十九条　贷款人应按照借款合同约定,通过贷款人受托支付或借款人自主支付的方式对贷款资金的支付进行管理与控制。

贷款人受托支付是指贷款人根据借款人的提款申请和支付委托,将贷款资金支付给符合合同约定用途的借款人交易对象。

借款人自主支付是指贷款人根据借款人的提款申请将贷款资金直接发放至借款人账户,并由借款人自主支付给符合合同约定用途的借款人交易对象。

第三十条　个人贷款资金应当采用贷款人受托支付方式向借款人交易对象支付,但本办法第三十三条规定的情形除外。

第三十一条　采用贷款人受托支付的,贷款人应要求借款人在使用贷款时提出支付申请,并授权贷款人按合同约定方式支付贷款资金。

贷款人应在贷款资金发放前审核借款人相关交易资料和凭证是否符合合同约定条件,支付后做好有关细节的认定记录。

第三十二条　贷款人受托支付完成后,应详细记录资金流向,归集保存相关凭证。

第三十三条　有下列情形之一的个人贷款,经贷款人同意可以采取借款人自主支付方式:

（一）借款人无法事先确定具体交易对象且金额不超过三十万元人民币的；

（二）借款人交易对象不具备条件有效使用非现金结算方式的；

（三）贷款资金用于生产经营且金额不超过五十万元人民币的；

（四）法律法规规定的其他情形的。

第三十四条　采用借款人自主支付的，贷款人应与借款人在借款合同中事先约定，要求借款人定期报告或告知贷款人贷款资金支付情况。

贷款人应当通过账户分析、凭证查验或现场调查等方式，核查贷款支付是否符合约定用途。

第六章　贷　后　管　理

第三十五条　个人贷款支付后，贷款人应采取有效方式对贷款资金使用、借款人的信用及担保情况变化等进行跟踪检查和监控分析，确保贷款资产安全。

第三十六条　贷款人应区分个人贷款的品种、对象、金额等，确定贷款检查的相应方式、内容和频度。贷款人内部审计等部门应对贷款检查职能部门的工作质量进行抽查和评价。

第三十七条　贷款人应定期跟踪分析评估借款人履行借款合同约定内容的情况，并作为与借款人后续合作的信用评价基础。

第三十八条　贷款人应当按照法律法规规定和借款合同的约定，对借款人未按合同承诺提供真实、完整信息和未按合同约定用途使用、支付贷款等行为追究违约责任。

第三十九条　经贷款人同意，个人贷款可以展期。

一年以内（含）的个人贷款，展期期限累计不得超过原贷款期限；一年以上的个人贷款，展期期限累计与原贷款期限相加，不得超过该贷款品种规定的最长贷款期限。

第四十条　贷款人应按照借款合同约定，收回贷款本息。

对于未按照借款合同约定偿还的贷款，贷款人应采取措施进行清收，或者协议重组。

第七章　法　律　责　任

第四十一条　贷款人违反本办法规定办理个人贷款业务的，中国银行业监督管理委员会应当责令其限期改正。贷款人有下列情形之一的，中国银行业监督管理委员会可采取《中华人民共和国银行业监督管理法》第三十七条规定的监管措施：

（一）贷款调查、审查未尽职的；

（二）未按规定建立、执行贷款面谈、借款合同面签制度的；

（三）借款合同采用格式条款未公示的；

（四）违反本办法第二十七条规定的；

（五）支付管理不符合本办法要求的。

第四十二条　贷款人有下列情形之一的，中国银行业监督管理委员会除按本办法第四十一条采取监管措施外，还可根据《中华人民共和国银行业监督管理法》第四十六条、第四十八条规定对其进行处罚：

（一）发放不符合条件的个人贷款的；

（二）签订的借款合同不符合本办法规定的；

（三）违反本办法第七条规定的；

（四）将贷款调查的全部事项委托第三方完成的；

（五）超越或变相超越贷款权限审批贷款的；

（六）授意借款人虚构情节获得贷款的；

（七）对借款人违背借款合同约定的行为应发现而未发现，或虽发现但未采取有效措施的；

（八）严重违反本办法规定的审慎经营规则的其他情形的。

第八章　附　　则

第四十三条　以存单、国债或者中国银行业监督管理委员会认可的其他金融产品作质押发放的个人贷款，消费金融公司、汽车金融公司等非银行金融机构发放的个人贷款，可参照本办法执行。

银行业金融机构发放给农户用于生产性贷款等国家有专门政策规定的特殊类个人贷款，暂不执行本办法。信用卡透支，不适用本办法。

第四十四条　个体工商户和农村承包经营户申请个人贷款用于生产经营且金额超过五十万元人民币的，按贷款用途适用相关贷款管理办法的规定。

第四十五条　贷款人应依照本办法制定个人贷款业务管理细则及操作规程。

第四十六条　本办法由中国银行业监督管理委员会负责解释。

第四十七条　本办法自发布之日起施行。

流动资金贷款管理暂行办法

第一章 总 则

第一条 为规范银行业金融机构流动资金贷款业务经营行为,加强流动资金贷款审慎经营管理,促进流动资金贷款业务健康发展,依据《中华人民共和国银行业监督管理法》《中华人民共和国商业银行法》等有关法律法规,制定本办法。

第二条 中华人民共和国境内经中国银行业监督管理委员会批准设立的银行业金融机构(以下简称贷款人)经营流动资金贷款业务,应遵守本办法。

第三条 本办法所称流动资金贷款,是指贷款人向企(事)业法人或国家规定可以作为借款人的其他组织发放的用于借款人日常生产经营周转的本外币贷款。

第四条 贷款人开展流动资金贷款业务,应当遵循依法合规、审慎经营、平等自愿、公平诚信的原则。

第五条 贷款人应完善内部控制机制,实行贷款全流程管理,全面了解客户信息,建立流动资金贷款风险管理制度和有效的岗位制衡机制,将贷款管理各环节的责任落实到具体部门和岗位,并建立各岗位的考核和问责机制。

第六条 贷款人应合理测算借款人营运资金需求,审慎确定借款人的流动资金授信总额及具体贷款的额度,不得超过借款人的实际需求发放流动资金贷款。

贷款人应根据借款人生产经营的规模和周期特点,合理设定流动资金贷款的业务品种和期限,以满足借款人生产经营的资金需求,实现对贷款资金回笼的有效控制。

第七条 贷款人应将流动资金贷款纳入对借款人及其所在集团客户的统一授信管理,并按区域、行业、贷款品种等维度建立风险限额管理制度。

第八条 贷款人应根据经济运行状况、行业发展规律和借款人的有效信贷需求等,合理确定内部绩效考核指标,不得制订不合理的贷款规模指标,不得恶性竞争和突击放贷。

第九条 贷款人应与借款人约定明确、合法的贷款用途。

流动资金贷款不得用于固定资产、股权等投资,不得用于国家禁止生产、经营的领域和用途。流动资金贷款不得挪用,贷款人应按照合同约定检查、监督流动资金贷款的使用情况。

第十条 中国银行业监督管理委员会依照本办法对流动资金贷款业务实施监督管理。

第二章　受理与调查

第十一条　流动资金贷款申请应具备以下条件：

（一）借款人依法设立；

（二）借款用途明确、合法；

（三）借款人生产经营合法、合规；

（四）借款人具有持续经营能力，有合法的还款来源；

（五）借款人信用状况良好，无重大不良信用记录；

（六）贷款人要求的其他条件。

第十二条　贷款人应对流动资金贷款申请材料的方式和具体内容提出要求，并要求借款人恪守诚实守信原则，承诺所提供材料真实、完整、有效。

第十三条　贷款人应采取现场与非现场相结合的形式履行尽职调查，形成书面报告，并对其内容的真实性、完整性和有效性负责。尽职调查包括但不限于以下内容：

（一）借款人的组织架构、公司治理、内部控制及法定代表人和经营管理团队的资信等情况；

（二）借款人的经营范围、核心主业、生产经营、贷款期内经营规划和重大投资计划等情况；

（三）借款人所在行业状况；

（四）借款人的应收账款、应付账款、存货等真实财务状况；

（五）借款人营运资金总需求和现有融资性负债情况；

（六）借款人关联方及关联交易等情况；

（七）贷款具体用途及与贷款用途相关的交易对手资金占用等情况；

（八）还款来源情况，包括生产经营产生的现金流、综合收益及其他合法收入等；

（九）对有担保的流动资金贷款，还需调查抵（质）押物的权属、价值和变现难易程度，或保证人的保证资格和能力等情况。

第三章　风险评价与审批

第十四条　贷款人应建立完善的风险评价机制，落实具体的责任部门和岗位，全面审查流动资金贷款的风险因素。

第十五条　贷款人应建立和完善内部评级制度，采用科学合理的评级和授信方法，评定客户信用等级，建立客户资信记录。

第十六条　贷款人应根据借款人经营规模、业务特征及应收账款、存货、应付账款、资金循环周期等要素测算其营运资金需求（测算方法参考附件），综合考虑借款人现金流、负债、还款能力、担保等因素，合理确定贷款结构，包括金额、期限、利率、担保和还款方式等。

第十七条　贷款人应根据贷审分离、分级审批的原则，建立规范的流动资金贷款评审制度和流程，确保风险评价和信贷审批的独立性。

贷款人应建立健全内部审批授权与转授权机制。审批人员应在授权范围内按规定流程审批贷款,不得越权审批。

第四章　合同签订

第十八条　贷款人应和借款人及其他相关当事人签订书面借款合同及其他相关协议,需担保的应同时签订担保合同。

第十九条　贷款人应在借款合同中与借款人明确约定流动资金贷款的金额、期限、利率、用途、支付、还款方式等条款。

第二十条　前条所指支付条款,包括但不限于以下内容:

(一)贷款资金的支付方式和贷款人受托支付的金额标准;

(二)支付方式变更及触发变更条件;

(三)贷款资金支付的限制、禁止行为;

(四)借款人应及时提供的贷款资金使用记录和资料。

第二十一条　贷款人应在借款合同中约定由借款人承诺以下事项:

(一)向贷款人提供真实、完整、有效的材料;

(二)配合贷款人进行贷款支付管理、贷后管理及相关检查;

(三)进行对外投资、实质性增加债务融资,以及进行合并、分立、股权转让等重大事项前征得贷款人同意;

(四)贷款人有权根据借款人资金回笼情况提前收回贷款;

(五)发生影响偿债能力的重大不利事项时及时通知贷款人。

第二十二条　贷款人应与借款人在借款合同中约定,出现以下情形之一时,借款人应承担的违约责任和贷款人可采取的措施:

(一)未按约定用途使用贷款的;

(二)未按约定方式进行贷款资金支付的;

(三)未遵守承诺事项的;

(四)突破约定财务指标的;

(五)发生重大交叉违约事件的;

(六)违反借款合同约定的其他情形的。

第五章　发放和支付

第二十三条　贷款人应设立独立的责任部门或岗位,负责流动资金贷款发放和支付审核。

第二十四条　贷款人在发放贷款前应确认借款人满足合同约定的提款条件,并按照合同约定通过贷款人受托支付或借款人自主支付的方式对贷款资金的支付进行管理与控制,监督贷款资金按约定用途使用。

贷款人受托支付是指贷款人根据借款人的提款申请和支付委托,将贷款通过借款人账户支付给符合合同约定用途的借款人交易对象。

借款人自主支付是指贷款人根据借款人的提款申请将贷款资金发放至借款人账户后,由借款人自主支付给符合合同约定用途的借款人交易对象。

第二十五条　贷款人应根据借款人的行业特征、经营规模、管理水平、信用状况等因素和贷款业务品种,合理约定贷款资金支付方式及贷款人受托支付的金额标准。

第二十六条　具有以下情形之一的流动资金贷款,原则上应采用贷款人受托支付方式:

(一) 与借款人新建立信贷业务关系且借款人信用状况一般;

(二) 支付对象明确且单笔支付金额较大;

(三) 贷款人认定的其他情形。

第二十七条　采用贷款人受托支付的,贷款人应根据约定的贷款用途,审核借款人提供的支付申请所列支付对象、支付金额等信息是否与相应的商务合同等证明材料相符。审核同意后,贷款人应将贷款资金通过借款人账户支付给借款人交易对象。

第二十八条　采用借款人自主支付的,贷款人应按借款合同约定要求借款人定期汇总报告贷款资金支付情况,并通过账户分析、凭证查验或现场调查等方式核查贷款支付是否符合约定用途。

第二十九条　贷款支付过程中,借款人信用状况下降、主营业务盈利能力不强、贷款资金使用出现异常的,贷款人应与借款人协商补充贷款发放和支付条件,或根据合同约定变更贷款支付方式、停止贷款资金的发放和支付。

第六章　贷后管理

第三十条　贷款人应加强贷款资金发放后的管理,针对借款人所属行业及经营特点,通过定期与不定期现场检查与非现场监测,分析借款人经营、财务、信用、支付、担保及融资数量和渠道变化等状况,掌握各种影响借款人偿债能力的风险因素。

第三十一条　贷款人应通过借款合同的约定,要求借款人指定专门资金回笼账户并及时提供该账户资金进出情况。

贷款人可根据借款人信用状况、融资情况等,与借款人协商签订账户管理协议,明确约定对指定账户回笼资金进出的管理。

贷款人应关注大额及异常资金流入流出情况,加强对资金回笼账户的监控。

第三十二条　贷款人应动态关注借款人经营、管理、财务及资金流向等重大预警信号,根据合同约定及时采取提前收贷、追加担保等有效措施防范化解贷款风险。

第三十三条　贷款人应评估贷款品种、额度、期限与借款人经营状况、还款能力的匹配程度,作为与借款人后续合作的依据,必要时及时调整与借款人合作的策略和内容。

第三十四条　贷款人应根据法律法规规定和借款合同的约定,参与借款人大额融资、资产出售以及兼并、分立、股份制改造、破产清算等活动,维护贷款人债权。

第三十五条　流动资金贷款需要展期的,贷款人应审查贷款所对应的资产转换周期的变化原因和实际需要,决定是否展期,并合理确定贷款展期期限,加强对展期贷款的后续管理。

第三十六条　流动资金贷款形成不良贷款的,贷款人应对其进行专门管理,及时制定清收处置方案。对借款人确因暂时经营困难不能按期归还贷款本息的,贷款人可与其协商重组。

第三十七条　对确实无法收回的不良贷款,贷款人按照相关规定对贷款进行核销后,应继续向债务人追索或进行市场化处置。

第七章　法 律 责 任

第三十八条　贷款人违反本办法规定经营流动资金贷款业务的,中国银行业监督管理委员会应当责令其限期改正。贷款人有下列情形之一的,中国银行业监督管理委员会可采取《中华人民共和国银行业监督管理法》第三十七条规定的监管措施:

(一)流动资金贷款业务流程有缺陷的;

(二)未将贷款管理各环节的责任落实到具体部门和岗位的;

(三)贷款调查、风险评价、贷后管理未尽职的;

(四)对借款人违反合同约定的行为应发现而未发现,或虽发现但未及时采取有效措施的。

第三十九条　贷款人有下列情形之一的,中国银行业监督管理委员会除按本办法第三十八条采取监管措施外,还可根据《中华人民共和国银行业监督管理法》第四十六条、第四十八条对其进行处罚:

(一)以降低信贷条件或超过借款人实际资金需求发放贷款的;

(二)未按本办法规定签订借款合同的;

(三)与借款人串通违规发放贷款的;

(四)放任借款人将流动资金贷款用于固定资产投资、股权投资以及国家禁止生产、经营的领域和用途的;

(五)超越或变相超越权限审批贷款的;

(六)未按本办法规定进行贷款资金支付管理与控制的;

(七)严重违反本办法规定的审慎经营规则的其他情形的。

第八章　附　　　则

第四十条　贷款人应依据本办法制定流动资金贷款管理实施细则及操作规程。

第四十一条　本办法由中国银行业监督管理委员会负责解释。

第四十二条　本办法自发布之日起施行。

附录 C

固定资产贷款管理暂行办法

第一章　总　则

第一条　为规范银行业金融机构固定资产贷款业务经营行为,加强固定资产贷款审慎经营管理,促进固定资产贷款业务健康发展,依据《中华人民共和国银行业监督管理法》《中华人民共和国商业银行法》等法律法规,制定本办法。

第二条　中华人民共和国境内经国务院银行业监督管理机构批准设立的银行业金融机构(以下简称贷款人),经营固定资产贷款业务应遵守本办法。

第三条　本办法所称固定资产贷款,是指贷款人向企(事)业法人或国家规定可以作为借款人的其他组织发放的,用于借款人固定资产投资的本外币贷款。

第四条　贷款人开展固定资产贷款业务应当遵循依法合规、审慎经营、平等自愿、公平诚信的原则。

第五条　贷款人应完善内部控制机制,实行贷款全流程管理,全面了解客户和项目信息,建立固定资产贷款风险管理制度和有效的岗位制衡机制,将贷款管理各环节的责任落实到具体部门和岗位,并建立各岗位的考核和问责机制。

第六条　贷款人应将固定资产贷款纳入对借款人及借款人所在集团客户的统一授信额度管理,并按区域、行业、贷款品种等维度建立固定资产贷款的风险限额管理制度。

第七条　贷款人应与借款人约定明确、合法的贷款用途,并按照约定检查、监督贷款的使用情况,防止贷款被挪用。

第八条　银行业监督管理机构依照本办法对贷款人固定资产贷款业务实施监督管理。

第二章　受理与调查

第九条　贷款人受理的固定资产贷款申请应具备以下条件:

(一)借款人依法经工商行政管理机关或主管机关核准登记;

(二)借款人信用状况良好,无重大不良记录;

(三)借款人为新设项目法人的,其控股股东应有良好的信用状况,无重大不良记录;

(四)国家对拟投资项目有投资主体资格和经营资质要求的,符合其要求;

(五)借款用途及还款来源明确、合法;

(六)项目符合国家的产业、土地、环保等相关政策,并按规定履行了固定资产投资项目的合法管理程序；

（七）符合国家有关投资项目资本金制度的规定；

（八）贷款人要求的其他条件。

第十条　贷款人应对借款人提供申请材料的方式和具体内容提出要求，并要求借款人恪守诚实守信原则，承诺所提供材料真实、完整、有效。

第十一条　贷款人应落实具体的责任部门和岗位，履行尽职调查并形成书面报告。尽职调查的主要内容包括：

（一）借款人及项目发起人等相关关系人的情况；

（二）贷款项目的情况；

（三）贷款担保情况；

（四）需要调查的其他内容。

尽职调查人员应当确保尽职调查报告内容的真实性、完整性和有效性。

第三章　风险评价与审批

第十二条　贷款人应落实具体的责任部门和岗位，对固定资产贷款进行全面的风险评价，并形成风险评价报告。

第十三条　贷款人应建立完善的固定资产贷款风险评价制度，设置定量或定性的指标和标准，从借款人、项目发起人、项目合规性、项目技术和财务可行性、项目产品市场、项目融资方案、还款来源可靠性、担保、保险等角度进行贷款风险评价。

第十四条　贷款人应按照审贷分离、分级审批的原则，规范固定资产贷款审批流程，明确贷款审批权限，确保审批人员按照授权独立审批贷款。

第四章　合同签订

第十五条　贷款人应与借款人及其他相关当事人签订书面借款合同、担保合同等相关合同。合同中应详细规定各方当事人的权利、义务及违约责任，避免对重要事项未约定、约定不明或约定无效。

第十六条　贷款人应在合同中与借款人约定具体的贷款金额、期限、利率、用途、支付、还贷保障及风险处置等要素和有关细节。

第十七条　贷款人应在合同中与借款人约定提款条件以及贷款资金支付接受贷款人管理和控制等与贷款使用相关的条款，提款条件应包括与贷款同比例的资本金已足额到位、项目实际进度与已投资额相匹配等要求。

第十八条　贷款人应在合同中与借款人约定对借款人相关账户实施监控，必要时可约定专门的贷款发放账户和还款准备金账户。

第十九条　贷款人应要求借款人在合同中对与贷款相关的重要内容作出承诺，承诺内容应包括：贷款项目及其借款事项符合法律法规的要求；及时向贷款人提供完整、真实、有效的材料；配合贷款人对贷款的相关检查；发生影响其偿债能力的重大不利事项及时通知贷款人;进行合并、分立、股权转让、对外投资、实质性增加债务融资等重大事项前征得贷款人同意等。

第二十条 贷款人应在合同中与借款人约定,借款人出现未按约定用途使用贷款、未按约定方式支用贷款资金、未遵守承诺事项、申贷文件信息失真、突破约定的财务指标约束等情形时借款人应承担的违约责任和贷款人可采取的措施。

第五章 发放与支付

第二十一条 贷款人应设立独立的责任部门或岗位,负责贷款发放和支付审核。

第二十二条 贷款人在发放贷款前应确认借款人满足合同约定的提款条件,并按照合同约定的方式对贷款资金的支付实施管理与控制,监督贷款资金按约定用途使用。

第二十三条 合同约定专门贷款发放账户的,贷款发放和支付应通过该账户办理。

第二十四条 贷款人应通过贷款人受托支付或借款人自主支付的方式对贷款资金的支付进行管理与控制。

贷款人受托支付是指贷款人根据借款人的提款申请和支付委托,将贷款资金支付给符合合同约定用途的借款人交易对手。

借款人自主支付是指贷款人根据借款人的提款申请将贷款资金发放至借款人账户后,由借款人自主支付给符合合同约定用途的借款人交易对手。

第二十五条 单笔金额超过项目总投资5%或超过500万元人民币的贷款资金支付,应采用贷款人受托支付方式。

第二十六条 采用贷款人受托支付的,贷款人应在贷款资金发放前审核借款人相关交易资料是否符合合同约定条件。贷款人审核同意后,将贷款资金通过借款人账户支付给借款人交易对手,并应做好有关细节的认定记录。

第二十七条 采用借款人自主支付的,贷款人应要求借款人定期汇总报告贷款资金支付情况,并通过账户分析、凭证查验、现场调查等方式核查贷款支付是否符合约定用途。

第二十八条 固定资产贷款发放和支付过程中,贷款人应确认与拟发放贷款同比例的项目资本金足额到位,并与贷款配套使用。

第二十九条 在贷款发放和支付过程中,借款人出现以下情形的,贷款人应与借款人协商补充贷款发放和支付条件,或根据合同约定停止贷款资金的发放和支付:

(一)信用状况下降;

(二)不按合同约定支付贷款资金;

(三)项目进度落后于资金使用进度;

(四)违反合同约定,以化整为零方式规避贷款人受托支付。

第六章 贷后管理

第三十条 贷款人应定期对借款人和项目发起人的履约情况及信用状况、项目的建设和运营情况、宏观经济变化和市场波动情况、贷款担保的变动情况等内容进行检查与分析,建立贷款质量监控制度和贷款风险预警体系。

出现可能影响贷款安全的不利情形时,贷款人应对贷款风险进行重新评价并采取针对性措施。

第三十一条　项目实际投资超过原定投资金额,贷款人经重新风险评价和审批决定追加贷款的,应要求项目发起人配套追加不低于项目资本金比例的投资和相应担保。

第三十二条　贷款人应对抵(质)押物的价值和担保人的担保能力建立贷后动态监测和重估制度。

第三十三条　贷款人应对固定资产投资项目的收入现金流以及借款人的整体现金流进行动态监测,对异常情况及时查明原因并采取相应措施。

第三十四条　合同约定专门还款准备金账户的,贷款人应按约定根据需要对固定资产投资项目或借款人的收入现金流进入该账户的比例和账户内的资金平均存量提出要求。

第三十五条　借款人出现违反合同约定情形的,贷款人应及时采取有效措施,必要时应依法追究借款人的违约责任。

第三十六条　固定资产贷款形成不良贷款的,贷款人应对其进行专门管理,并及时制定清收或盘活措施。

对借款人确因暂时经营困难不能按期归还贷款本息的,贷款人可与借款人协商进行贷款重组。

第三十七条　对确实无法收回的固定资产不良贷款,贷款人按照相关规定对贷款进行核销后,应继续向债务人追索或进行市场化处置。

第七章　法 律 责 任

第三十八条　贷款人违反本办法规定经营固定资产贷款业务的,银行业监督管理机构应当责令其限期改正。贷款人有下列情形之一的,银行业监督管理机构可根据《中华人民共和国银行业监督管理法》第三十七条的规定采取监管措施:

(一)固定资产贷款业务流程有缺陷的;

(二)未按本办法要求将贷款管理各环节的责任落实到具体部门和岗位的;

(三)贷款调查、风险评价未尽职的;

(四)未按本办法规定对借款人和项目的经营情况进行持续有效监控的;

(五)对借款人违反合同约定的行为未及时采取有效措施的。

第三十九条　贷款人有下列情形之一的,银行业监督管理机构除按本办法第三十八条规定采取监管措施外,还可根据《中华人民共和国银行业监督管理法》第四十六条、第四十八条规定对其进行处罚:

(一)受理不符合条件的固定资产贷款申请并发放贷款的;

(二)与借款人串通,违法违规发放固定资产贷款的;

(三)超越、变相超越权限或不按规定流程审批贷款的;

(四)未按本办法规定签订贷款协议的;

（五）与贷款同比例的项目资本金到位前发放贷款的；

（六）未按本办法规定进行贷款资金支付管理与控制的；

（七）有其他严重违反本办法规定的行为的。

第八章　附　　则

第四十条　全额保证金类质押项下的固定资产贷款参照本办法执行。

第四十一条　贷款人应依照本办法制定固定资产贷款管理细则及操作规程。

第四十二条　本办法由中国银行业监督管理委员会负责解释。

第四十三条　本办法自发布之日起三个月后施行。

项目融资业务指引

第一条　为促进银行业金融机构项目融资业务健康发展,有效管理项目融资风险,依据《中华人民共和国银行业监督管理法》、《中华人民共和国商业银行法》、《固定资产贷款管理暂行办法》以及其他有关法律法规,制定本指引。

第二条　中华人民共和国境内经国务院银行业监督管理机构批准设立的银行业金融机构(以下简称贷款人)开展项目融资业务,适用本指引。

第三条　本指引所称项目融资,是指符合以下特征的贷款:

(一) 贷款用途通常是用于建造一个或一组大型生产装置、基础设施、房地产项目或其他项目,包括对在建或已建项目的再融资;

(二) 借款人通常是为建设、经营该项目或为该项目融资而专门组建的企事业法人,包括主要从事该项目建设、经营或融资的既有企事业法人;

(三) 还款资金来源主要依赖该项目产生的销售收入、补贴收入或其他收入,一般不具备其他还款来源。

第四条　贷款人从事项目融资业务,应当具备对所从事项目的风险识别和管理能力,配备业务开展所需要的专业人员,建立完善的操作流程和风险管理机制。

贷款人可以根据需要,委托或者要求借款人委托具备相关资质的独立中介机构为项目提供法律、税务、保险、技术、环保和监理等方面的专业意见或服务。

第五条　贷款人提供项目融资的项目,应当符合国家产业、土地、环保和投资管理等相关政策。

第六条　贷款人从事项目融资业务,应当充分识别和评估融资项目中存在的建设期风险和经营期风险,包括政策风险、筹资风险、完工风险、产品市场风险、超支风险、原材料风险、营运风险、汇率风险、环保风险和其他相关风险。

第七条　贷款人从事项目融资业务,应当以偿债能力分析为核心,重点从项目技术可行性、财务可行性和还款来源可靠性等方面评估项目风险,充分考虑政策变化、市场波动等不确定因素对项目的影响,审慎预测项目的未来收益和现金流。

第八条　贷款人应当按照国家关于固定资产投资项目资本金制度的有关规定,综合考虑项目风险水平和自身风险承受能力等因素,合理确定贷款金额。

第九条　贷款人应当根据项目预测现金流和投资回收期等因素,合理确定贷款期限和还款计划。

第十条　贷款人应当按照中国人民银行关于利率管理的有关规定，根据风险收益匹配原则，综合考虑项目风险、风险缓释措施等因素，合理确定贷款利率。

贷款人可以根据项目融资在不同阶段的风险特征和水平，采用不同的贷款利率。

第十一条　贷款人应当要求将符合抵质押条件的项目资产和/或项目预期收益等权利为贷款设定担保，并可以根据需要，将项目发起人持有的项目公司股权为贷款设定质押担保。贷款人应当要求成为项目所投保商业保险的第一顺位保险金请求权人，或采取其他措施有效控制保险赔款权益。

第十二条　贷款人应当采取措施有效降低和分散融资项目在建设期和经营期的各类风险。

贷款人应当以要求借款人或者通过借款人要求项目相关方签订总承包合同、投保商业保险、建立完工保证金、提供完工担保和履约保函等方式，最大限度降低建设期风险。

贷款人可以以要求借款人签订长期供销合同、使用金融衍生工具或者发起人提供资金缺口担保等方式，有效分散经营期风险。

第十三条　贷款人可以通过为项目提供财务顾问服务，为项目设计综合金融服务方案，组合运用各种融资工具，拓宽项目资金来源渠道，有效分散风险。

第十四条　贷款人应当按照《固定资产贷款管理暂行办法》的有关规定，恰当设计账户管理、贷款资金支付、借款人承诺、财务指标控制、重大违约事项等项目融资合同条款，促进项目正常建设和运营，有效控制项目融资风险。

第十五条　贷款人应当根据项目的实际进度和资金需求，按照合同约定的条件发放贷款资金。贷款发放前，贷款人应当确认与拟发放贷款同比例的项目资本金足额到位，并与贷款配套使用。

第十六条　贷款人应当按照《固定资产贷款管理暂行办法》关于贷款发放与支付的有关规定，对贷款资金的支付实施管理和控制，必要时可以与借款人在借款合同中约定专门的贷款发放账户。

采用贷款人受托支付方式的，贷款人在必要时可以要求借款人、独立中介机构和承包商等共同检查设备建造或者工程建设进度，并根据出具的、符合合同约定条件的共同签证单，进行贷款支付。

第十七条　贷款人应当与借款人约定专门的项目收入账户，并要求所有项目收入进入约定账户，并按照事先约定的条件和方式对外支付。

贷款人应当对项目收入账户进行动态监测，当账户资金流动出现异常时，应当及时查明原因并采取相应措施。

第十八条　在贷款存续期间，贷款人应当持续监测项目的建设和经营情况，根据贷款担保、市场环境、宏观经济变动等因素，定期对项目风险进行评价，并建立贷款质量监控制度和风险预警体系。出现可能影响贷款安全情形的，应当及时采取相应措施。

第十九条　多家银行业金融机构参与同一项目融资的，原则上应当采用银团贷款方式。

第二十条 对文化创意、新技术开发等项目发放的符合项目融资特征的贷款,参照本指引执行。

第二十一条 本指引由中国银行业监督管理委员会负责解释。

第二十二条 本指引自发布之日起三个月后施行。

参 考 答 案

第一章

一、单项选择题

1．B　　2．A　　3．B　　4．A　　5．B　　6．D

二、多项选择题

1．AC　　2．ABCDE　　3．AC　　4．ABC　　5．ABCD　　6．AD

三、判断题

1．×　　2．×　　3．√　　4．×　　5．√　　6．×　　7．√

第二章

一、单项选择题

1．B　　2．C　　3．B　　4．A　　5．B　　6．C

二、多项选择题

1．ABD　　2．BC　　3．ABCDE　　4．BDE　　5．AC　　6．ABCDE

三、判断题

1．×　　2．√　　3．×　　4．×　　5．√　　6．×

第三章

一、单项选择题

1．D　　2．A　　3．C　　4．C　　5．A

二、多项选择题

1．ACD　　2．AC　　3．ABCD　　4．ABDE

三、判断题

1．√　　2．×　　3．×　　4．√　　5．√

第四章

一、单项选择题

1．A　　2．B　　3．A　　4．D

二、多项选择题

1．ABC　　2．ABCD

三、判断题

1．√　　2．×　　3．×

第五章

一、单项选择题

1. A　　2. B　　3. C

二、多项选择题

1. AC　　2. ABC　　3. BC　　4. AC

三、判断题

1. ×　　2. √　　3. √　　4. √

第六章

一、单项选择题

1. B　　2. C　　3. A　　4. A　　5. C　　6. B

二、多项选择题

1. ABC　　2. ABD　　3. CD　　4. ABC　　5. ABD　　6. ABCD　　7. AB

三、判断题

1. ×　　2. √　　3. √　　4. ×　　5. √

第七章

一、单项选择题

1. A　　2. B　　3. B　　4. C　　5. B　　6. B　　7. B

二、多项选择题

1. AC　　2. ABCD　　3. ABCD　　4. ABCD　　5. ABCD　　6. ABCD

7. ABCD

三、判断题

1. √　　2. ×　　3. √　　4. ×　　5. √

第八章

一、单项选择题

1. A　　2. C　　3. A　　4. A　　5. B　　6. B　　7. A

二、多项选择题

1. ABC　　2. BD　　3. BC　　4. ABCD　　5. AD　　6. ABC　　7. AB

三、判断题

1. √　　2. ×　　3. ×　　4. √　　5. √

第九章

一、单项选择题

1. D　　2. D　　3. B　　4. A　　5. C　　6. B　　7. D

二、多项选择题

1. ABCD　　2. ABC　　3. ABD　　4. ABC

三、判断题

1. √　　2. ×　　3. √　　4. ×　　5. √　　6. ×　　7. √

第十章

一、单项选择题

1. D　　2. B　　3. B　　4. D

二、多项选择题

1. AD　　2. ABC　　3. ACD　　4. ABC　　5. ABC　　6. ACD

三、判断题

1. √　　2. ×　　3. √　　4. √

参 考 文 献

[1] 中国银行业从业人员资格认证办公室.公司信贷[M].北京：中国金融出版社,2010.

[2] 中国银行业从业人员资格认证办公室.个人贷款[M].北京：中国金融出版社,2010.

[3] 何立慧.金融法[M].北京：经济科学出版社,2010.

[4] 蔡则祥.商业银行中间业务[M].北京：中国金融出版社,2011.

[5] 龚维新.现代金融企业营销[M].北京：立信会计出版社,2011.

[6] 立金银行培训中心.银行客户经理授信产品手册[M].北京：中国金融出版社,2012.

[7] 中国银行业协会行业发展研究委员会.中国银行业发展报告 2011—2012[M].北京：中国金融出版社,2012.

[8] 立金银行培训中心.银行行业授信案例培训[M].北京：中国金融出版社,2012.

[9] 立金银行培训中心.银行客户经理基础信贷知识培训[M].北京：中国金融出版社,2012.

[10] 立金银行培训中心.银行公司业务新产品、新思路培训[M].北京：中国金融出版社,2012.

[11] 彭建刚.商业银行管理学[M].北京：中国金融出版社,2013.

[12] 黄剑.商业银行资产负债管理——理论、实务与系统构建[M].北京：北京大学出版社,2013.

[13] 欧阳红兵.商业银行经营管理[M].上海：上海财经大学出版社,2013.

[14] 曹俊勇.商业银行综合柜台业务[M].北京：北京大学出版社,2013.

[15] 温红梅.商业银行经营管理[M].2 版.大连：东北财经大学出版社,2013.

[16] 姜达洋.商业银行业务与经营实验教程[M].北京：中国人民大学出版社,2013.

[17] 魏洋.商业银行经营中的法律风险与防控[M].杭州：浙江大学出版社,2013.

[18] 武飞.商业银行柜台业务[M].2 版.北京：中国人民大学出版社,2013.

[19] 马晓青.商业银行业务与管理实务[M].上海：上海财经大学出版社,2013.

[20] 李建平.商业银行操作风险度量与监管资本测定——理论、方法与实证[M].北京：科学出版社,2013.

[21] 罗斯,赫金斯.商业银行管理[M].刘园,译.北京：机械工业出版社,2013.

[22] 刘畅.我国商业银行中小企业贷款信用风险预警体系[M].成都：西南财经大学出版社,2013.

[23] 王红梅,王建华.商业银行经营管理[M].北京：中国人民大学出版社,2013.

[24] 立金银行培训中心.小微贷款信贷实务案例培训[M].北京：中国金融出版社,2014.

[25] 武飞.商业银行信贷业务[M].北京：中国人民大学出版社,2014.

[26] 徐文彬.商业银行经营学[M].2 版.北京：经济科学出版社,2014.

[27] 王丽丽.商业银行资产管理业务实践与探索[M].北京：中国金融出版社,2014.

推荐网站

[1] 中国人民银行网,http://www.pbc.gov.cn.

[2] 国家外汇管理局,http://www.safe.gov.cn.

[3] 中国银行业监督管理委员会,http://www.cbrc.gov.cn.

[4] 中国证券监督管理委员会,http://www.csrc.gov.cn.

[5] 中国保险监督管理委员会,http://www.circ.gov.cn/web/site0.

[6] 国家工商行政管理总局官网,http://www.saic.gov.cn/zcfg.

[7] 中国金融营销网,http://www.reason.com.cn.

[8] 国家发展和改革委员会官网,http://www.sdpc.gov.cn.